LES FONCTIONS PSYCHOLOGIQUES
ET LES ŒUVRES

Bibliothèque de « L'Évolution de l'Humanité »

IGNACE MEYERSON

LES FONCTIONS
PSYCHOLOGIQUES
ET LES ŒUVRES

Postface de Riccardo Di Donato

Albin Michel

Bibliothèque de « L'Évolution de l'Humanité »

Première édition :

Librairie philosophique J. Vrin, 1948

Postface et édition au format de poche :

© Éditions Albin Michel, S.A., 1995
22, rue Huyghens, 75014 Paris

ISBN 2-226-07624-7
ISSN 0755-1770

PRÉFACE

Les actes de l'homme aboutissent à des institutions et à des œuvres. Elles sont pour lui à la fois un objet essentiel, une norme, une cause de souci ou d'orgueil ; elles remplissent, sinon toute son existence, du moins cette partie de l'existence qu'il considère comme la plus authentiquement humaine et que toute science de l'homme doit considérer comme la plus spécifiquement humaine. Le psychologue sait que c'est par un effort de l'esprit que l'homme a édifié ces œuvres, et même uniquement par un effort de l'esprit, car les mains ont été guidées, l'outil construit, la matière modelée par l'esprit. Il sait donc que l'esprit de l'homme est dans les œuvres. On ne peut pas dire qu'il ne l'y ait pas cherché ; mais sa recherche a été non systématique et hésitante. Désireux de se rapprocher le plus possible des méthodes des sciences physiques, il a étudié de préférence des faits et des fonctions assez simples qui se prêtaient plus facilement à l'application de ces méthodes.

La recherche que le psychologue n'a pas faite, d'autres l'ont un peu faite à sa place : des historiens, des juristes, des théologiens, des écrivains. Ils l'ont faite accessoirement, de façon plus ou moins heureuse, selon leur perspicacité personnelle, mais nécessairement dans leur propre perspective qui ne pouvait être celle d'une science spécialisée. Il appartient à la psychologie de reprendre ce travail, d'étudier l'homme à travers ce que, de son propre aveu, il a fait de plus solide et de plus caractéristique.

* * *

L'action, la pensée humaine s'expriment par les œuvres. Cette expression n'est pas un accident dans le fonctionnement mental. L'esprit ne s'exerce jamais à vide ; il n'est et ne se connaît que dans son travail, dans ses manifestations dirigées, exprimées, conservées.

Les états mentaux ne restent pas états, ils se projettent, prennent figure, tendent à se consolider, à devenir des objets. C'est à cause de cette aptitude fondamentale, de ce trait constitutif de l'esprit que son étude objective est possible. Nous ne sommes pas réduits au vain effort de saisir l'insaisissable. Nous avons devant nous des formes précises. Nous avons même beaucoup de formes précises ; leur multiplicité et leur variété poseront un problème nouveau.

Ces formes ont une signification ou des significations ; ce sont des signes. Le trait fondamental de toutes les expressions humaines est que leur signification dépasse toujours le moment présent, la situation présente. Elles signifient toujours une tranche d'expérience ou de vie, un morceau d'histoire. Les signes à la fois marquent et fixent les phases de l'objectivation. Ils en traduisent les aspects et les particularités, ils dessinent ainsi l'histoire de l'esprit. Ils expriment aussi la communauté de l'effort humain. Si l'aptitude à créer une œuvre implique un niveau, toute expression suppose la communication. Mais la communication elle-même est un niveau, et tous ses modes présentent des problèmes de niveau. Ainsi toute institution traduit un degré de l'esprit. Le signe pose devant nous, dans toute son ampleur, le problème des interactions de l'esprit et du social, de l'expérience sociale.

Ses créations, l'homme les veut durables et même perdurables. Il veut, il a toujours voulu faire des œuvres qui le dépassent en durée, en solidité, en dimension, en valeur, en intensité, en force et productivité. Il a dès l'origine voulu et fait la civilisation. Il a posé comme éternelles les valeurs essentielles et il a fait garantir par ces valeurs la durée et l'immutabilité des autres ; qu'on pense à l'origine et au caractère sacrés attribués au langage, aux codes et aux tables de lois, et même aux inventions techniques. Là où la nature des phénomènes impose l'évidence du changement, des croyances et des doctrines tendront à établir des formes de permanent derrière le changeant : ainsi la Grande Année, le Kalpa.

A côté du souci de la durée, celui du système : d'un ordre qui englobe les divers modes de comportement, — à la limite, dans certaines grandes sociétés anciennes, tous les modes de comportement. Cet ordre y est considéré comme éternel parce que parfait, et parfait parce qu'il a duré.

Enfin, le souci de transmettre. Les œuvres et les institutions, les valeurs, ne sont pas seulement conservées, elles sont expressément transmises par des actes solennels ; même les techniques font l'objet de rituels d'initiation.

Les civilisations, les institutions, les œuvres ont un lieu et une date. L'analyse des comportements à travers des faits historiques modifie la perspective du psychologue. Il n'a pas affaire à l'homme abstrait, mais à l'homme d'un pays et d'une époque, engagé dans son contexte social et matériel, vu à travers d'autres hommes également d'un pays et d'une époque. Une partie des études psychologiques prend ainsi un caractère historique : difficulté nouvelle, mais aussi source de connaissance nouvelle. L'abondance des faits historiques doit permettre de saisir du réel au lieu de construire du plausible. Cette forme de recherche participe à la fois de la positivité de l'histoire et de celle de la partie historique de la biologie.

Mais ainsi se pose pour le psychologue le problème des variations de l'esprit même. Quels sont les aspects fonctionnels permanents, que peut-on considérer comme l'équipement psychologique primaire ? Quels sont les changements, les additions, les disparitions ?

Objectivation, symbolique, civilisation : c'est ainsi que s'est présenté pour nous l'essentiel de l'effort traduit par les œuvres. Il faut saisir cet effort dans sa plénitude concrète et dans son devenir. Pour savoir ce que l'homme est, il faut voir ce que l'homme a fait, et ce qu'il a fait de meilleur.

INTRODUCTION

DE L'ACTE A L'ŒUVRE

L'étude des actes est le passage de la théorie générale du comportement à l'étude des œuvres. Les conduites humaines envisagées dans leur multiplicité présentent toute la série des degrés de complexité. Un certain nombre d'entre elles ne sont intelligibles que dans un contexte d'œuvre. Un très grand nombre sont organisées en institutions. Un examen général rapide des caractères des actes chez l'homme nous a paru, pour cette raison, devoir précéder l'étude des rapports entre les fonctions et les œuvres.

Cinq caractères peuvent être dégagés de l'ensemble des types de conduite chez l'homme : plus ou moins dessinés, on les retrouve partout : les actes sont systématiques, ils sont soumis à des conventions et à des normes, ils ont une forme, une signification.

CARACTÈRE SYSTÉMATIQUE DES ACTES

Les actes sont systématiques. Un acte humain ne nous apparaît pour ainsi dire jamais comme isolé, comme se suffisant à lui-même, mais toujours comme inséré dans une suite, une série, une chaîne plus ou moins longues. Lorsque la série ou des chaînons ne sont pas apparents, l'observateur les suppose, implicitement ou explicitement. Les termes « actes », « action », « activité », « conduite », substitués au mot « mouvement » dans la description des faits humains concrets, montrent bien le caractère systématique et complexe de ces faits. Deux ordres de systèmes jouent dans toute conduite ou série de conduites : systèmes extérieurs à l'individu (institutions, croyances, techniques), systèmes de l'individu ; le départ est souvent difficile à faire.

Cet aspect d'appartenance à une série est particulièrement visible dans des actes qui ont une fonction préparatoire. On sait l'existence de l'anticipation même chez l'animal aux niveaux élevés, là où il y a des actions différées, par exemple actions avec « détour ». Chez l'homme, le rôle de l'anticipation et de la prévision est essentiel et leurs aspects multiples ; toute une série de conduites partielles sont sans objet et sans signification par elles-mêmes et ne valent que par leur effet préparatoire. Souvent, c'est seulement le dernier terme d'une longue série qui a un effet et un sens plein par lui-même.

Il résulte de là que nous avons la notion d'une certaine régularité et donc d'une certaine prévisibilité des actes. Nous prévoyons et attendons les suites de ceux que nous voyons. M. Mauss a souligné ce rôle de l'attente dans les comportements institutionnels. Une partie du droit civil ou criminel est attente ; de même, des faits économiques (comme la spéculation, le crédit, la monnaie) ; des faits politiques, religieux et moraux (le péché et l'expiation) ; des faits esthétiques (le comique, le tragique) [1].

Mais nous assignons des limites à cette prévisibilité, nous nous attendons à certaines irrégularités, nous opposons l'humain au mécanique, le roman psychologique au roman policier. Il est très remarquable à cet égard qu'aujourd'hui ce soit l'aspect non entièrement prévisible des actes de Jésus qui soit donné comme preuve de son historicité, alors qu'autrefois l'exégèse mettait en avant la régularité, la rationalité de sa conduite.

1. M. Mauss, Rapports réels et pratiques de la psychologie et de la sociologie, *Journal de Psychologie*, 1924, p. 914.

Cette notion de régularité et ce besoin de régularité apparaissent surtout dans la rétrospection des actes, où l'on redresse les irrégularités réelles. L'historien le sait bien, qui est obligé de choisir des événements « significatifs » en abandonnant les accessoires, ou de procéder à des constructions explicatives générales, comme celle de Simiand par exemple [1]. La biographie, celle de l'histoire anecdotique, celle des vies romancées, nous montre un aspect moins scientifique, mais non moins systématique de cette tendance à la régularisation. Des psychologues ont cédé à ce penchant, Mme Bühler, par exemple, qui a recherché les lois psychologiques de la structure et du cours de la vie.

CARACTÈRE
CONVENTIONNEL

Les actes de l'homme sont conventionnels : par rapport à la nature ils sont une création seconde ; et cette création ne se fait pas n'importe comment, mais selon des intentions communes, convergentes ou complémentaires. Les actes de l'homme ne sont pas seulement liés à ses propres actes et à ses propres états et acquisitions. Ils sont liés, toujours, à ceux des autres hommes, selon une multitude de systèmes. Cela leur crée déjà une « consistance », une extériorité par rapport aux impulsions de l'individu, des caractères médiats, une existence dans un monde autre, une place dans une hiérarchie. La convention au sens précis est un accord explicite de volontés convergentes, et sous cette forme elle n'intervient peut-être que pour certains de nos

1. F. SIMIAND, La causalité en histoire, *Bulletin de la Société française de Philosophie*, 1906 ; cf. les objections de SEIGNOBOS : Les conditions pratiques de la recherche des causes dans le travail historique, *Bulletin de la Société française de Philosophie*, 1907.

actes. Mais en un sens plus large, celui d'accord implicite, elle définit le niveau humain de tous nos actes : au jeu des déterminismes naturels, et au jeu des préférences individuelles, elle ajoute et surtout elle substitue des déterminations et des préférences collectives, non seulement une régulation mais des motifs. Et le fait que ces orientations conventionnelles préexistent à l'individu, que ses actes par conséquent participent à quelque chose qui le dépasse, leur confère aussi une extériorité et une existence, les « consolide ».

Ce principe devient évident dès qu'on s'en avise. Il suffit d'ailleurs de penser que le groupe, en nous présentant des techniques et un langage, notre façon de produire et notre façon d'exprimer, modèle par là conjointement notre pensée et nos mouvements.

Mais l'application de ce principe offre quelque difficulté. Pour celles de nos actions qui sont fortement organisées, on admet volontiers que des déterminations humaines et collectives se mêlent aux déterminations naturelles et individuelles. Mais on réserve volontiers aussi un secteur, et on a tendance à n'accorder à la convention que ce qu'on ne peut trop évidemment attribuer à la nature. Une analyse plus attentive nous fait d'ordinaire discerner, à travers la nature, l'artifice. Nous l'apercevons notamment quand, dans les mêmes conditions, apparaissent des formes différentes. On est parfois surpris, quand on parcourt en montagne des vallées immédiatement voisines, de constater que les hommes n'y ramassent pas le foin de la même façon, ne l'enserrent pas dans un filet identique, ne le posent pas tout à fait de même sur le mulet ; les conditions du travail sont identiques, mais il y a un minimum de technique locale et traditionnelle ; de même pour la construction des maisons : par exemple, les vallées convergentes du Queyras, qui font partie d'une même vallée principale, ont chacune un style très distinct et très fixé. La géographie ne fait guère qu'indiquer les impossibilités et quelques préférences. On doit généraliser : la façon de faire tel geste n'est commandée strictement ni par notre nature biologique ni par la nature extérieure. Pour une série de gestes, la nature s'accommoderait sans doute de la gauche comme de la droite[1] ; elle s'accommode du fait que nous dormons sur le dos ou sur le côté, que nous marchons campés en arrière ou penchés en avant, etc. Or tous les gestes, en fait, sont l'objet d'une préférence et d'une convention. C'est ce qu'a montré, entre autres, le travail de M. Mauss sur les techniques du corps. Il y a, dit M. Mauss, des façons conventionnelles et traditionnelles de marcher, de nager, de manger, de dormir, de courir, de danser, etc... Le régiment de Worcester s'étant distingué pendant la bataille de l'Aisne à côté de l'infanterie française, en a été récompensé par l'octroi d'une clique de clairons et de tambours français : les grands Anglais n'ont jamais pu marcher au rythme des marches françaises. Les jeunes Françaises avaient, jusqu'à il y a peu de temps, une démarche très différente de celle des Américaines ; elles se sont mises à marcher à l'américaine sous l'influence du cinéma[2]. Il y a un apprentissage, un dressage des techniques du corps, — surtout remarquables quand il s'agit de techniques qui sortent de la normale, comme les disciplines de la respiration dans le taoïsme ou dans le yoga.

Une série d'études avaient montré dès longtemps le

---

1. R. HERTZ, La prééminence de la main droite, *Revue philosophique*, 1909, et *Mélanges de sociologie religieuse et de folklore* ; M. GRANET, La droite et la gauche, en Chine, *Bulletin de l'Institut français de Sociologie*, 1933, fasc. 3.

2. M. MAUSS, Les techniques du corps, *Journal de Psychologie*, 1935, p. 271.

caractère conventionnel et variable à travers l'histoire des diverses sortes de gestes sociaux[1]. Dans la Grèce et la Rome anciennes[2], les jeunes gens ne devaient pas sortir la main de l'hymation dans la rue. On marquait l'étonnement en levant les mains et en tournant les paumes vers la personne ou l'objet cause d'étonnement. Le geste d'accueil était de toucher la main ou les doigts, de toucher les yeux ou de frapper l'épaule. Le baiser, d'origine persane, s'est généralisé relativement tard en Orient et en Grèce : un grammairien fait d'Homère, chez qui les hommes s'embrassent, un Egyptien. Il a été strictement réglementé à Rome[3]. Le geste d'offrir le bras à une dame était inconnu encore sous Louis XIV. Les Grecs conduisaient par la main ou plus souvent par le poignet. Ces différences de convention apparaissent plus fort encore quand on examine les gestes des non-civilisés. Un seul exemple suffira ici, celui du salut par le nez, du « Nasengruss », bien décrit par les ethnographes allemands, forme de geste d'accueil assez répandue qui va de la Laponie au Groenland et de l'Inde aux Iles de Pâques : on respire, on aspire l'ami qu'on salue ; les montagnards du Nord de l'Inde ne disent pas : embrasse-moi, mais : sens-moi[4].

1. Voir, par ex., A. DE JORIO, *La mimica degli antichi investigata nel gestire napoletano* ; Ch. HACKS, *Le geste* ; G. COCCHIARA, *Il linguaggio del gesto.*
2. Cf. SITTL, *Die Gebärden der Griechen und Römer.*
3. Le Codex Theodosii indique qui peut saluer les fonctionnaires par un baiser. Les Empereurs devaient embrasser les Sénateurs en quittant Rome et en y revenant ; Néron et Domitien qui s'y sont soustraits ont blessé cette corporation. Néron remplaça le baiser par la poignée de main. (SITTL, *ibid.*, p. 79 sq.).
4. ANDRÉE, *Ethnographische Parallelen und Vergleiche*, II, p. 233 sq.

CARACTÈRE NORMATIF La norme prolonge la convention. Nos actes répondent à des préférences, à des souhaits, à des règles plus ou moins préétablies et contraignantes. Ils sont effectués en vue de fins ; ils ont une valeur. Ce caractère se marque plus ou moins selon leur catégorie. Dans les grandes systématisations morale, juridique, religieuse, esthétique, logique, ils tendent à se présenter sous un aspect polarisé, comme une opposition du positif et du négatif. Les divers systèmes de valeurs ne sont pas nécessairement unifiés ni ajustés. Et les fins personnelles dans lesquelles nous intégrons ces valeurs sont quelquefois discordantes aussi, d'où la possibilité de conflits, l'obligation du choix. Par les normes, le contenu de la vie collective entre dans notre vie personnelle. Les systèmes de normes constituent des univers humains qui se superposent à la réalité biologique, — qui parfois s'y opposent. Il y a des actes anti-biologiques : ascétiques, héroïques.

FORME Les actes de l'homme présentent une forme. Non seulement ils s'inscrivent, comme on l'a vu, dans un ensemble, ils sont systématiques, mais ils s'isolent en unités ; les actes deviennent des actions, des touts pourvus d'une sorte d'existence et de qualité propres. Cela est évident pour les gestes de travail qui s'organisent en « un travail », pour les mouvements du sport qui s'organisent en « une partie »; et de même les actes d'une guerre seront « une expédition » ou « une bataille » : ce sont là des ensembles denses et complexes dont on peut dire que par nature ils ont un début et une terminaison.

Mais c'est un caractère qui appartient à tous les actes ; on le leur donne délibérément : sur l'informe, l'esprit n'a pas prise, ni la volonté. La tendance est informe, l'acte est doué d'une forme. P. Janet a eu grandement raison d'insister sur l'importance des délimitations dans le temps, surtout sur les conduites de commencement et de terminaison : on ouvre une séance, on présente quelqu'un, on inaugure un monument, on pose la première pierre : ces rites veulent marquer que les choses ne se passent pas n'importe comment, à leur manière ; ils leur donnent une surexistence : une existence d'action, et non seulement de fait ; même les participants les moins actifs doivent du moins être avertis ou autorisés à s'apercevoir que quelque chose se passe ; dans les cas un peu renforcés, c'est la notion de solennel. Il s'agit en somme de créer des points de condensation du vouloir, ou au moins de l'attention. Les actes de clôture sont moins développés, mais il est peut-être encore plus remarquable qu'on annonce aux gens : « c'est fini ». Le meneur de jeu organise les moments de tension et de détente. A un moindre degré que le début et la fin, les autres moments de l'action sont aussi soumis à un réglage, ils sont rythmés.

L'espace également donne lieu à un réglage ; là aussi se produit une condensation, une délimitation, une orientation. Une chose ne se passe pas n'importe où. Il y a des zones, des frontières. Les limites, chez les Chinois et chez les Romains spécialement, mais aussi chez bien d'autres peuples, ont été l'objet d'une attention spéciale et d'un culte [1]. Un espace choisi peut à des degrés divers être ainsi renforcé, privilégié : par exemple

1. Voir, par ex., A. VAN GENNEP, *Les rites de passage* ; S. CZARNOWSKI, Le morcellement de l'étendue et sa limitation dans la religion et la magie, *Congrès international d'Histoire des Religions de* 1923, t. I, p. 339 sq. — R. MAUNIER, en étudiant le culte de la maison chez des populations nord-africaines, a examiné dans le détail les rites du seuil (Le culte domestique en Kabylie, *Revue d'Ethnographie*, 1925, p. 248 sq.).

un lieu d'abord quelconque devient un lieu saint, puis une enceinte sacrée. Nous retrouverons cette question en étudiant l'objectivation dans la pensée mythique[1].

L'acte a une forme dans l'espace, une figure de mouvement, des qualités plastiques. A l'intérieur de la marge d'indétermination biologique, l'homme peut choisir des figures diverses. Dans certains cas, pour certaines fins, il fait des choix durables ; dans d'autres conditions, il sait modifier ces formes ; la souplesse du système moteur laisse de grandes possibilités d'apprentissage. Nous choisissons les formes pour leur efficacité ou pour leur beauté, pour leur grâce, leur expressivité, leur perfection[2].

L'acte est encore délimité, quant aux personnes. Il y a non seulement les participants et les non-participants, les admis et les exclus, mais souvent on a tous les degrés d'action et de présence, figurés par les différents sens du mot « assistants » et les mots multiples qui désignent les apparentés, les sympathisants, etc. Nulle part peut-être ces degrés ne sont réglés avec un soin aussi méticuleux que dans le cas de l'étiquette en Chine, et notamment de l'étiquette du deuil[3]. Ces degrés d'appartenance à un groupe — et donc d'initiative, et aussi de sensibilisation — sont réglés en partie indépendamment de l'individu (on est ou on n'est pas de la paroisse), et en partie, dans les sociétés libres, par des actes individuels d'adhésion ; mais, même dans le cas où nous nous incorporons volontairement à un groupe ou à une action, nous sommes pris ensuite dans un ensemble qui a sa propre forme.

1. Voir p. 41.
2. Il est à peine besoin de rappeler ici la grande importance de la danse à toutes les époques, la précocité de sa stylisation (« le premier-né des arts »), l'attention extrême que l'homme de tout temps lui a portée (voir sur ce sujet par ex. SACHS, *Histoire de la danse*).
3. M. GRANET, Le langage de la douleur d'après le rituel funéraire de la Chine classique, *Journal de Psychologie*, 1922, p. 97.

Que les actions aient une forme, cela résulte donc des besoins de tension, de rythme, et même de simple prise de la pensée ou du vouloir sur les choses. Cela résulte aussi du caractère normatif des actes. Parce qu'ils sont commandés par des fins, il s'établit entre leur début et leur achèvement une orientation, une hiérarchie et une tension ; ces caractères débordent même l'acte et donnent à ce qui le précède la qualité de préparatif, à ce qui le suit la qualité de conséquence, à l'intérieur même de l'acte, une structure hiérarchisée : on est plus ou moins près du but, fidèle à la fin poursuivie, détourné par les moyens, etc. ; la fin est un repère et un critère, elle domine l'acte et l'isole des autres actes, bref elle le forme. On est vraiment « désorienté », « désaxé » dans les deux sens de ces mots lorsque baisse la tension du vouloir ou la clarté du but.

Nous avons toujours une préoccupation de forme. L'aspect d'ensemble, l'aspect extérieur de nos actes est pour nous important, toujours plus important qu'il ne nous semble d'abord. D'avance nous repensons nos actes, et, si émouvante, si difficile ou si neuve que soit la situation à laquelle nous avons à faire face, si engagés ou si dépouillés que nous soyons, il est bien rare que nous évitions parfaitement le spectaculaire.

SIGNIFICATION   Nos actes, enfin, tous nos gestes [1], toutes nos attitudes, ont une signification. Elle s'ajoute à leur déterminisme physiologique et à leur contenu immédiat qu'elle dépasse et domine.

1. Voir COCCHIARA, *Il linguaggio del gesto* ; HACKS, *Le geste* ; — plus spécialement, sur la valeur significative de la danse, voir : SACHS, *Histoire de la danse* ; GRANET, *Danses et légendes de la Chine ancienne* ; NOGUÉ, L'expression dans la danse antique, *XIe Congrès International de Psychologie*.

Ce caractère est fondamental, il donne aux actes leur épaisseur, il fait qu'ils sont autre chose que de simples phénomènes moteurs. Leurs autres caractères sont plutôt des aspects ou des conséquences de celui-ci : nos actes ont un sens.

Cette signification peut être relative à des événements extérieurs à la personne de l'agent ou exprimer ses états intérieurs. Dans l'un comme dans l'autre cas, l'acte humain dépasse l'adaptation et l'efficacité momentanées ; souvent d'ailleurs il n'y a pas d'efficacité momentanée, l'acte n'existe que par rapport à une série et il signifie cette série. Le fait est évident pour tous les actes de caractère rituel qui traduisent les grandes institutions collectives, et pour les gestes qui expriment nos sentiments : ce sont des langages. Mais l'analyse du geste même le plus pauvre montre un contenu significatif, résultante d'apports multiples.

Les actes-expressions peuvent avoir une signification générique, signifier tel type humain, tel trait de caractère. L'observation, qui normalement tend à créer des genres, néglige facilement les traits individuels pour retenir ces aspects génériques.

Souvent les actes ont plusieurs sens ; souvent l'un des sens peut être patent tandis que l'autre ou les autres ne se révèlent qu'à une analyse documentée. C'est le cas de beaucoup d'actes renfermant une survivance : par exemple, des gestes atténués actuellement en gestes de salutation ont été auparavant des gestes pourvus d'un sens fort, religieux, magique, ou social, hiérarchique [1]. On peut ainsi, dans l'épaisseur d'un acte, distinguer plusieurs sédiments.

----

1. Voir par ex. THURNWALD, Gruss, *Reallexikon der Vorgeschichte*, Bd. IV, 2.

Les actes significatifs les plus intéressants à étudier parce que les plus riches en contenu explicite ou discernable sont les actes « symboliques ». On entend par là habituellement soit des actes rituels au sens strict, commémoratifs par exemple, actes qui expriment de grands ensembles de croyances ou de certitudes, soit des actes qui préfigurent un acte futur, et en particulier qui nous engagent à l'accomplir, ou encore qui prennent la place de cet acte futur, en constituent l'équivalent et dispensent d'y avoir recours. Les rituels religieux sont le modèle de choix du premier type, mais on trouve également dans cette catégorie de nombreux rituels profanes ou semi-profanes. L'analyse que Granet[1] a faite du rituel funéraire de la Chine classique montre que cet ensemble de rites est un système de signes, une technique et une symbolique. La nature, l'intensité, la quantité, la qualité, le temps, le lieu, le rythme des expressions sont strictement définis. Tout s'ordonne en formules obligatoires. C'est un langage pratique qui a ses besoins d'ordre, de correction, de clarté, sa grammaire, sa syntaxe, sa philosophie morale, et où la convention n'exclut pas la sincérité : ce sont les fautes de langage qui apparaissent comme une insincérité. Certains actes magiques permettent de bien analyser le second type : l'action préfigurante. Par son étude de l'envoûtement, M. Bréhier[2] a pu préciser la structure de l'acte symbolique en général et mettre en évidence son rôle dans l'histoire de la volonté et de la représentation du vouloir. Si dans tout acte apparaît la signification,

1. M. GRANET, Le langage de la douleur d'après le rituel funéraire de la Chine classique, *Journal de Psychologie*, 1922, p. 97.

2. E. BRÉHIER, L'acte symbolique, *Revue philosophique*, 1917, p. 345.

l'acte symbolique montre une signification générale libérée de l'immédiat, du détail des conditions extérieures. De là son importance dans l'histoire du signe, dans le développement de l'autonomie du vouloir, dans l'édification de la vie intérieure.

Nos actes sont donc des langages. L'homme sait parler avec son corps, il peut facilement porter son corps au niveau du langage. La facilité d'apprentissage de tous les langages par gestes en est une preuve tout à fait démonstrative. Tout le monde connaît, depuis que Lévy-Bruhl les a popularisés, les travaux de Mallery[1] et de Cushing[2] sur le langage par gestes chez les Indiens de l'Amérique du Nord. Les deux auteurs ont montré à quel degré d'achèvement peut parvenir ce genre d'expression. Witte[3] a fait une étude expérimentale du langage par gestes. Ses sujets, enfants ou adultes, ont appris facilement et vite des ensembles de signes assez nombreux pour pouvoir reproduire un fait-divers de journal, une fable. Dans ces limites, l'apprentissage s'est révélé plus facile que celui d'une langue étrangère. On sait aussi combien est facile l'apprentissage du langage par gestes chez les sourds-muets.

---

1. G. Mallery, Sign Language, 1ʳ *Annual Report of the Bureau of American Ethnology*, 1881.
2. F. H. Cushing, Manual concepts, *The American Anthropologist*, 1892, V, p. 289.
3. O. Witte, Untersuchungen über die Gebärdensprache, *Zeitschrift für Psychologie*, Bd. 116, 1930, p. 225.

*
* *

L'étude de l'acte nous a ainsi menés au signe et nous a montré que par toutes ses conduites l'homme est constructeur. La construction de l'acte participe déjà de ce qui sera la construction de l'œuvre : la forme et la signification. Dès l'acte, nous avons le souci de la beauté, de l'ordre et de l'intelligibilité. La hiérarchie des actes et des institutions montre les degrés de notre effort.

L'œuvre y ajoutera la double marque du durable et de l'achevé.

CHAPITRE PREMIER

L'OBJECTIVATION

L'ACTIVITÉ
D'OBJECTIVATION
Précisons ce qu'on peut entendre par objectivation.

C'est d'abord une *direction* vers autre chose que le pur état mental. Dès que nous pensons nous pensons *à*, il y a un contenu de notre pensée et notre pensée est la relation à ce contenu. « Dans la représentation, écrit Brentano, quelque chose est représenté, dans le jugement quelque chose est affirmé ou nié, dans l'amour ou la haine quelque chose est aimé ou haï, dans le désir quelque chose est désiré »[1]. Notre pensée, disaient les Scolastiques, est « intentionnelle ». Ce n'est pas de ses propres opérations qu'elle est consciente d'abord, mais de ses produits. « Qui pense une pierre, dit encore Brentano, ne la pense pas comme une pierre pensée, mais comme une pierre »[2].

C'est donc en même temps une tendance qu'a la pensée à extérioriser ses créations, ou plus exactement à les considérer comme des réalités extérieures ; et dans le cas où cette projection est le plus poussée, l'objet acquiert une véritable indépendance ; on peut le décrire, on peut apprendre indéfiniment de lui. M. Laporte écrit : « N'est-ce pas le propre de la réflexion de transformer en *objet* les états et les actes du *sujet* ?... Les figures, nombres, fonctions, ont beau tirer toute leur substance de l'esprit, ils se posent en face de l'esprit comme des êtres à contempler »[3].

---

1. BRENTANO, *Psychologie vom empirischen Standpunkt*, I, p. 124-125.
2. *Ibid.*, II, p. 213.
3. LAPORTE, *L'idée de nécessité*, p. 104.

L'objet peut même acquérir une vie propre, une spontanéité. Il est un être. Il peut devenir une source de prescriptions. Le platonisme et l'hégélianisme peuvent être considérés comme des systématisations philosophiques de cette tendance qui est une aptitude fondamentale de l'esprit et se manifeste aussi bien quand l'esprit crée des objets concrets empiriques que quand il confère la qualité d'êtres réels à des idées mathématiques, artistiques, religieuses, morales.

L'objet n'est pas seulement détaché de l'esprit. Dire qu'il est un être, c'est dire aussi qu'il a une certaine individualité, une forme, qu'il est, jusqu'à un certain point, détaché d'un fond de réalité, isolé des autres objets. On peut plus ou moins le circonscrire. Corrélativement, les caractères qu'il possède lui donnent, par leur ensemble et par leur cohérence, une unité par où il se distingue des autres. Il a, de plus, une certaine perdurabilité. Ce sont, là encore, des caractères qui apparaissent surtout dans la réalité au sens platonicien, mais ils définissent aussi les conditions hors desquelles un contenu quelconque ne serait pas saisissable, ne serait pas constitué et consolidé en objets. Perdurabilité, unité, tendance à l'ontologie, fonction régulatrice : nous retrouvons ces traits dans toutes les manifestations de la vie de l'esprit, dans tous les objets mentaux.

L'aspect de perdurabilité est peut-être celui qui se manifeste le plus nettement : il s'affirme dans la perception naïve comme dans la science, dans les croyances primitives comme dans les grandes religions universalistes. Les trois autres traits sont à peine moins marqués. La science fait de l'unité de ses objets, du caractère rationnel des lois qui unissent leurs propriétés l'une des règles essentielles de son travail ; mais la magie déjà cherche des rapports, absurdes pour nous, voulus réguliers pourtant. Nos connaissances, comme nos normes morales, ont tendance à revêtir un caractère commun et jusqu'à un certain point obligatoire. La tendance à l'ontologie n'est pas une attitude religieuse ou philosophique seulement, on la trouve dans certaines conceptions des mathématiciens.

Nous voudrions montrer, sur quelques exemples, des aspects de ce processus d'objectivation. Nous nous attacherons d'une part à montrer l'objectivation dans des cas où elle n'est pas immédiatement évidente. Nous essaierons de préciser, d'autre part, quelques-unes de ses manifestations archaïques, où elle construit des objets différents de ceux de la pensée scientifique d'aujourd'hui ; nous aurons ainsi une certaine perspective historique. Nous ne parlerons pas de l'objectivation là où elle est évidente et où son mécanisme a été parfaitement élucidé : en sciences ; nous dirons cependant ce qui en mathématiques caractérise la fabrication de l'objet.

L'OBJECTIVATION DANS LE LANGAGE

Le langage nous montre un double aspect de l'objectivation : création d'êtres doués de pouvoirs, création d'objets dotés de propriétés.

La première forme est la forme ancienne, celle des langues des populations primitives ou archaïques. Mais les traces de cette animation subsistent dans nos langues : le langage implique toujours à quelque degré action, volonté, force, pouvoir.

Le pouvoir magique des mots dans les sociétés anciennes a souvent été indiqué. Il suffira ici de rappeler quelques faits caractéristiques.

Dans son analyse de la langue et de la pensée chinoises, Granet écrit : « Le langage vise, avant tout, à agir. Il prétend moins à informer clairement qu'à diriger la

conduite. " L'art de s'exprimer (*wen*) rend la parole
puissante "... Savoir le nom, dire le mot, c'est posséder
l'être ou créer la chose... Je sors d'un sang princier,
je deviendrai pourtant garçon d'écurie, car on m'a
appelé " palefrenier "... J'ai tué un seigneur : aucun crime
n'a été commis si nul n'a osé dire " c'est un assassinat ".

« Quand on parle, nomme, désigne, on ne se borne pas
à décrire ou à classer idéalement. Le vocable qualifie
et contamine, il provoque le destin, il suscite le réel »[1].

Il en est de même de l'écriture : les signes graphiques
sont des symboles à vertu magique. « Le mot prononcé
et le signe écrit sont... des correspondants embléma-
tiques que l'on estime exactement adéquats aux réalités qu'ils notent ou suscitent »[2].

En Chine, le mot suscite des réalités. Dans l'Inde
védique, il est la réalité.

La parole est divine — et plus que divine — dans le
Véda. Cette Parole divine, la Vāc céleste, proclame :
« Je suis reine, je réunis en moi tous les trésors, sage,
la première de ceux qui sont dignes du sacrifice »[3].

C'est la Parole qui donne la connaissance, qui donne
toute révélation : « Quand fut prononcée à l'origine la
première Parole et qu'on donna des noms aux choses,
ce qu'il y avait en elles de meilleur, de pur, et qui était
caché, se révéla avec amour.

« Quand les Sages eurent formé la Parole en leur âme,
comme se purifient les grains par le crible, alors les
amis connurent ce que c'est que l'amitié. La beauté
s'imprima sur leur langage »[4].

C'est la Parole qui est la puissance, qui donne toute
puissance : « Je tends à Rudra son arc, pour que sa

1. GRANET, *La pensée chinoise*, p. 37-42.
2. *Ibid.*, p. 51.
3. *Rig-Veda*, X, 125, trad. BERGAIGNE, p. 70.
4. *Rig-Veda*, X, 71, trad. RENOU, p. 102.

flèche frappe l'ennemi du brahman... J'ai pénétré dans
le ciel et sur la terre... Je vais soufflant comme le vent,
en m'emparant de tous les mondes. Au-dessus du ciel,
au-dessus de cette terre, par ma grandeur, je me suis
élevée »[1].

Révélation, puissance, vertu créatrice, M. Masson-
Oursel a noté tous ces caractères de la parole védique.
Il écrit : « Sous l'aspect "védique" du brâhmanisme,
c'est à partir des sons audibles, mais surtout articulés,
prononcés, psalmodiés, que tout vient à l'existence.
Ici, c'est comme en Egypte où la vie se réduit à ce qui
est "juste de voix", formule magique correctement pro-
férée, donc réalisant d'emblée son objet »[2].

Cette ivresse de révélation et de puissance, on la retrouve encore dans les Upanisads. Chaque syllabe correspond à un geste de l'officiant, à un élément du monde,
à des propriétés, à des dieux, à des actions : système
multiple de correspondances ; et davantage : la parole
est le soleil, le dieu, etc., et elle livre à « celui qui sait »
la chose qu'elle désigne, le monde[3].

Cette conviction que le nom et l'objet qu'il désigne
sont un, on la trouve conservée intacte dans l'un des
systèmes orthodoxes, la Mīmāmsa, dont elle forme la
base et tout le contenu. C'est un réalisme de la parole
rituelle, de la parole prononcée, du son. Le son est im-
manent aux choses, pénètre tout ; son sens est l'objet

1. *Rig-Veda*, X, 125.
2. P. MASSON-OURSEL, La matière dans la pensée de l'Orient,
Onzième Semaine de Synthèse, p. 32.
3. « La syllabe *om* est l'*udgitha*... De tous les êtres, la terre
est l'essence, de la terre les eaux sont l'essence, des eaux les
plantes sont l'essence, des plantes l'homme est l'essence, de
l'homme la parole est l'essence, de la parole la *rc* est l'essence,
de la *rc* le *sāman* est l'essence, du *sāman* l'*udgitha* est l'essence »...
(*Chāndogya Up.*, I, i, 1, 3, 4, 5). — Nous revenons plus longue-
ment sur le problème des correspondances en analysant l'objec-
tisation dans la pensée mythique, p. 43 sq.

même. La parole acquiert une efficacité localisée lorsque s'y ajoutent un agent et son opération. Cette impulsion opératoire se marque dans le verbe par l'optatif, dans le nom par l'instrumental : on comprend qu'ici l'analyse grammaticale se confonde avec l'exégèse, avec l'étude du rite correct, avec la recherche des devoirs. Les sons de la parole rituelle, dit M. Masson-Oursel, « ce n'est pas assez de dire qu'ils existent en tant que proférés par le sacrificateur, homme ou Dieu : ils subsistent en tant que sons, puisque comme tels ils régissent, ils constituent la nature entière. Il n'y a place dans cet ordre d'idées pour aucun créateur : les divinités, s'il en existe, comme l'admet le Véda, ne sont pas moins que l'homme tributaires de cette seule réalité absolue, les syllabes védiques... La Mīmāmsā offre ainsi l'exemple d'une doctrine d'immanence intégrale : immanence de la pensée dans l'être, de l'être dans l'acte, de l'acte dans le Verbe éternel » [1].

Le nom propre possède parmi les mots une vertu spécialement marquée, et le nom d'un dieu est naturellement celui qui a le plus de pouvoir d'action et d'objectivation. Les ethnologues et les historiens des religions ont abondamment traité de la vertu, du secret, du tabou des noms ; de la polyonymie des dieux. Le mythe le plus éclatant à cet égard, le seul que nous rappellerons ici, est celui où Râ par la seule vertu de son nom crée non seulement tout l'univers et les dieux, mais aussi lui-même [2].

1. MASSON-OURSEL, Esquisse d'une histoire de la philosophie indienne, p. 165-166.
2. A. MORET, Mystères égyptiens, p. 120. Le papyrus de Leyde, que cite Moret, explique : « Il n'existait point de mère pour lui qui lui ait fait son nom ; point de père pour lui l'ait émis en disant : « C'est moi (qui l'ai créé) ». — D'autres textes cités et commentés par MORET montrent la vertu créatrice de la langue en Egypte. « Toute opération créatrice doit procéder du cœur

La seconde forme d'objectivation par le langage est la contribution qu'il apporte à la construction du monde des objets. Humboldt déjà avait vu cette action. Il écrit : « Quand l'élan spirituel se fraie un chemin par les lèvres, son effet revient frapper l'oreille. La représentation est par là transposée en une véritable objectivité sans être soustraite par cela à la subjectivité. Cela, seul le langage le peut : sans cette transposition continue en une objectivité qui revient au sujet (même pendant le silence), la formation du concept et donc toute vraie pensée est impossible »[1]. Le langage est ainsi un « pont entre le subjectif et l'objectif ». Cette notion de l'activité d'objectivation du langage sera précisée et mise au premier plan de ses fonctions par Cassirer. « Le langage, écrit-il, n'entre pas dans un monde de perceptions objectives achevées, pour adjoindre seu-

et de la langue, et être parlée en dedans, pensée, puis, énoncée au dehors en paroles... Les choses et les êtres dits en dedans n'existent qu'en puissance : pour qu'ils arrivent à l'existence réelle, il faut que la langue les parle au dehors solennellement ». « La langue donne naissance à tous les dieux... Elle crée les forces vitales bienfaisantes, apaise les nuisibles ». (*Ibid.*, p. 123, 122).

Le nom fait partie de l'être ; il en est même la partie la plus solide et la plus intime : « Donner au Pharaon un "nom" nouveau, dans lequel entrait la désignation d'un attribut ou d'une manifestation de l'Epervier, puis, plus tard, de Râ, et l'ajouter aux autres noms du protocole royal, c'était pour eux introduire dans la personne royale, et superposer aux autres éléments qui la composaient déjà un être nouveau, exceptionnel, qui était une incarnation de Râ. Ou, plus exactement, c'était bel et bien détacher de Râ une de ses vibrations, une des âmes forces dont chacune est lui tout entier ; et en la faisant entrer dans la personne du Roi, c'était transformer toute celle-ci en un nouvel exemplaire, un nouveau support matériel de la Divinité ». (G. FOUCART, *Histoire des religions et méthode comparative*, p. 202-203).

1. HUMBOLDT, *Einleitung zum Kawi-Werk, Werke,* Bd. VII, p. 55.

lement à des objets individuels donnés et clairement délimités les uns par rapport aux autres des " noms " qui seraient des signes purement extérieurs et arbitraires ; mais il est lui-même un médiateur dans la formation des objets ; il est, en un sens, le médiateur par excellence, l'instrument le plus important et le plus précieux pour la conquête et pour la construction d'un vrai monde d'objets ». Et réciproquement, la représentation objective « n'est pas le point de départ du processus de formation du langage, mais le but auquel ce processus conduit ; elle n'est pas son terminus *a quo*, mais son terminus *ad quem* »[1].

Le langage contribue à fixer des contenus et à lier entre elles les propriétés, à créer des centres d'une vision objective. Il participe ainsi à l'opération de liaison et de

---

1. CASSIRER, Le langage et la construction du monde des objets, *Journal de Psychologie*, 1933, p. 23.
Dans sa *Philosophie der symbolischen Formen* (t. III, p. 237-323), CASSIRER a analysé la contre-partie pathologique de ce rôle formateur du langage et de la fonction symbolique en général. Le trouble qu'apporte l'aphasie n'est pas strictement localisé au langage : il peut affecter plus ou moins la perception et la conduite (cf. parmi les nombreux travaux sur cette question : HEAD, *Aphasia*, 1926 ; GELB et GOLDSTEIN, *Psychologische Forschung*, VI, 1925, et *Journal de Psychologie*, 1933 ; W. VAN WOERKOM, *Revue neurologique*, 1919, et *Journal de Psychologie*, 1921 ; ISSERLIN, *Zeitschrift für die gesamte Neurologie*, LXXV, 1922).
PLATON déjà avait pressenti en partie le rôle instrumental du langage. Dans le *Cratyle*, Socrate, après avoir fait accepter par Hermogène qu'il faut des instruments pour couper, percer, tisser, conclut : « Ainsi le nom est un instrument qui sert à instruire et à distinguer la réalité, comme la navette fait le tissu » (388 c.). — La pensée ici est que tout travail sur les choses, la réalité, doit être effectué avec des instruments adaptés, que la parole concerne les choses et doit donc être adaptée à elles. C'est ainsi qu'on pourra les connaître et les discerner. Platon a eu l'idée du nom adapté aux choses ; il n'a pas eu celle du nom élaborant les choses. — Nous retrouvons ce problème en examinant les théories du signe, p. 86.

séparation qu'accomplit la perception dans le continuum du flux. Il classe et organise l'expérience. Il jalonne les degrés de cette organisation. L'histoire des langues nous donne des indications sur les premières classifications. Sous sa première forme, l'expression verbale qualifie plus qu'elle ne classe. Abondance des mots et des formes exprimant des actions ou des situations spéciales, absence de termes généraux : ces faits sont très connus [1]. Les premières classifications répondent à des assimilations tout extérieures : ainsi, dans les langues mélanésiennes et dans les langues nord-américaines, il y a des préfixes pour des objets longs et d'autres pour des objets ronds. Puis vient la distinction d'après la grandeur, le nombre, la position, qu'offrent par exemple les parlers bantous [2]. D'autres langues, certaines langues nord-africaines par exemple, classent les objets du monde extérieur par référence aux parties ou aux positions du corps : c'est une première forme des rapports entre le macrocosme et le microcosme. Plus tard apparaissent des relations plus abstraites : la distance, le dedans et le dehors, la construction de l'espace.

L'instrument se perfectionne ainsi progressivement, mais, on le sait, ce progrès a des limites. L'objectivation scientifique, celle de la physique, a besoin d'instruments meilleurs ; elle abandonne presque complètement le langage ordinaire pour les mathématiques.

1. Cf. Lévy-Bruhl, *Les fonctions mentales dans les sociétés inférieures*, ch. IV ; Cassirer, *Philosophie der symbolischen Formen*, I, p. 257 sq.

2. Meinhof, *Grammatik der Bantu-Sprachen*, p. 8, 16, cit. in Cassirer, *Philosophie der symbolischen Formen*, I, p. 267. Les faits semblent, en réalité, plus complexes et en bantou et, plus encore, en peul, d'après le travail plus récent de Mlle Homburger, *Les préfixes nominaux dans les parlers peul, haoussa et bantous*.

*L'OBJECTIVATION
DANS LA PENSÉE MYTHIQUE*

Si on doit appeler «objet» ce qui s'oppose, ce qui est différencié, ce qui a une consistance et tend vers une permanence, le mana et ses équivalents dans les différentes populations primitives, le sacré dans le sens le plus large du mot, apparaissent comme des exemples tout à fait caractérisés d'objectivation. En rompant l'uniformité des contenus de la conscience, ils rompent l'uniformité du monde extérieur représenté. L'opposition du sacré et du profane conduit à une structure de ce qui sinon serait indifférencié, homogène. La notion de mana paraît non seulement étendue à tous les peuples non civilisés, mais encore à quelques grands peuples civilisés anciens : Granet[1] pense que le tao répond à des faits analogues et Kreglinger[2] a émis une hypothèse voisine pour le brahman.

Il ne s'agit nulle part de « substance » sacrée à proprement parler, non plus d'ailleurs que de fluide : ces précisions sont étrangères aux formes pré-scientifiques de la pensée. La « matière » spéciale qui constitue le mana est assez matérielle pour offrir des différences de densité dans des lieux et à des moments différents, assez matérielle aussi pour s'attacher à des objets ou à des êtres ou se détacher d'eux, assez immatérielle pour exister et subsister indépendamment de tout objet[3].

1. GRANET, *La pensée chinoise*, p. 301.
2. KREGLINGER, Mentalité primitive et signification première des rites, *Actes du Congrès international d'Histoire des Religions de* 1923, Paris, 1925, I, p. 193.
3. H. HUBERT et M. MAUSS écrivent : « Le mana n'est pas seulement une force, un être, c'est encore une action, une qualité et un état... Il est tour à tour et à la fois qualité, substance et activité ». (Esquisse d'une théorie générale de la magie, *Année sociologique*, t. VII, 1902-1903, p. 108-109).

Cassirer[1] caractérise de manière très heureuse ces côtés non matériels du mana en disant qu'il est la catégorie de l'exceptionnel, non tel contenu spécial rare, mais l'exceptionnel même. Le mana et le tabou opposent à la couche du quotidien une autre couche avec d'autres possibilités, d'autres forces, aussi avec des dangers. Le mana se propage à travers des avatars, des métamorphoses, des mutations brusques, sans qu'on puisse clairement discerner ce qu'il y a d'identique à travers ces métamorphoses. Il crée des inégalités qualitatives dans l'espace[2], des centres (les lieux sacrés), des limites, des équivalents entre les centres et les limites[3], des points de résistance ou de répulsion, des impossibilités : impossibilités forgées par l'esprit et qui sont aussi irréductibles que des obstacles matériels. Il produit aussi des inégalités dans le temps. On a décrit[4] plusieurs formes de temps dans les sociétés archaïques : le temps mythique

1. CASSIRER, *Philosophie der symbolischen Formen*, II, p. 100.
2. Cf. sur ce sujet, entre autres : S. CZARNOWSKI, Le morcellement de l'étendue et sa limitation dans la religion et la magie, *Actes du Congrès international d'Histoire des Religions de 1923*, t. I, p. 339-359 ; CASSIRER, *ibid.*, II, p. 78-119 ; GRANET, *La pensée chinoise*, p. 86-114 ; LÉVY-BRUHL, *L'expérience mystique et les symboles chez les primitifs*, p. 181-195. — Nous avons fait allusion déjà à cette question, à propos du réglage spatial des actes, p. 22.
3. Le dieu qui incarne le plus parfaitement l'idée de limite à Rome, Terminus, la borne divinisée, est présent dans le centre religieux de l'Etat, au Capitole, il a sa statue à côté de celle de Jupiter (CZARNOWSKI, *l. c.*, p. 349).
4. Voir p. ex. : H. HUBERT, Etude sommaire de la représentation du temps dans la religion et dans la magie, *Annuaire de l'Ecole pratique des Hautes Etudes (Section des Sciences religieuses)*, Paris, 1905, et H. HUBERT et M. MAUSS, *Mélanges d'histoire des religions*, 2e édit., p. 189-229 ; CASSIRER, *ibid.*, II, p. 69-71, 132-160 ; GRANET, *l. c.* ; LÉVY-BRUHL, *La mythologie primitive*, p. 3-12 ; M. LEENHARDT, Le temps et la personnalité chez les Canaques de la Nouvelle Calédonie, *Revue philosophique*, 1937, II, p. 43-58.

au sens étroit du mot, temps des ancêtres, à la fois ancien et présent ; le temps origine, qui est un effort pour donner à l'éternité une manière de chronologie ; les temps des choses et des hommes, non homogènes, qualitatifs, ères de natures et de valeurs diverses, phases liturgiques — saisonnières, personnelles ou nationales —, séparées par des moments singuliers qu'on franchit comme des lignes dans l'espace, avec des rites de passage. Différences, mais aussi ressemblances qualitatives ; — les temps de qualité semblable sont équivalents, peuvent être substitués l'un à l'autre[1]. Il y a équivalence aussi entre les phases du temps et les dates critiques qui les délimitent. Les dates sont le signe et la signature des temps et des choses qui s'y passent[2]. Phases et dates n'ont pas seulement des qualités positives, elles ont des pouvoirs d'arrêt ; par leurs interdictions elles créent des impossibilités, aussi irréductibles que les impossibilités spatiales dont nous venons de parler ; on sait que telles de ces interdictions subsistent de nos jours. Le temps, à ces niveaux de pensée, apparaît ainsi comme une chose, existant objectivement, efficace par elle-même, par sa forme, par ses liens qualitatifs avec les actes, les choses et l'espace. Les liens entre le temps et l'espace ne sont pas accidentels, mais organiques et réguliers. Deux portions de l'espace ou du temps peuvent différer radicalement l'une de l'autre, mais à un temps correspond en général un espace qui a la même « nature » que lui ; en Chine, tout temps est attaché à un lieu et en est solidaire. Les divers temps et espaces qualitatifs ont une densité différente. Certains lieux importants, certaines durées privilégiées peuvent représenter des

1. Tout le monde connaît l'application que l'astrologie a faite de ce principe. On sait aussi comment il se traduit, aujourd'hui encore, dans le dispositif des fêtes chrétiennes.

2. Cf. HUBERT, *l. c.*, p. 211.

temps et des espaces très concentrés, très grands, même l'espace et le temps totaux. Ainsi en Chine encore [1].

Mais la correspondance, le maniement solidaire des faits appartenant à des domaines différents ne s'appliquent pas à l'espace et au temps seulement. La pensée de presque tous les peuples anciens repose sur l'idée d'un système universel de correspondances en tous les domaines : de la nature, du surnaturel, du physiologique et du psychologique humains. Non seulement objectivation, mais objectivation généralisatrice. Il est difficile de dire ce qui dans ces systèmes répond à des assimilations voisines d'une identification scientifique et ce qui est essai de classification, liaison symbolique ou même simplement métaphore poétique. On a quelquefois, par exemple pour certains textes de l'Inde, le sentiment de passer de l'un à l'autre. Peut-être ces textes d'inspiration différente répondent-ils d'ailleurs à des époques et à des conceptions différentes [2].

Quoi qu'il en soit, on trouve des formes d'objectivation généralisatrice, de correspondance universelle tant chez les populations dites primitives que dans les grandes civilisations anciennes, chinoise, indienne, grecque, et on sait que la tendance à l'assimilation, sous la forme qu'elle a eue chez ces peuples, a subsisté derrière

1. Mais aussi à Rome : le lieu sacré y est « plus qu'un résumé ou un représentant du monde. Il est le monde. Il renferme l'univers et lui est équivalent ». (CZARNOWSKI, ibid., p. 346).

2. Ainsi par exemple l'hymne connu à Puruṣa apparaît à FORMICHI (*La pensée religieuse de l'Inde avant Bouddha*, p. 71) comme une tentative d'explication philosophique et scientifique de la nature et de l'homme, fondée sur des observations et marquant un point d'inflexion : la pensée théologique qui a suivi a vu dans la nature le reflet non plus de l'homme, mais de la prière.

l'effort scientifique, même dans les temps modernes [1] :
on la retrouve par exemple chez un Swedenborg.

Tous les faits que Lévy-Bruhl a groupés sous ses
rubriques de participation, de liaison insolite, de classification singulière [2] appartiennent évidemment à ce
domaine. On note dans tous ces faits deux traits qui vont
caractériser tous les systèmes de correspondances : des
règles ou des principes d'assimilation, plus ou moins
bien élaborés ; une activité de mise en correspondance,
des actions unifiantes. En effet, aucun système de correspondances n'est substantiel, statique. Partout il s'agit
d'actions de participation, d'une identification qui demande à être entretenue, et partout il y a des règles
pour entretenir ainsi l'ordre du monde. Les danses chez
les Australiens, les cérémonies sacrificielles dans l'Inde,
les gestes de l'étiquette en Chine contribuent à maintenir ces régimes de rapports.

On peut quelquefois discerner, dans l'ensemble des
mondes correspondants, celui qui est le point de départ
ou la norme, et souvent c'est la nature des actions des-
tinées à maintenir ou à rétablir l'ordre universel qui
montre quel est ce système.

L'univers de la Chine classique est un système de
comportements. Les comportements de l'esprit ne se
distinguent pas de ceux de la matière. Il n'y a pas de
différence de nature entre la matière et l'esprit [3]. La
nature ne forme qu'un seul règne, un ordre unique préside
à la vie universelle. Ce tout se distribue en groupements

---

1. Cf. par exemple CASSIRER, *Philosophie der symbolischen
Formen*, II, p. 117 ; P. GUILLAUME, *Introduction à la psychologie*, p. 124.

2. LÉVY-BRUHL, *Fonctions mentales*, ch. II et III ; *Mythologie primitive*, ch. II. — Voir aussi nos remarques sur le signe
et la participation dans les formes arcaïques de la pensée,
p. 102 et 131 sq.

3. GRANET, *La pensée chinoise*, p. 389.

hiérarchisés, il se retrouve entièrement en chacun d'eux. Les systèmes et les tableaux de correspondances sont nombreux et varient selon les traités[1]. On a cherché à les faire exhaustifs, à épuiser tous les modèles de phénomènes, de qualités d'actions. Les nombres, qui, comme on sait, ont dans la pensée chinoise un rôle classificatoire et protocolaire, commandent à ces lots de réalités, les ordonnent hiérarchiquement, les spécifient en les plaçant dans leurs temps et leurs espaces concrets. La source de tout cet ordre, selon Granet, est la coutume : le point de départ du système est humain, social ; non nécessité physique, même pas obligation morale, mais règles et modèles sociaux. La connaissance de ces modèles forme tout le savoir et donne tout le pouvoir. « Délimiter les apparentements et les hiérarchies, fixer des modèles de conduite, voilà le savoir. Pouvoir, c'est distribuer des rangs, places, qualifications ; c'est doter l'ensemble des êtres de leur manière d'être et de leur aptitude à être »[2]. Tous ces comportements se règlent, on le sait, d'après les deux principes classificatoires, le yin et le yang, et sont unifiés par le principe essentiel, le tao, chemin, puissance régulatrice qui crée la continuité par-dessus les alternances — continuité historique plutôt que causale —, et, en même temps que pouvoir de régulation, savoir efficace et ordre actif[3]. On connaît l'évo-

---

1. Ainsi, pour ne prendre qu'un exemple, le Yue-Ling, qui embrasse le domaine des choses et des actes rituels, donne la correspondance pour les classes suivantes : éléments, orients, couleurs, saveurs, odeurs, aliments végétaux, animaux domestiques, lares ou parties de la maison, génies des orients, souverains, notes, nombres, binomes de signes cycliques dénaires, classes d'animaux, viscères. (GRANET, *ibid.*, p. 376). — On sait que dans le *Yih King* déjà il y a un système de correspondances et une symbolique très élaborés.

2. GRANET, *ibid.*, p. 415-416.

3. GRANET, *ibid.*, p. 83, 301-338, 572-591.

lution de cette notion fondamentale de la pensée chinoise. Au début, la voie, la tâche à remplir, la conduite dans un double sens : d'abord l'activité vivante de notre être le plus intime, puis l'être des choses qui changent ; le cosmos a son changement, et l'homme a le sien, et tous deux doivent être tao [1]. Plus tard, force cosmique, source de vie dans le soleil, et en même temps force vitale dans le souffle et esprit dans l'homme ; ce dont on ne voit pas la forme, ce qui détermine cependant l'ordre de tout devenir, le pouvoir et le vouloir, fondement premier et ce qui est sans fondement, être absolu, mais aussi être phénoménal, ordre cosmique et ordre humain. Enfin, chez Lao-Tse, principe ontologique et cosmologique, être pur et vie comme telle, âme universelle, inaccessible à toute perception sensible et aussi à toute connaissance rationnelle. se manifestant par un tao phénoménal, origine de tous les êtres particuliers, des dix mille choses [2].

D'une règle de conduite, pratique, sociale et morale au sentiment de direction de sa propre vie, à un principe de vie et à une correspondance entre le social, le moral, le biologique ; du biologique au cosmique, et à l'accord des deux ; de cette harmonie à une ontologie. On voit la marche de l'objectivation dans la pensée mythique chinoise : projection dans le monde physique des sentiments sociaux et moraux d'abord, puis recherche d'une réalité dernière.

Comme dans la Chine classique, la correspondance entre le microscosme et le macrocosme dans l'Inde archaïque est une correspondance active : c'est l'action sacrificielle qui entretient à la fois les relations et les existences elles-mêmes. Le système joue de diverses façons et à divers étages. Il est à la base de certaines

---

1. ZENKER, *Histoire de la philosophie chinoise*, p. 49.
2. ZENKER, *ibid.*, p. 89-90.

cosmogonies, celle par exemple qui a inspiré l'hymne à Puruṣa du Ṛg-Veda : sous une forme ramassée, on y trouve une assimilation entre les parties du corps, les dieux, les éléments, les parties du monde, les classes sociales. La correspondance ici est génétique : il s'agit de création, mais il est intéressant que l'être mythique originaire ait forme humaine[1]. Le sacrifice tient dans ce mythe toute sa place, le Puruṣa originaire, « tout ce qui est, tout ce qui fut et tout ce qui sera », est en même temps victime du sacrifice. On retrouve ce thème, développé avec des détails, dans les Upaniṣads et on y trouve des systèmes compliqués de correspondances : soit des relations un à un dans cinq, sept, onze, etc., domaines différents[2], soit des analogies de rapports[3], soit encore des recettes d'actions magiques, des paraboles

1. « 12. Sa bouche fut le Brâhmane, de ses bras on fit le Guerrier, de ses jambes on fit le Laboureur, le Serviteur naquit de ses pieds.

« 13. La Lune est née de son exprit, le Soleil est né de son œil, de sa bouche Indra et Agni, de son souffle est né Vāyu.

« 14. L'Air est issu de son nombril, de sa tête le Ciel s'est développé, de ses pieds la Terre, de son oreille les Régions : ainsi se constitua le monde ». (*Ṛg-Veda*, X, 90, trad. RENOU, p. 122).

2. Par ex. : *Chândogya Up.*, II.

3. *Chândogya Up.*, I, 6, 7 ; cf. *Chândogya Up.*, VIII, 1 :

« 1. Dans cette forteresse de Brahman qu'est le corps, un petit lotus forme une demeure à l'intérieur de laquelle règne un petit espace. Il s'agit de rechercher ce qui l'occupe. Cela, en vérité, il faut désirer le savoir.

« 2. Si l'on dit : "Dans cette forteresse de Brahman qu'est le corps un petit lotus forme une demeure à l'intérieur de laquelle règne un petit espace, que renferme-t-il qu'il faille rechercher, qu'il faille désirer savoir ?"

« 3. Il faut répondre : " Aussi vaste que l'espace qu'embrasse notre regard est cet espace à l'intérieur du cœur. L'un et l'autre, le ciel et la terre y sont réunis, le feu et l'air, le soleil et la lune, l'éclair et les constellations, et ce qui appartient à chacun ici-bas et ce qui ne lui appartient pas, tout cela y est réuni " ».

morales ou des métaphores poétiques, ayant quelquefois une signification ontologique ou eschatologique [1].

Tous ces faits de maniement solidaire d'objets appartenant à des domaines différents marquent le souci de relation et la recherche de principes de relation. Là où les systèmes de correspondances sont organisés exhaustivement et étroitement assimilés les uns aux autres, il y a un effort pour trouver un principe unique auquel on finit par donner une existence indépendante. L'esprit objective et hypostasie ainsi le sentiment de relation : dans les rapports qu'il crée il voit l'architecture de l'univers. Il agit selon cette architecture, puisque, dans ce monde si étroitement solidaire, toute action sur une partie a des effets sur toutes.

Il y a dans ces opérations des aspects divers et sans doute des degrés divers d'efficacité intellectuelle. Et ce n'est qu'en première approximation qu'on peut ainsi grouper ensemble des systèmes qui appartiennent à des civilisations et à des époques différentes. Ils présentent

1. Outre le sacrifice, l'Inde connaît encore d'autres façons, rituelles également et consacrées, d'établir des correspondances et des participations, et même ces façons caractérisent des classes d'hommes. M. MASSON-OURSEL écrit : « Un brâhmane, c'est un homme qui, croyant qu'il y a à la fois macrocosme et microcosme, se plaît à établir les fonctions de l'un et de l'autre. Il montre que par l'emploi technique de certaines sonorités, on obtient tout ce que l'on veut à la condition que ce soit la formule congrue, qui met en rapport telle partie du microcosme avec telle partie du macrocosme... Le yogi est quelqu'un qui attend d'une gymnastique, de cette élasticité que donne à l'être concret l'entraînement, ce que la science rituelle donne au brâhmane, c'est-à-dire la possibilité, lui qui est un microcosme, de se mettre à l'échelle du macrocosme par une appropriation congrue. Il jette un pont entre telle partie de lui-même à l'étage de tel *cakra* et telle partie du monde... Une succession d'entraînements qui assouplissent l'énergie vitale permet d'obtenir... une maîtrise totale du cosmos » (*Bulletin de la Société française de Philosophie*, 1937, p. 112-113).

tous un caractère qui les rapproche de la pensée classifiante : c'est l'effort de mise en ordre, le souci d'explication qu'il traduit, la recherche de principes de groupement. Mais plusieurs traits les distinguent de nos modes de pensée. Il s'agit d'analogies, non de genres ou de lois. Les faits correspondants n'ont pas de propriétés identiques ni d'éléments communs réels. C'est une sorte de répartition de fonctions, très arbitraire et factice naturellement, puisqu'il s'agit souvent de domaines très éloignés, et donc de propriétés très différentes. Mais les notions mêmes de propriété, d'élément, de fonction effective sont mal aperçues. L'analyse réelle est superficielle et sommaire, on n'en est pas préoccupé. Ce qu'on met en avant, c'est une sorte de structure formelle et qu'on croit retrouver partout, rééditée à un grand nombre d'exemplaires à grande ou à petite échelle, Il y a une sorte d'hypertrophie de structure.

L'OBJECTIVATION DANS LES FORMES ARCHAIQUES DE LA MORALE

Pour compléter l'étude de ces aspects anciens de la pensée objectivante, nous voudrions examiner quelques côtés de la pensée morale. Nous verrons que des faits tels que la faute et le sentiment de la faute, le mérite ou le démérite, en somme des faits de valeur pour nous, non seulement sont traduits en termes de réalité et d'existence, ou traités comme des existences, mais peuvent créer, engendrer des existences. A la limite, toute existence a pour origine des faits moraux. Deux groupes de faits sont spécialement significatifs à cet égard : les faits de transfert du mal ; les doctrines de la rétribution des actes.

Les pratiques et croyances relatives au bouc émissaire sont répandues, on le sait, sur toute la surface du globe.

Depuis l'étude d'ensemble de Frazer[1], ces faits sont extrêmement connus ; il suffit de les rappeler à cette place. On sait que l'expulsion du mal peut être individuelle ou collective, occasionnelle ou périodique, et que le transfert peut s'effectuer sur des objets matériels, des animaux ou des hommes. On sait aussi l'importance, dans cet ensemble de pratiques, de l'immolation d'hommes divinisés. Dans tous ces cas, il s'agit de purification morale par des procédés physiques.

Prévenons ici un malentendu possible. Lorsqu'on parle, dans ces cas, d'objectivation des faits moraux, on ne veut pas dire qu'il y a eu deux phases distinctes, la première où la faute a été éprouvée comme une pure douleur morale, la seconde où elle a été «matérialisée» et transportée sur un objet. La pratique de l'expulsion du mal suppose d'une part une certaine indistinction initiale du physique et du moral, et d'autre part une notion de correspondance, d'un type voisin de celui que nous avons rencontré à propos du microcosme et du macrocosme. Tout sentiment de faute et de péché implique un certain degré d'intériorisation, mais cette vie intérieure a tendu à s'inscrire dans les cadres des rapports objectifs. Notons d'ailleurs que les actions ont pu être réciproques. Ainsi Frazer remarque que certaines cosmogonies ont pu être influencées par des rites sacrificiels, spécialement par le sacrifice de l'homme divinisé. On peut, dans le prolongement de cette idée, noter des faits de cosmologie morale dans l'Inde : autant de degrés de mérite ou de péchés, autant de mondes où doit être rémunéré l'acte [2].

Contrairement à celle du bouc émissaire, la doctrine du karman est, on le sait, localisée : elle est limitée à

---

1. FRAZER, *Le bouc émissaire.*
2. MUS, *Sadgatikārikā et Lokaprajñapti*, p. 54.

l'Inde. Mais elle y a pris une ampleur telle qu'on a pu la considérer comme une des pierres angulaires de la pensée indienne. On se rappelle son principe essentiel : « Toute vie, avec ses multiples variantes et jusqu'au plus menu de ses accidents, dépend des actions bonnes ou mauvaises ». Notre destinée, les conditions diverses de notre existence, notre corps, notre caractère, sont le produit d'actes anciens[1]. L'organisation et la marche du monde sont le résultat d'actes humains ; l'acte et l'œuvre sont la seule source des existences ; tous les aspects de l'être sont soumis à la loi morale, toute causalité naturelle est d'origine morale.

On ne peut imaginer un déterminisme et un créationisme moraux plus achevés, ni une objectivation de sentiments moraux plus complète. Il ne s'agit plus d'expression matérielle, ni de pratique matérielle au service d'états moraux : toute matière est d'origine morale. Dans l'homme, dans le monde, dans tous les mondes. Et réciproquement, tout fait moral se traduit en existences, tout acte est irréparable, une fois semé il doit mûrir, aucun dieu ne l'aide à produire ses effets, aucun dieu ni aucune force du monde ne peut l'empêcher de porter ses fruits.

---

1. Nāgārjuna, par exemple, peut écrire :

« Les actes accomplis durant les existences antérieures
Se changent en toutes sortes de formes.
La force de l'acte est toute puissante,
Elle n'a pas son pareil au monde.

Les actes des existences antérieures sont les maîtres
Qui forcent l'homme à subir sa rétribution.
Par la force des actes la roue tourne,
Elle tourne dans la mer du Saṃsāra.

Les eaux de l'océan peuvent se dessécher,
La terre du Suméru peut s'épuiser,
Mais les actes des existences antérieures
Ne se consument jamais, ne s'épuisent jamais. »

(*Traité de la Grande Vertu de Sagesse*, trad. Lamotte, Louvain, 1944).

L'OBJECTIVATION
DANS LA RELIGION

Les caractères que nous avons indiqués au début de ce chapitre : création ontologique et extériorité, perdurabilité et indestructibilité, unité et, totalité, fonction régulatrice, se manifestent très fort dans l'objet religieux.

Il est un point de condensation du sentiment. Mais il est aussi une réalité, puisqu'il est la suprême réalité. Il est donc par là extérieur au sentiment, même lorsqu'il est intime ; il est une référence : les sentiments et les actes s'adressent à lui, la conscience religieuse pense à lui, de lui découle une puissance, la toute-puissance. Il est l'absolue supériorité, le surplus, l'inépuisable. Mais il a aussi une forme. Il n'est pas une simple qualité anonyme, mais un être, en lequel la puissance à la fois se particularise et se condense[1]. Aussi, pour la conscience, une réalité distincte de toutes les autres réalités ; on peut admettre, comme le soutient M. Ch. Hauter[2], que jamais la société ne se propose elle-même délibérément comme divinité, elle doit au moins proposer l'intermédiaire d'un objet de culte spécial.

Il va de soi que l'extériorité de l'objet religieux est seulement relative : l'homme participe au divin. Les étapes de la participation sont même réglementées et enseignées ; il faut que la révélation soit conservée et transmise, et que le fidèle soit initié selon des formes et une progression réglées. La distance entre le fidèle

1. « Un esprit personnel et, en même temps, communicable, une vertu divine qui porte un nom, qui est immatérielle mais nullement abstraite, qui se répand sans se dissiper, qui se multiplie sans s'affaiblir... : cet esprit, cette vertu ne sont pas autres que le Christ immortel ». (LOISY, *Les mystères païens et le mystère chrétien*, p. 254).

2. Ch. HAUTER, *Essai sur l'objet religieux*, p. 84 sq.

et l'objet de son culte ou de sa piété est naturellement susceptible de tous les degrés. Le sacré peut être un tremendum, une majestas[1] ; son absolue supériorité peut être celle de sa nature aussi bien que celle de sa puissance ; dans d'autres cas, l'homme y a plus facilement accès : soit parce que la nature du dieu est plus familière, soit parce que l'infinie distance est surpassée par le double mouvement de la grâce et de la foi. Dans tous les cas, pour qu'il y ait religion il faut qu'à un degré quelconque et par un procédé quelconque de possession ou de communion, s'établisse entre l'homme et la réalité divine une consubstantialité.

L'objet religieux est perdurable ; il est d'ailleurs représenté à l'ordinaire chez les primitifs par une matière indestructible, rochers, grands arbres, sources. Lorsque se transforme la nature de la substance religieuse, que le sacré se spiritualise, la perdurabilité s'accentue encore. C'est elle qui se traduit dans les notions d'éternité divine, et aussi de divinisation humaine et d'immortalité de l'âme. La perdurabilité peut avoir deux sens différents. Ou bien Dieu est immuable par lui-même ; c'est sans doute la forme tardive. Ou bien les hommes doivent renouveler la vie de la divinité ; on a ainsi d'innombrables rites à caractère périodique, par exemple des rites pour assurer la réapparition du soleil, le renouvellement des saisons, la fertilité : mort et renaissance du dieu, point commun de tant de mythes. Les deux formes sont peut-être moins dissemblables et moins séparées qu'il ne semble d'abord. Car d'un côté, même pour le dieu qui meurt, dès lors que le mythe assure qu'il a été retrouvé et ressuscité, sa périodique résurrection est presque assurée ; elle contient sa propre régularité, puisque le mythe, plutôt

1. Cf. OTTO, *Le sacré*.

qu'un événement unique, décrit un premier exemplaire de l'événement renouvelable ; la renaissance du dieu ne dépend donc pas entièrement des manquements possibles des fidèles. Et à l'autre extrême, lorsque la divinité a en elle-même sa stabilité et son immortalité, il n'est pas vain pourtant que les fidèles lui donnent incessamment, par leur piété, sinon sa réalité, du moins un surcroît de réalité et de sens. Dieu a toujours quelque peu besoin de l'homme ; il y a toujours échange, si infiniment inégal que soit le don. Au sein de tout objet religieux il y a donc, diversement dosées, de l'éternité et du renouvellement.

A côté de l'objet essentiel, il y a toujours ce qu'on a appelé l'objet excitatif, le fait originaire, l'événement, le drame religieux principal, le personnage central. On a souvent insisté sur le caractère concret, plein, historique et décisif de ce fait originaire [1]. Il importe ici de ne pas confondre concret et singulier. Il s'agit bien de concret dans le sens : complet, plein, et non pas dans le sens événement historique réel. L'exactitude ou l'inexactitude historique de l'événement n'est pas ce qui a été recherché ; ce qu'on a toujours visé, c'est le caractère exemplaire et emblématique. C'est du singulier synthétique en quelque sorte, et composé selon les nécessités d'une civilisation, d'une morale et d'une psychologie. Plus que l'objet essentiel, l'objet excitatif porte la marque de sa date.

L'objet religieux est régulateur. Ce caractère résulte naturellement, dans les religions tardives, du fait que la religion absorbe et condense les valeurs, que Dieu — si la religion comporte un Dieu — est le modèle et la source de la valeur et de l'obligation. Mais la fonction régu-

---

1. On sait, par exemple, que Loisy explique le triomphe final du christianisme sur les mystères païens par la personnalité marquante de Jésus. (*Les mystères païens et le mystère chrétien*, p. 343-344).

latrice résulte aussi de l'aspect du fait religieux dont nous venons de parler, du caractère exemplaire de l'événement religieux originaire. En effet, la révélation apporte un événement qui en un sens est unique, lié à l'action d'une personnalité remarquable et déterminante. Mais d'autre part, nous l'avons vu, cet événement n'est pas singulier ; il est significatif, exemplaire et indéfiniment renouvelable. La régulation de notre ·conduite, de nos sentiments, de nos pensées est centrée sur cette possibilité : la répétition — à la fois commémorative, symbolique et réelle — de l'acte divin initial.

Il n'y a pas de religion sans action sacrée et sans support matériel ; à l'objet transcendant correspondent un rituel et des figurations.

On peut dire que le culte est une continue action d'objectivation. Rites manuels ou oraux, drame sacré et liturgie, cérémonies d'initiation, tout ce qui est accession au divin et participation au divin, ce sont là des aspects divers, de l'objectivation d'un ensemble multiple et riche d'états psychologiques. Malgré sa fixité rituelle ce langage exprime des états profonds et variés.

Tout culte comporte des instruments de culte. Mais, à travers leur matière, à travers l'image, le fidèle voit directement Dieu. Il y a pénétration entre la réalité physique et la réalité métaphysique.

Cette unité du signe et de la chose signifiée peut être déséquilibrée. Le signe, en effet, dans le cas de la religion, n'est pas un simple intermédiaire neutre, il participe lui-même de la nature du divin, il est sacré. Il peut donc, à certains moments, retenir sur lui-même l'attention du fidèle, et se « consolider » assez pour usurper le rôle d'objet religieux. Tandis que, dans le cas normal, le lieu du culte, les instruments, le prêtre, la victime, les paroles participent seulement du caractère sacré

de l'objet, mais se distinguent de lui, deux cas d'usur-
pation peuvent se produire. Le premier type est celui où
le culte et l'objet ne font qu'un : l'exemple le plus connu
et le plus topique est celui de la religion védique : le feu du
du sacrifice, le breuvage et la parole rituelle sont à la
fois instruments du culte et dieux ; il n'y a qu'une seule
réalité sacrificielle, à la fois moyen et objet. Le deuxième
cas est celui, presque inévitable, de la dégradation de la
pensée religieuse : par la faiblesse de l'invention et par la
faiblesse de la foi, le rite se consolide en objet, la forme
devient immuable et l'esprit s'arrête à cette forme. Il
se produit là comme l'apparition d'un objet second.

Le décalage entre le culte et le contenu se produit
toujours à quelque degré. Comme toute forme, et plus
que les autres formes parce que sacrée et régulatrice,
la forme religieuse a sa propre vie, ses propres lois, en
partie indépendantes. La forme engendre elle-même la
forme. Le développement du contenu religieux et celui
du culte ne sont jamais parfaitement simultanés ; on
sait combien fréquemment un culte ancien a subsisté,
en se chargeant d'un sens spirituel nouveau. Ainsi que
le dit M. Ch. Hauter, l'objet engendre indéfiniment les
institutions, et les institutions se retournent contre lui
et le transforment.

· L'OBJECTIVATION EN MATHÉMATIQUES L'objectivation en mathématiques peut être examinée se-
lon deux perspectives : carac-
tères des opérations mathématiques ; nature de l'objet
mathématique. C'est une distinction analogue à celle
que nous avons faite dans d'autres parties de ce chapitre quand nous avons analysé d'une part l'opération
d'objectivation et d'autre part l'objet, son terme ou
son concomitant. Mais disons tout de suite qu'en

mathématiques il est difficile de séparer opération et objet : tout y revêt un caractère opératoire[1], — de même qu'il est difficile d'y séparer la forme du contenu : on ne sait comment faire cette séparation sans tailler dans le vif[2].

Philosophes, historiens des mathématiques et mathématiciens sont assez généralement d'accord pour noter deux caractères des opérations mathématiques : le concret à l'origine, la solidarité par assimilation des généralisations successives.

Il y a, avant le nombre, l'échange un contre un[3] (et plusieurs contre plusieurs). Et, aussitôt, l'intuition de la collection et l'acte de nombrer[4]. Mais l'abstraction va se mêler à ce concret. Au commencement, le désir de rendre équivalent et le sentiment d'équivalence, — début de la vérification, origine de l'équation : déjà l'activité au service de la vérité[5] ; puis, la synthèse de deux opérations : l'une qui est la répétition de l'action et qui est le germe de l'addition, l'autre qui est l'action d'ensemble et qui est le germe de la multiplication[6]. « Une collection n'est un nombre, écrit Delacroix, que si l'esprit est capable d'en remarquer successivement chaque unité. Une série d'unités, qui défile devant l'esprit, ne devient un nombre que si un rang est assigné à chaque unité, c'est-à-dire si la pensée intervient pour introduire dans l'unité qui passe le souvenir de celles qui l'ont précédée, si elle sait convertir la succession

1. Voir ce que nous disons à ce sujet dans notre analyse du rôle opératoire du signe, p. 106 sq.

2. Cf. sur ce point nos remarques sur la liaison de la forme et du sens, p. 100.

3. BRUNSCHVICG, Les étapes de la philosophie mathématique, p. 464.

4. DANTZIG, Le nombre. p. 13.

5. BRUNSCHVICG, ibid., p. 466-470.

6. BRUNSCHVICG, ibid., p. 473.

en simultanéité »[1]. Et Brunschvicg rapporte cette jolie réponse d'une vieille Espagnole, à qui René Bazin demandait son âge : « Quatre douros et quatre réaux, Monsieur ! »[2]. On aperçoit ici la notion, fondamentale en mathématique, de rapport, déjà conçue, bien qu'encore mal dégagée par le langage. L'esprit va au devant de la nature avec une intention généralisatrice. Effort initial difficile, et conquêtes successives difficiles. « Les nombres ont été donnés par le Bon Dieu », avait dit Kronecker. Ils ne sont pas tombés du ciel sur la table du mathématicien, répondra Brunschvicg[3].

Comment caractériser ces conquêtes successives, les généralisations ultérieures ? De quel ordre est la création d'objets nouveaux englobant et transformant les précédents, que constatent tous les mathématiciens, mais qu'ils ne définissent peut-être pas tous de la même manière ? On peut prendre comme exemple l'extension du domaine du nombre, le passage des nombres entiers positifs aux nombres fractionnaires, négatifs, irrationnels, imaginaires. On a quelquefois défini cette extension en disant que, quand il généralise ainsi, l'esprit traite chaque abstrait nouveau selon les règles du précédent, à la limite selon celles du maniement du concret originel, — que donc en somme il manie les abstraits comme des concrets[4]. Cela est vrai sans doute, et cette observation montre l'un des aspects de l'orientation de l'esprit. Mais ici aussi il y a la contre-partie : la construction

---

1. Delacroix, La fabrication du nombre, *Journal de Psychologie*, 1934, p. 8.

2. Brunschvicg, L'arithmétique et la théorie de la connaissance, *Revue de Métaphysique*, 1916, p. 339.

3. *Ibid.*, p. 340.

4. E. Meyerson, *Du cheminement de la pensée*, II, p. 349 sq., 370 sq., 409 ; Chaslin, *Essai sur le mécanisme psychologique des opérations de la mathématique pure*, p. 15, 18, 23, 29 ; cf. Cavaillès, *Méthode axiomatique et formalisme*, p. 178-179.

de l'abstrait nouveau et la réinterprétation du ou des précédents en fonction du nouveau. Le point de départ et aussi le but de la généralisation est de libérer l'opération traitée des limitations que lui apportent des conditions techniques particulières. « La limitation opposée à l'accomplissement des opérations indirectes [la soustraction et la division], écrit Dedekind, est chaque fois devenue la cause véritable d'un acte nouveau de création : ainsi ont été créés par l'esprit humain les nombres négatifs et les nombres fractionnaires »[1]. En même temps qu'est élargi le champ des individus sur lesquels porte l'opération, dit-il encore, une nouvelle définition se substitue à la définition initiale. La nouvelle définition n'est pas une combinaison de la définition primitive avec d'autres opérations : elle est un concept nouveau. Elle va produire immédiatement des fils de liaison avec toutes les parties du système existant[2]. De même, Hilbert note qu'il s'agit d'assurer une validité universelle à des règles que leur emploi concret soumet à des limitations : c'est pour assurer la validité inconditionnée, en théorie des nombres, des lois de la soustraction, de la division, de l'extraction des racines ; en algèbre, des lois fixant le nombre des racines d'une équation algébrique ou la divisibilité des nombres entiers algébriques, qu'ont été introduits successivement les nombres négatifs, etc. « Le procédé est chaque fois le même. Quelle que soit la formalisation préalable, le point de départ est une opération qui y échappe et dont l'accomplissement concret est soumis à restriction »[3]. La généralisation libère ainsi les opérations de conditions extrinsèques à leur accomplisse-

1. DEDEKIND, *Stetigkeit und irrationale Zahlen*, p. 6.
2. CAVAILLÈS, *Méthode axiomatique et formalisme*, p. 54.
3. CAVAILLÈS, *ibid.*, p. 96.

ment, par le moyen de véritables ruptures dans le tissu mathématique [1]. Non construction progressive, mais paliers discontinus du travail de l'esprit. Par cette libération, l'opération traitée prend un aspect fonctionnellement plus pur [2]. Mais pour atteindre à cette plus grande pureté fonctionnelle, il faut à chaque palier à la fois inventer la nouvelle règle plus générale, et discerner dans l'ensemble du domaine de la dernière généralisation, dans ce qui désormais sera senti comme « concret », la gêne, l'entrave, et le procédé pour l'écarter, la porte de sortie. Il y a là une sorte de bond, comparable peut-être à celui que E. Meyerson note dans le travail du physicien quand il s'agit de deviner quel est le « divers à écarter » pour que la nouvelle identification soit féconde [3]. La conséquence en est, dans tous les cas, la « position de nouveaux objets comme corrélats d'opérations reconnues autonomes » [4].

1. CAVAILLÈS, *ibid.*, p. 172.

2. DUFUMIER, La généralisation mathématique, *Revue de Métaphysique*, 1911, p. 732 ; *Bulletin de la Société française de Philosophie*, 1913, p. 21-22. — DUFUMIER remarque que l'un des aspects de la généralisation prise dans ce sens est de traiter les restrictions comme des constantes provisoires, c'est-à-dire comme des « valeurs provisoirement fixées de la variable d'une certaine fonction dont il s'agit de déterminer exactement la forme ». Ainsi, au lieu de s'en tenir au postulat des trois dimensions, le mathématicien étudiera les conditions générales de la « dimensionalité ». — Pour reprendre l'exemple le plus simple, en passant du calcul des entiers au calcul des fractions, on a, comme le remarque BRUNSCHVICG, élargi la base de la science en substituant la notion fondamentale du rapport à celle de l'élément. (*Étapes*, p. 494).

3. E. MEYERSON, *Du cheminement de la pensée*, II, p. 477.

4. CAVAILLÈS, *ibid.*, p. 172. — Nous retrouvons ici la solidarité de l'objet et de l'opération ; CAVAILLÈS écrit dans ce sens : « La dualité objet-procédé d'action sur lui est le masque du dépassement dialectique d'une méthode par une autre, les objets posés indépendamment de la seconde étant les corrélats de la première ». (*Ibid.*, p. 178).

La marche générale vers l'abstrait apparaît donc comme une norme et comme une des conditions essentielles du progrès des mathématiques. G. Milhaud peut écrire : « Va, mathématicien, qui du fond de ton cabinet de travail, les yeux fermés sur l'univers, te laisses absorber par le jeu de tes symboles, continue à ne pas chercher une réalité tangible qui leur serve de substratum naturel... N'aie pas peur des fantômes, que dis-je, garde-toi de te laisser aller à d'autres charmes qu'à celui de créer tes chimères »[1].

Mais par là est posé un problème difficile, celui de l'intuition en mathématiques. Le mot a été employé en plusieurs sens, quelquefois assez différents. Ce peut être l'intuition sensible à la phase originelle, le concret des premières opérations ; ou l'intuition primitive de la dyade dont parle M. Brouwer. Dans le travail actuel du mathématicien, ce peut être l'intuition immédiate, le recours à l'image, par exemple l'appel au géométrique ; ou l'intuition prolongée[2] (par la mémoire, l'intelligence) : c'est par ce mécanisme sans doute que, pour M. Gonseth, tout le passé concret reste inclus implicitement dans l'abstrait présent, et que l'idéal peut ne pas se détacher du concret dont il a besoin pour le soutenir[3]. Pratiquement, on peut parler d'intuition, remarque M. Bouligand, surtout quand l'esprit, par un procédé régressif en quelque sorte, retourne en arrière, évoque certains éléments étrangers à la trame épurée de la question, qu'il récupère certains objets qu'une élaboration précédente avait éliminés[4]. On peut parler

1. G. MILHAUD, *Le rationnel*, p. 19.
2. Cf. BOULIGAND, Les aspects intuitifs de l'activité mathématique, *Revue philosophique*, 1944, p. 193 ; *Les aspects intuitifs de la mathématique*, p. 15.
3. GONSETH, *Les mathématiques et la réalité*, p. 88-90.
4. BOULIGAND, Les aspects intuitifs de l'activité mathématique, *Revue philosophique*, 1944, p. 194, 196.

aussi d'intuition quand il y a vue globale de propriétés ou de notions, raccourci, intelligence synoptique : ici nous sommes déjà sur le chemin de l'intuition au sens d'intuition intellectuelle ; nous le serons plus encore si nous considérons les deux dernières acceptions du terme, l'intuition unitaire, aspiration d'hommes à compétences multiples (à la fois géomètres, astronomes, physiciens, philosophes) à unifier les phénomènes les plus divers, tendance qui anime aujourd'hui les théoriciens de la physique [1], et l'intuition au sens de l'intuitionnisme hollandais (MM. Brouwer et Heyting) : activité intellectuelle spontanée, création intellectuelle, mais création non réductible à un système de déduction logique pure [2].

Cette pluralité de définitions traduit pour le psychologue le sentiment chez les théoriciens d'une démarche non linéaire de l'esprit dans son effort pour généraliser. Il y a comme une oscillation : traversée de couches de signification dans un sens puis dans l'autre ; le recours même au concret peut souvent être déterminé par ce que M. Bouligand appelle un climat favorable, et le prélèvement du concret [3] résulter d'un choix orienté et précis, quelquefois dicté par une déduction préalable.

En somme, la situation dans ce choix du concret-aide est assez analogue à celle de la découverte du concret-gêne. Dans l'un comme dans l'autre cas, la vision du détail est la conséquence d'une nouvelle vision globale.

La situation en ce qui concerne l'objet mathématique, les notions d'existence, de réalité en mathématiques apparaît comme plus complexe encore, la gamme des opinions est plus étendue encore que pour l'intuition.

1. BOULIGAND, *Les aspects intuitifs de la mathématique*, p. 120.
2. GONSETH, *Philosophie mathématique*, p. 62-3, 74-5 ; *Les mathématiques et la réalité*, p. 321, 345.
3. BOULIGAND, *Les aspects intuitifs de la mathématique*, p. 119.

Elle reflète des différences profondes de doctrine, qu'il ne peut être question ici de commenter dans le détail [1].

Une série d'auteurs mettent en avant les propriétés ou opérations caractéristiques. M. E. Borel borne le domaine de la mathématique « aux ensembles effectivement énumérables, c'est-à-dire tels que l'on puisse indiquer au moyen d'un nombre fini de mots un procédé sûr pour attribuer sans ambiguïté un rang déterminé à chacun de leurs éléments » [2]. Pour M. Lebesgue [3], un objet est donné « quand on a prononcé un nombre fini de mots qui s'appliquent à cet objet et à celui-là seulement, c'est-à-dire quand on a nommé une propriété caractéristique de l'objet ». Pour Chaslin [4], il est caractérisé par ses propriétés, qui sont les opérations qu'on peut faire sur lui. Pour P. Boutroux, le mathématicien, après qu'il a posé un réel mathématique, se transforme en expérimentateur. « Tout se passe comme s'il existait, à côté du monde sensible, un monde imaginaire où les notions mathématiques seraient parfaitement réalisées. Et, comme le physicien observe le monde sensible pour en décrire les lois, de même l'algébriste analyse le monde mathématique et en fixe les propriétés au moyen de symboles, toujours inadéquats mais de plus en plus perfectionnés. La science appliquée est une reconstruction de l'univers réel ; les mathématiques pures sont, en

1. La division que fait POINCARÉ (*Dernières pensées*, p. 146 sq.) en pragmatistes et kantoriens montre bien deux tendances très fortes, elle n'épuise pas l'ensemble des opinions, plus nuancé.

2. E. BOREL, Les paradoxes de la théorie des ensembles, *Annales scientifiques de l'Ecole normale*, 1908, p. 446, cit. in BRUNSCHVICG, *Etapes*, p. 532, cf. BOREL, *Leçons sur la théorie des fonctions*, 3e édit., p. 167. — Il faut noter ici que « nombre fini de mots » ne veut pas dire nombre fini d'opérations.

3. LEBESGUE, *Journal de Mathématiques*, 1905, p. 205, cit. in CAVAILLÈS, *Méthode axiomatique*, p. 15.

4. CHASLIN, *Mécanisme psychologique des opérations de la mathématique pure*, p. 235.

quelque façon, la reconstruction d'un monde idéal »[1]. Plus tard, prolongeant son analyse, Boutroux essaiera de préciser la nature du fait mathématique. Ce qui caractérise cette « matière mathématique », c'est qu'elle résiste, qu'elle s'oppose à la volonté du savant, qu'elle est rebelle, qu'elle est indépendante de la formulation mathématique, du langage dans lequel on l'a traduite. Ce langage est celui des théories déjà acquises, celui de l'exposition ; sa forme, qui réside dans la simplicité et la précision des définitions et des postulats et dans l'enchaînement rigoureux et la bonne ordonnance des déductions, n'est pas celle des faits eux-mêmes, extérieurs à ces exigences et à ces « élégances »[2].

De l'autre côté, les attitudes « réalistes ». Pour Cauchy, Renouvier, Molk, le nombre, lien entre l'intelligible et le réel, est « ouvrier de réalité », il existe « comme le mouvement en cinématique et la matière dans les sciences naturelles »[3]. Pour Hermite, « les nombres et les fonctions de l'analyse ne sont pas le produit arbitraire de notre esprit ;... ils existent en dehors de nous avec le même caractère de nécessité que les choses de la réalité objective ; nous les rencontrons ou les découvrons »[4] ; «... aux spéculations les plus abstraites de l'analyse correspondent des réalités qui existent en dehors de nous et parviendront quelque jour à notre connaissance »[5].

1. P. Boutroux, L'objectivité intrinsèque des mathématiques, Revue de Métaphysique, 1903, p. 584.

2. P. Boutroux, L'idéal scientifique des mathématiciens, p. 201-205.

3. Brunschvicg, Étapes, p. 344-347.

4. Correspondance d'Hermite et de Stieltjes, II, p. 398, cit. par J. Tannery, Mathématiques pures, in De la Méthode dans les sciences, 2e édit., I, p. 61 ; cf. Brunschvicg, Étapes, p. 444-445.

5. Correspondance..., I, p. 8, in Tannery, l. c., p. 63. Hermite ajoute : « Je crois que les efforts des géomètres purs

Pour M. Hadamard, l'existence des objets mathématiques est indépendante de nos moyens de les atteindre[1]. Lautman remarque qu'on peut définir la nature de la réalité mathématique de quatre points de vue différents : les faits mathématiques, les êtres mathématiques, les théories mathématiques, les Idées qui dominent ces théories. Mais, ajoute-t-il aussitôt : « Loin de s'opposer, ces quatre conceptions s'intègrent naturellement les unes dans les autres : les faits consistent dans la découverte d'êtres nouveaux, ces êtres s'organisent en théories et le mouvement de ces théories incarne le schéma des liaisons de certaines Idées ». Boutroux, opposant le réel mathématique à sa forme, le situait au niveau des faits et des êtres : position difficile à défendre si l'on considère par exemple l'algèbre moderne où les faits sont intimement liés aux axiomes qui les définissent. Le problème de la réalité mathématique ne se présente pour Lautman qu'au niveau des théories. «A ce niveau, écrit-il, la nature du réel se dédouble » : on peut suivre d'une part les mouvements propres de ces théories et d'autre part les liaisons d'idées qui s'incarnent dans ce mouvement[2] : conclusion platonicienne explicite et définie avec talent. Elle est appliquée, au reste, à la physique également. Si le réel mathématique est au niveau des théories, tout de même le problème de la réalité physique se pose non au niveau d'une expérience isolée, mais à celui d'un système physique. Et tout système physique s'ordonne selon une loi de struc-

---

reçoivent à leur insu une direction... et qu'une découverte analytique survient au moment nécessaire pour rendre possible chaque nouveau progrès dans l'étude des phénomènes du monde réel qui sont accessibles au calcul ». (*Ibid.*).

1. Voir E. BOREL, *Leçons sur la théorie des fonctions*, 3e édit., p. 157, 174.

2. LAUTMAN, *Essai sur les notions de structure et d'existence en mathématiques*, p. 141-147.

ture mathématique. Les constatations expérimentales appellent la mathématique[1].

La confiance des axiomaticiens en un accord fondamental de l'expérience et de la théorie n'est pas moins grande. Hilbert souligne les aspects multiples du parallélisme entre la nature et la pensée. « Notre pensée a en vue l'unité et cherche l'unité ; nous observons l'unité substantielle de la matière et nous constatons partout l'unité des lois de la nature. Ainsi, la nature vient en réalité à la rencontre de nos recherches, comme si elle était disposée à nous livrer ses secrets. L'état de dispersion des masses dans le ciel a permis la découverte et la vérification de la loi de Newton. Michelson put, malgré la très grande vitesse de la lumière, mettre avec certitude la règle d'addition des vitesses en défaut, la Terre étant animée d'un mouvement de translation suffisamment rapide. La planète Mercure semble avoir la complaisance d'effectuer son mouvement du périhélie afin de servir à la vérification de la théorie d'Einstein ». Entre la recherche mathématique pure et la physique il y a une harmonie préétablie ; le temps qui sépare la découverte mathématique de sa réalisation physique peut être quelquefois long, comme dans le cas des sections coniques ; d'autres fois des recherches, indépendantes, des mathématiciens et des physiciens se rencontrent miraculeusement ; — toujours l'instrument mathématique apparaît comme le médiateur le meilleur entre la pensée et l'observation de la nature[2]. Mais si,

---

1. Lautman, *ibid.*, p. 154-156.

2. Hilbert, La connaissance de la nature et la logique, *L'Enseignement mathématique*, 1931, p. 26, 31, et *Gesammelte Abhandlungen*, Bd. III, 1935, p. 381, 385. — De façon analogue, parlant des symboles algébriques, M. Drach écrit : « Il est toujours possible de trouver, et d'un grand nombre de manières différentes, des éléments géométriques, mécaniques ou phy-

comme Kant l'a déjà dit, il y a dans chaque science particulière de la nature autant de science véritable qu'il y a en elle de mathématique, il ne faut pas, par un raisonnement inverse, faire de ses applications l'objet même de la mathématique : il est pur, autonome, et fait de concepts autonomes. A la base de ces concepts, se trouve un nombre restreint de propositions exceptionnelles, les axiomes, définis par deux propriétés : l'indépendance et l'absence de contradiction [1]. Ces axiomes, qui sont les donnés, les objets, doivent cependant être considérés comme dépourvus de signification concrète, à la faveur d'un « acte rationnel d'exclusion » [2]. Il y a eu du concret à l'étage de la théorie élémentaire des nombres : le signe même. Le principe fondamental de la mathématique — et de toute pensée scientifique — est : au commencement est le signe [3]. Mais dès qu'elle a dépassé ce niveau élémentaire, la mathématique doit prendre pour objet sa propre pensée opératrice, les formules, les règles et les démonstrations [4]. C'est ainsi qu'ont été élaborés les axiomes de la géométrie, de l'arithmétique, de la mécanique, etc. Au delà de ces axiomatisations spécifiques, il y a un objet plus général, la recherche des principes communs aux mathématiques

siques qui, considérés à certains points de vue, peuvent être représentés par les symboles que nous introduirons ; la composition des symboles sera alors l'image d'une composition effective de ces éléments entre eux ». (E. BOREL et J. DRACH, *Introduction à l'étude de la théorie des nombres et de l'algèbre supérieure*, Paris, 1895, p. 129).

1. HILBERT, Pensée axiomatique, *L'Enseignement mathématique*, 1918, p. 123-125, et *Gesammelte Abhanlungen*, III, p. 146 sq.

2. Cf. C. CHEVALLEY et A. DANDIEU, Logique hilbertienne et psychologie, *Revue philosophique*, 1932, I, p. 106.

3. HILBERT, *Gesammelte Abhanlungen*, III, p. 163.

4. HILBERT, *ibid.*, p. 165, 170.

et à la logique, et finalement, l'axiomatisation de la logique elle-même [1].

Brunschvicg s'est efforcé de placer le plus précisément possible le problème de l'appréhension du réel mathématique dans l'ensemble du travail scientifique. Lui aussi envisage la notion de propriété, mais cette analyse des propriétés n'épuise pas pour lui le problème des rapports des mathématiques et de la réalité. Le mathématicien opère comme le physicien : après avoir obtenu des recueils de constatations particulières, il cherche à établir une loi [2]. «L'arithmétique, quoique toute rationnelle ou plus exactement parce qu'elle est toute rationnelle, est un instrument qui s'est forgé au contact de l'expérience... Les sciences positives doivent à la mathématique leur positivité, ... parce qu'elle fournit le modèle de cette connexion entre l'activité de l'intelligence et l'épreuve des faits qui constitue la vérité scientifique » [3]. Il ne faut donc pas séparer la mathématique et la physique. : les faits physiques sont conditionnés par la théorie, les faits mathématiques sont conditionnés par l'expérience [4]. « Grâce à l'expérience, la fonction externe de coïncidence s'ajoute à la fonction de connexion interne ; des combinaisons de symboles abstraits deviennent des vérités » [5].

---

1. HILBERT, La connaissance de la nature et la logique, L'Enseignement mathématique, 1931, p. 25 ; Pensée axiomatique, L'Enseignement mathématique, 1918, p. 132 ; Gesammelte Abhanlungen, III, p. 380, 153.

2. Elle ne se vérifiera pas toujours : Fermat est « quasi persuadé que les puissances carrées de 2, augmentées de l'unité, sont toujours des nombres premiers. Euler constatera que $(2^2)^5 + 1$ n'est pas un nombre premier ». (BRUNSCHVICG, L'arithmétique et la théorie de la connaissance, Revue de Métaphysique, 1915, p. 333).

3. BRUNSCHVICG, ibid., p. 341.

4. BRUNSCHVICG, Etapes, p. 443.

5. BRUNSCHVICG, ibid., p. 493.

La réalité est chose mentale, déclare M. Gonseth ; elle est à construire mentalement. Nos idées sur le monde portent la marque de la structure de notre être mental[1]. Mais dès qu'elles ont été exprimées, elles nous apparaissent comme plus ou moins extérieures à nous. « L'esprit qui les a conçues les reconnaît comme siennes, mais ne les habite plus complètement »[2]. C'est ainsi qu'il hypostasie certaines formulations, qu'il construit des oppositions et des normes rigides. En fait, il y a une marche progressive vers l'abstrait de toutes les disciplines mathématiques, et à mesure de l'abstraction l'« objet » change. Il est réorganisé, non à partir de normes prétendues infaillibles, mais à partir de l'expérience ; il est repensé, réutilisé[3].

OBJECTIVATION ET OBJETS
TRANSFORMATION DE L'OBJET

Nous l'avons vu : ce n'est pas tel trait humain qui s'objective et se fixe, c'est tout l'humain qui tend à s'objectiver et à se projeter dans les œuvres, toute l'expérience physique et sociale et tout ce qui dans cette expérience et par cette expérience se dessine comme état ou fonction : aspects d'analyse du réel, aspects de la pensée, du vouloir, des sentiments, de la personne, — les idées les plus abstraites et les sentiments les plus intimes. L'objectivation est donc un trait général, mais les aspects d'objectivation et les objets changent : ils portent la marque d'une classe et d'un moment.

1. GONSETH, *Les mathématiques et la réalité*, p. 53.
2. GONSETH, *ibid.*, p. 379.
3. GONSETH, *Philosophie mathématique*, p. 38.

On peut difficilement, à travers cette variété et ces variations, dessiner une courbe de l'objet ; il y a sans doute des lignes diverses. Un aspect de transformation frappe cependant : de plus en plus l'objet s'éloigne de la chose. Chacune des créations successives a des prétentions réformatrices. Elle ne s'attache pas à l'objet précédent, elle rompt le tissu de l'objet précédent et veut le remodeler entièrement. Il en est ainsi, nous l'avons vu, en mathématiques.

Dans l'art aussi il y a une semblable transmutation de l'objet et comme la création d'objets seconds. La transformation se voit bien dans la peinture. On peut mettre au compte de ce processus deux aspects du fait pictural que note M. Pradines : la substitution du morceau au sujet, déjà analysée par Binet, la purification de la couleur[1]. Le second aspect doit être souligné ici. Il y a eu, depuis un siècle surtout, un effort incessant non seulement de purification, mais de libération et d'objectivation de la couleur. Marquons-en quelques étapes : abandon de thèmes extra-picturaux ; figuration de la lumière, d'abord à l'aide des couleurs de la vision naturelle, le ton divisé ; recherche de l'expressivité des couleurs mêmes ; abandon du modelé, puis de la modulation, usage du ton local, des teintes plates ; expression non plus tant par la couleur que par les rapports des couleurs entre elles, couleurs et rapports étant considérés comme des équivalents arbitraires de la lumière et de l'espace. Abandon, à chaque étape, d'une convention ancienne, considérée comme trop liée aux choses, et recours à une langue des couleurs nouvelle, à la fois plus dépouillée et plus chargée de sens. Le tissu de l'objet précédent est rompu à chaque effort nouveau de

1. M. PRADINES, *Traité de psychologie générale*, II, 1, p. 294, 308-309.

construction esthétique qui apparaît au créateur comme un effort de libération esthétique.

Création d'objets seconds, de formes portant l'empreinte de l'esprit, de médiateurs condensant et projetant des significations : telle nous est apparue finalement la marche de l'objectivation dans ses traits essentiels. L'objet conduit au signe.

CHAPITRE II

LE SIGNE

L'esprit est créateur de formes. Tout mode d'activité
spirituelle est source d'un type de structures, construit
un univers de formes. Mais, par-delà les différences qualitatives qui séparent les grands domaines de l'esprit,
il y a des aspects communs, caractéristiques de l'activité
spirituelle formatrice en général.

Il y a un besoin d'extérioriser et d'exprimer. Ce besoin
est continu et il se traduit par une activité d'expression
presque continue.

L'expression est d'abord dessin de notre corps, figure
du mouvement de nos organes. Et puis, figure, dessin
indépendants de nous. Dessin dans l'espace et dans le
temps, découpage, construction. Le dessin d'une forme
est généralement assez précis pour que d'emblée on voie
à quel groupe de faits elle appartient, et d'autre part
aucune forme, aucune extériorisation n'est isolée. Il y
a des classes, des systèmes de formes.

Ces formes et ces systèmes ont un sens, une signification. Signification d'ensemble du système, et signification spéciale attachée à telle forme. Ce sont des signes.
Un trait caractérise avant tout ces formes significatives
et marque leur extrême importance dans la vie mentale :
elles signifient autre chose qu'elles-mêmes. Ce sont
des substituts, des surrogats, des vicaires. Elles tiennent
la place d'autre chose. Elles renvoient à un contenu.
C'est ce contenu, leur signification, qui constitue leur
valeur, et non leur matérialité particulière, leur « aspect
périssable ».

Ce contenu peut être relatif à des faits liés à la personne de l'agent ; il est le plus souvent relatif à une

réalité considérée par l'agent et par le récepteur comme
indépendante d'eux, comme « objective ».

Substituts, les signes sont des médiateurs. Entre le
monde de l'expérience subjective et le monde des significations et des objets auxquels ils renvoient, ils sont un
monde intermédiaire, un monde, un système humains.

Médiateur par rapport à une réalité dont il est le
substitut, le signe est instrument à l'égard de l'esprit
qu'il exprime et sert. Il en est l'instrument essentiel.
Toute pensée se traduit en signes, il n'y a pas de fonction de l'esprit qui n'ait besoin de formes, non seulement pour s'exprimer, mais même pour être. Médiateur
et instrument, le signe marque l'objectivité de la pensée
et exprime les rapports que l'esprit introduit entre les
choses. Il classe et ordonne. Il mesure aussi. Il marque
le genre et le nombre.

A côté de l'ordre des choses, celui des choses humaines :
le signe est social, il traduit les relations entre les hommes,
il sert à la communication, à l'information, à l'interaction, à l'action tout court ; il fait agir. Dans ses formes
originaires, dans ses manifestations fortes, il fait vivre,
il fait être.

Quelques remarques de terminologie ici. Elles nous per-
mettront de mieux préciser quelques fonctions du signe.

Le terme symbole est souvent employé dans le même
sens que signe, mais quelquefois dans deux acceptions
plus particulières. En un premier sens, le symbole est
un signe imagé et dont la forme présente quelque rapport intelligible avec l'objet, la notion ou l'acte auxquels
il se rapporte. En un second sens, le symbole, conventionnel, arbitraire et abstrait, est seulement un signe
spécialement bien adapté à l'usage complexe qui en est
fait. Il est en ce cas doué de propriétés qui définissent de
façon très précise les opérations qu'il implique et dont

il est l'objet. Ainsi le symbole mathématique. Il est difficile d'écarter l'une des deux acceptions : les deux sont trop usuelles. Il faut d'ailleurs noter qu'elles ne sont pas sans rapport. Dans l'un comme dans l'autre cas, il y a la notion d'une adaptation particulière, d'un ajustement, d'une spécialisation. Et il faut se garder de considérer le symbole imagé comme étant plus « naturel » que le signe conventionnel ; il est, au contraire, en quelque sorte un signe au second degré : y a eu passage à travers l'abstrait et le conventionnel, puis recherche de traits ou propriétés à mettre en valeur, enfin choix de certaines formes, schémas ou modèles pouvant illustrer ces propriétés : c'est du pseudo-concret.

On distingue souvent l'indice du signe [1], mais les définitions de l'indice ne sont pas non plus univoques. En un premier sens, l'indice est une marque, une allusion, il renvoie à un autre signe, à un autre contenu que celui qu'il pourrait évoquer directement. En un second sens, l'indice marque un procès imposé par la réalité ; il est un fragment de cette réalité et il est rattaché aux autres fragments qu'il évoque par des liens naturels : l'humidité du sol indice d'une pluie récente, la fièvre indice de la maladie.

Opposé à l'indice compris ainsi, le signe au sens étroit apparaît comme un mouvement humain, un acte ; il implique une intention. L'indice, même lorsqu'il est provoqué par une action humaine, est un fragment de chose ; comme tel, bien entendu, il peut être, il est un moyen de connaissance, il déclenche une opération intellectuelle, un jugement. Le signe se fonde sur des indices, utilise des indices. Il est un moyen de faire connaître.

1. Cf. par ex. HUSSERL, *Logische Untersuchungen*, II, p. 24 sq. ; Ch. BALLY, Qu'est-ce qu'un signe, *Journal de Psychologie*, 1939, p. 161 sq.

Ces acceptions du signe et de l'indice sont souvent difficiles à séparer dans l'usage même rigoureux. On comprend que le langage courant les confonde.

Enfin, le signe peut être l'expression d'une subjectivité. Là encore, le langage courant emploie souvent les mots signe et symbole ; peut-être est-ce à ce domaine qu'il faudrait plus spécialement réserver le terme expression. Dans ce sens, le signe (ou l'expression) traduit, à côté de contenus objectifs et souvent en même temps que ces contenus, mais d'autres fois de manière prépondérante, des faits liés à la personne. On connaît des aspects esthétiques de ce problème chez le créateur ou le spectateur ou l'auditeur, et les théories qui ont étudié ce symbolisme du subjectif. On sait aussi les développements auxquels a donné lieu la notion de symbole prise dans ce sens en psycho-pathologie, spécialement en psychanalyse.

Si l'on met à part l'aspect spécial d'ajustement étroit qu'implique l'acception la plus générale du mot symbole, l'étude des termes signe, indice, expression nous conduit vers trois aspects principaux de la fonction significative. Le signe, résultat d'un acte humain, intentionnel ou dirigé, ayant pour objet la communication d'une réalité extérieure à l'agent. L'expression, résultat, de même, d'une conduite humaine ou fragment de cette conduite, destiné à traduire un état de la personne, ou du moins ce qui dans cet état de la personne apparaît comme communicable. L'indice, fait naturel se produisant indépendamment de toute intention ou conduite dirigée. Prévenons ici une équivoque possible : l'indice peut être un fragment artificiellement isolé d'un phénomène physique provoqué : double intervention et double artifice ; il n'en reste pas moins que, même arbitrairement choisi, le fait indiciel fait partie de la réalité qu'il évoque.

*LE SIGNIFIANT
ET LE SIGNIFIÉ*
L'analyse du signe, du fait significatif dans ses diverses manifestations a conduit des linguistes, des
sociologues et aussi des logiciens à une division assez
généralement admise par les chercheurs spécialisés, celle
du signe et de la signification, ou, selon la terminologie
de Ferdinand de Saussure, du signifiant et du signifié [1].
On est amené à cet aspect biparti et aux problèmes qu'il
soulève tout autant par l'étude générale du signe que
par les questions pratiques que posent l'analyse et la
compréhension des faits de civilisation du passé et même
du présent.

Nous nous trouvons en présence de « manifestations »
et nous nous efforçons de discerner un « contenu » à
travers ces manifestations. En première approximation,
on dit : ces manifestations sont d'ordre matériel, sensible, le contenu est spirituel. Le langage nous offre des
sons, nous en recherchons le sens. La religion présente
des rites, derrière lesquels il y a des sentiments méta-
physiques, des réalités surnaturelles. L'art crée des
formes qui expriment des sentiments d'harmonie. La
science traduit en symboles des lois, des chaînes cau-
sales explicatives. Dans les faits institutionnels, des gestes représentent des intentions, des désirs, des atten-
tes, des conventions, une organisation sociale. De façon générale donc, il y a entre le signe et la signification,
le signifiant et le signifié, une différence de matière,
de qualité, de dignité. Le signe est infravalent à l'égard
de la signification. Le signe est matériel, la signification
est idéelle. Le signe est un événement singulier, la signification est générale (elle tend vers l'universalité). Le
signe est concret, la signification tend vers l'abstraction.

1. F. DE SAUSSURE, *Cours de linguistique générale*, p. 101.

Le signe est circonscrit, clos, la signification est ouverte. Le signe est fini, limité, la signification peut vouloir saisir l'illimité, l'infini. Le signe est fixe, la signification peut être mouvante.

Des logiciens ont accentué cette opposition.

Pour Bradley, le signe est un événement singulier dans l'expérience d'une conscience individuelle, la signification a une valeur d'universalité. Elle est « formée par une partie du contenu (originel ou acquis), détaché et fixé par l'esprit, et considéré en dehors de l'existence du signe »[1]. Par cette opération, le signe se dépasse, pénètre dans un monde supérieur en dignité. Mais c'est au prix d'un sacrifice essentiel, celui de son existence propre, de son individualité. Nous prenons un contenu existant dans la conscience, mais nous le dépouillons aussitôt de cette existence. Il faut qu'il soit départicularisé ; l'exemple particulier ne peut jamais être conservé dans l'esprit ; toutes les marques spéciales de l'original doivent disparaître : la trace de sa place dans le courant des événements, le moment où il a surgi, ses relations avec un ensemble présent, ses différences avec d'autres faits. Et Bradley multipliera les métaphores : adjectif divorcé, parasite à la dérive, « paradoxical shadow and ghost ». « Dans l'acte d'assertion, nous transférons cet adjectif à un substantif réel et l'unissons à lui. Et nous percevons en même temps que la relation ainsi établie n'est pas faite par cet acte, ne consiste pas simplement en lui, mais est réellement indépendante de lui et au-delà de lui »[2].

Une doctrine aussi extrême et formulée de façon aussi tranchante ne peut être comprise que dans son éclairage historique : elle a été une réaction, sans

---

1. BRADLEY, *Principes of Logic*, p. 3.
2. *Ibid.*, p. 4, 7, 8, 13, 35, 36, 39, 324.

doute polémique en partie, contre l'empirisme associa-
tionniste[1]. Elle aura cependant exercé une influence
durable. L'attitude des auteurs de l'école de Wurzbourg
sera de tout point analogue. Marbe et Bühler décla-
reront qu'il n'y a pas d'équivalent psychologique des
opérations intellectuelles telles que le concept ou le
jugement, même pas une correspondance comme Husserl
en admettait une[2]. Comme Bradley, ils proclameront
que la signification, les idées, étant des universaux, ne
peuvent se réaliser psychologiquement. En conséquence,
diront-ils, leur étude appartient exclusivement au domaine de la logique. Et même Cassirer, d'ordinaire si
attentif à suivre les démarches réelles de l'esprit, prendra
sur ce point une position voisine, en soulignant la place
que tient dans l'acte de signification l'abstraction déterminante, opération qui sort du plan de l'expérience et
s'élève dans une autre dimension : μετάβασις εἰς ἄλλο
γένος[3].

Donc discordance, opposition entre les deux aspects
de la fonction significative. Quel sera dès lors leur rapport, leur lien ? La difficulté est apparue presque dès
le début de la réflexion philosophique. Elle est soulevée
par les Sophistes et par Démocrite. Elle est revenue à

1. BRADLEY l'a d'ailleurs senti lui-même. Quelques années
après avoir écrit sa *Logique*, dans *Appearance and Reality*,
p. 51, il dit : « Il n'est pas tout à fait vrai que " les idées ne sont
pas ce qu'elles signifient ", car, si leur signification n'est pas
un fait psychique, je voudrais bien savoir comment et où elle
existe ». — Voir aussi, à ce sujet : HOERNLÉ, Image, idea and
meaning, *Mind*, XVI, 1907, p. 70 sq. ; WOODWORTH, Imageless
thought, *Journal of Philosophy, Psychology and Scientific
Methods*, 1906, p. 701 sq. ; SPAIER, *La pensée concrète*, p. 52.
2. MARBE, *Experimentell-psychologische Untersuchungen über
das Urteil*, p. 101 ; BÜHLER, Ueber Gedanken, *Archiv f. d. ges.
Psychologie*, IX, p. 303 ; HUSSERL, *Logische Untersuchungen*,
II, p. 64.
3. CASSIRER, *Substanzbegriff und Funktionsbegriff*, p. 29.

diverses reprises au premier plan des préoccupations des philosophes qui ont traité du langage et des mathématiques ; elle a préoccupé les linguistes depuis que s'est instituée l'étude comparée des langues.

L'ARBITRAIRE DU SIGNE   C'est peut-être Ferdinand de Saussure qui a le mieux formulé l'opinion courante des linguistes contemporains sur ce point. « Le lien unissant le signifiant au signifié, écrit-il, est arbitraire, ou encore, puisque nous entendons par signe le total résultant de l'association d'un signifiant à un signifié, nous pouvons dire plus simplement : le signe linguistique est arbitraire »[1]. Saussure ajoute, on le sait, qu'il donne à ce mot le sens d'immotivé, c'est-à-dire arbitraire par rapport au signifié, avec lequel il n'a aucune attache naturelle dans la réalité[2].

Dans le même sens, discutant la théorie onomatopéique de l'origine du langage, K. Bühler dit, de façon imagée : Si le langage, au moment de la décision originelle, s'est trouvé, comme Héraklès au carrefour du vice et de la vertu, devant deux chemins menant l'un au règne de l'onomatopée et de la peinture vocale, l'autre à la représentation symbolique arbitraire, il ne

1. F. DE SAUSSURE, *Cours de linguistique générale*, p. 102.
2. *Ibid.*, p. 103. — C'est ce caractère arbitraire aussi qui, remarque SAUSSURE, explique l'immutabilité du signe : « L'arbitraire même du signe met la langue à l'abri de toute tentative visant à la modifier.... Car, pour qu'une chose soit mise en question, il faut qu'elle repose sur une norme raisonnable. On peut, par exemple, débattre si la forme monogame du mariage est plus raisonnable que la forme polygame et faire valoir des raisons pour l'une ou pour l'autre... Mais pour la langue, système de signes arbitraires, cette base fait défaut, et avec elle se dérobe tout terrain solide de discussion ». (*Ibid.*, p. 108-9).

s'est pas engagé dans le premier chemin pour revenir en arrière et prendre le second : il a d'emblée pris le second chemin. Les éléments picturaux des langues sont tardifs, artificiels et accessoires[1].

Ces vues n'ont pas été appliquées au langage seulement. Déjà Saussure remarque que « tout moyen d'expression reçu dans une société repose en principe sur une habitude collective ou, ce qui revient au même, sur la convention »[2].

De façon analogue, P. Boutroux écrit : « Le fait mathématique est indépendant du vêtement logique ou algébrique sous lequel nous cherchons à le représenter... L'idée que nous en avons est plus riche et plus pleine... que toutes les formes ou combinaisons de signes ou de propositions par lesquelles il nous est possible de l'exprimer. L'expression d'un fait mathématique est arbitraire, conventionnelle. Par contre, le fait lui-même, c'est-à-dire la vérité qu'il contient, s'impose à notre esprit en dehors de toute convention.

« Il n'y a rien là qui puisse nous surprendre si nous admettons la conception qui assimile la théorie à une traduction. De même que les diverses langues parlées sur la terre ont chacune leur caractère et leur génie propre et ne supportent pas la traduction littérale, de même on ne saurait s'étonner que les faits mathématiques ne puissent être qu'imparfaitement rendus dans le langage algébrico-logique »[3].

M. Mauss généralise cette conception ; il écrit : « Tout phénomène social a un attribut essentiel : qu'il soit un symbole, un mot, une institution ; qu'il soit même la

---

1. Bühler, L'onomatopée et la fonction représentative du langage, *Journal de Psychologie*, 1933, p. 113.
2. F. de Saussure, *l. c.*, p. 103.
3. P. Boutroux, *L'idéal scientifique des mathématiques*, p. 203-205.

langue, même la science la mieux faite ; qu'il soit l'instrument le mieux adapté aux meilleures et aux plus nombreuses fins, qu'il soit le plus rationnel possible, le plus humain, *il est* encore *arbitraire*... Qui dit volonté humaine, dit choix entre plusieurs options possibles. »[1].

La portée de ces observations dépasse le caractère arbitraire du signifiant. Ce n'est plus seulement la forme et le lien de la forme et du contenu, c'est le contenu même qui peut être objet d'option, qui est objet d'option.

Toutes ces constatations posent le problème de la convention. Nous l'avons rencontré déjà plus haut à propos de l'analyse des actes[2]. Nous retrouvons ici la convention comme un des caractères fonctionnels fondamentaux du signe. Saussure, nous l'avons vu, montre le rôle de la convention implicite dans le langage. M. Dupréel souligne le rôle du conventionalisme et du formalisme, ou plutôt des formalismes, dans toutes les manifestations de l'activité collective, qui toutes aussi lui apparaîssent comme significatives et symboliques. On peut dire, en prolongeant sa pensée, que formalisme conventionnalisme, symbolisme se soutiennent mutuellement. M. Dupréel ajoute que la convention apporte par elle-même des éléments d'ordre et d'ordination, et par là un certain aspect d'intelligibilité et de rationalité[3]. Ces remarques certes sont vraies surtout pour la convention expresse. Mais elles restent valables, plus ou moins, pour la convention implicite : pour la part de stabilité et de régularité que comporte le signe.

Les analyses de M. Mauss et de M. Dupréel conduisent

1. M. MAUSS, Les civilisations, éléments et formes. *Première Semaine de Synthèse*, p. 97.

2. Voir p. 17.

3. E. DUPRÉEL, Convention et raison, *Revue de Métaphysique*, 1925 ; Nature psychologique et convention, *Journal de Psychologie*, 1934.

à un résultat important. Les deux auteurs nous montrent qu'il ne faut pas opposer convention et raison, mais qu'il y a diverses sortes de conventions et divers niveaux de raison. Nous pouvons en tirer la conclusion que le niveau de la convention peut ne pas correspondre au niveau de la raison. On peut opposer la convention à la nature, à condition de considérer le groupe de faits appelés nature comme un groupe provisoire : une nouvelle analyse peut toujours discerner dans ce qui a été considéré comme nature des traces d'une ancienne convention.

Cette position est très différente de celle des Anciens qui réunissaient nature et raison et leur opposaient la convention et l'arbitraire (φύσει ὄν contre νόμοι ὄν).

La question va se trouver au centre des discussions sur la nature du langage et du signe ; nous la verrons traitée par tous les auteurs.

LES THÉORIES EXPLICATIVES L'esprit ne peut se résigner à ne pas voir de lien intelligible entre les signes, les idées et les choses ; il l'a indéfiniment cherché. On connaît les principales solutions qu'a apportées la philosophie [1] : la doctrine du verbe commun et divin d'Héraclite [2], se prolongeant par tout le long courant expressionniste qui à travers Leibniz aboutit à Hamann, Herder et Hegel [3] ; le réa-

---

1. Voir, parmi les récents travaux d'ensemble sur la question, notamment CASSIRER, *Philosophie der symbolischen Formen*, I. *Die Sprache*, et B. PARAIN, *Essai sur la nature et les fonctions du langage*.

2. CASSIRER, *ibid.*, p. 57 sq. ; B. PARAIN, *Essai sur le logos platonicien*, p. 15 sq.

3. CASSIRER, *ibid.*, p. 89 ; B. PARAIN, *Essai sur la nature et les fonctions du langage*, p. 143 ; HERDER, *Ueber den Ursprung der Sprache*.

lisme pythagoricien des nombres [1], dont on retrouve également des échos dans la pensée moderne, chez des mathématiciens comme Cauchy et des philosophes comme Renouvier [2] ; le réalisme simple, la théorie du lien de nature, φύσει, correspondance terme à terme entre nom et chose : Cratyle [3] ; le nominalisme d'Antisthène [4] : assimilation des essences individuelles et des noms ; le naturalisme pragmatique d'Epicure et de Lucrèce [5], l'action de la nature sur la nature humaine, par l'intermédiaire des représentations et des affections que les choses suscitent en l'homme ; enfin, le réalisme mesuré, prudent de Platon. On sait que Platon [6] a fait du logos un des thèmes centraux de sa méditation philosophique, et on peut dire que tous les dialogues en traitent. Ce n'est pas le lieu ici d'examiner en détail l'évolution de la pensée platonicienne sur ce problème. Résumons-en à grands traits l'essentiel. Dans le *Cratyle*, Socrate écarte d'abord la thèse conventionaliste d'Hermogène ; il déclare que le nom possède de nature une certaine rectitude, mais qu'il n'est pas absolument juste ; car, s'il l'était, cela aboutirait à identifier le nom et la chose, et connaître le nom serait connaître la chose ; l'homme dans ces conditions ne pourrait se tromper (435 d, 429 c) ; le nom est une autre image de la réalité, différente de l'objet tout en le représentant d'une certaine manière :

1. ROBIN, *La pensée grecque*, p. 68-74 ; ARISTOTE, *Métaphysique*, A 5, 985 b 26-986 a 8 ; A 6, 987 b 10-30.

2. BRUNSCHVICG, *Les étapes de la philosophie mathématique*, p. 345-348.

3. PLATON, *Cratyle*, 435.

4. ROBIN, *l. c.*, p. 201-202.

5. EPICURE, Lettre à Hérodote, trad. Hamelin, *Revue de Métaphysique*, 1914, p. 414 ; LUCRÈCE, V, 1028-1060.

6. Voir sur Platon l'analyse pénétrante de M. B. PARAIN, *Essai sur le logos platonicien*, notamment p. 83-85, 90, 130 ; ROBIN, Perception et langage d'après le Cratyle de Platon, *Journal de Psychologie*, 1937, p. 613.

il est image (εἰκών, 431 d ; εἴδωλον, *Théétète*, 208 c), imitation (μίμημα, *Cratyle*, 430 a), représentation (δήλωμα, 433 b). La doctrine se précise dans le *Phédon*, le *Banquet*, le *Sophiste*. Le langage est un intermédiaire secret entre le monde des Idées et nous, un intercesseur entre le monde des Idées et le monde sensible. Il joue le rôle de médiateur, de révélateur ; le logos est un genre de l'Etre (*Sophiste*, 260 a). Dans le *Timée*, le logos exprime les relations des choses entre elles, l'ordre du monde.

A la pensée de Platon se rattache le problème du double sens du mot *logos*. On a voulu voir dans cette dualité même d'acception, un argument de plus en faveur d'une adéquation de nature. On se rappelle les remarques de Trendelenburg, de Brunschvicg, de Schiller, de E. Meyerson à ce sujet [1]. M. B. Parain a montré qu'en présentant ainsi le problème on l'a un peu trop simplifié. Logos ne signifie pas pensée en général : les Grecs avaient νοῦς, νοεῖν, φρόνησις, φρονεῖν. S'ils ont aussi employé λέγειν, c'est qu'ils voulaient marquer une forme de pensée qui serait à la fois la pensée et son verbe. Le logos est un « entrelacement de mots », une phrase, une proposition, une formule, aussi une correspondance, une proportion. Il est le discours organisé, il fait suite à la partie de la pensée qui est verbale déjà, qui est du langage intérieur, la δόξα ou la διάνοια [2].

1. F. C. S. Schiller, *Formal Logic*, p. 1-2 ; L. Brunschvicg, *Le progrès de la conscience*, p. 13 ; E. Meyerson, *Du cheminement de la pensée*, II, p. 528, 564.

2. On a invoqué aussi, en faveur d'une parenté profonde de nature entre le signe et la signification, le sens des mots συμβάλλειν, σύμβολον ; συμβάλλειν : jeter ensemble, échanger en rapprochant, aboutir, rencontrer, se rencontrer, rapprocher par la pensée, comparer ; σύμβολον : objet cassé en deux, gage de contrat mutuel, tous les objets pour sanctionner le contrat, le contrat lui-même, tout signe de reconnaissance (cf. p. ex. Creuzer, *Religions de l'Antiquité*, t. I, 2, p. 530 sq.). Un texte classique souligne spécialement cette importance

On peut dire que c'est Aristote qui a formulé la première théorie moderne du langage, puisqu'à la fois il le
définit comme un assemblage de noms et de prédicats,
qu'il lui refuse le caractère d'un phénomène naturel et
qu'il attribue son origine à une convention. « Tout discours a une signification, non pas toutefois comme un
instrument naturel (ὡς ὄργανον), mais, ainsi que nous
l'avons dit, par convention (κατὰ συνθήκην) »[1]. « Le nom
est un son vocal possédant une signification conventionnelle »[2]. « Signification conventionnelle, disons-nous,
en ce que rien n'est par nature un nom, mais seulement
quand il devient symbole »[3]. « Le discours est un son
vocal possédant une signification conventionnelle »[4].
« Les sons émis par la voix sont les symboles des états
de l'âme, et les mots écrits les symboles des mots émis
par la voix. Et de même que l'écriture n'est pas la

---

de σύμβολον, objet cassé en deux : le fameux passage du *Banquet*,
191 d : « Ἕκαστος οὖν ἡμῶν ἐστιν ἀνθρώπου σύμβολον, ἅτε τετμημένος,
ὥσπερ αἱ ψῆτται, ἐξ ἑνὸς δύο· ζητεῖ δὴ ἀεὶ τὸ αὑτοῦ ἕκαστος σύμβολον ».
La traduction que donne L. Robin marque bien le caractère
psychologique des faits : « Chacun de nous, par conséquent,
est fraction complémentaire, *tessère* d'homme, et, coupé comme
il l'a été, une manière de carrelet, le dédoublement d'une chose
unique : il s'ensuit que chacun est constamment en quête de la
fraction complémentaire, de la *tessère* de lui-même... » (éd. Budé,
p. 33).
On se rappelle aussi les vers de Lamartine (Toast porté
dans un banquet des Gallois et des Bretons, *Recueillements*) :

Quand ils se rencontraient sur la vague ou la grève,
En souvenir vivant d'un antique départ,
Nos pères se montraient les deux moitiés d'un glaive
Dont chacun d'eux gardait la symbolique part :
« Frère ! se disaient-ils, reconnais-tu la lame ?
Est-ce bien là l'éclair, l'eau, la trempe et le fil ?
Et l'acier qu'a fondu le même jet de flamme
          Fibre à fibre se rejoint-il ? »...

1. *De Interpret.*, IV, 17 a 1.
2. *Ibid.*, II, 16 a 19.
3. *Ibid.*, II, 16 a 28.
4. *Ibid.*, IV, 16 b 26.

même chez tous les hommes, les mots parlés ne sont pas non plus les mêmes, bien que les états de l'âme dont ces expressions sont les signes immédiats soient identiques chez tous, comme sont identiques aussi les choses dont ces états sont les images »[1]. Les mots sont justes, non par nature, mais par convention. Ils sont le produit de l'esprit humain, cependant ils symbolisent non les sensations individuelles, mais les états de l'âme identiques chez tous ; ils ont le même sens chez tous. Par là, ils arrivent à nommer les intuitions intellectuelles des essences, ils représentent une réalité essentielle. Nous pouvons raisonner sur eux comme si nous raisonnions sur les choses. Ainsi le langage sert d'instrument au νοῦς et introduit l'universel. Mais, comme le langage est une opération de l'esprit distincte de la nature des choses, il est le possible. Le lien entre le signe et la chose signifiée n'est plus ni nécessaire, ni univoque, il est ainsi devenu fragile. Toutes les difficultés et toutes les antinomies auxquelles va se heurter la critique moderne du langage sont déjà contenues dans la critique aristotélicienne du discours.

On considère assez généralement que c'est avec Humboldt que commence cette critique moderne du langage, et cependant, en un sens, Humboldt est en deçà d'Aristote : il n'admet pas le caractère conventionnel du langage. Le langage est don divin et non invention humaine. Il est un besoin de l'intelligence, il est essentiel à l'intelligence, inséparable de la pensée, aspirant vers l'infini, vers la lumière comme elle, instantané comme elle. L'intelligence de la parole n'est pas différente de la parole elle-même, comprendre et parler sont des aspects divers d'une même fonction. Le langage n'est pas une transposition directe de l'objet tel qu'il est en lui-même,

---

1. *Ibid.*, I, 16 a 2 ; cf. Hamelin, *Le système d'Aristote*, p. 153.

mais la traduction de l'image que l'objet a laissée dans notre âme, objectivation d'une subjectivité, pont entre le subjectif et l'objectif. Si, pris en général, le langage exprime l'effort de la pensée, toute langue particulière manifeste l'esprit d'un peuple. Le son vient de l'excitation de l'âme, il est lié à la chose signifiée par un rapport complexe où trois mécanismes jouent probablement : l'imitation immédiate, une relation symbolique, un rapport d'analogie. Il y a pénétration mutuelle, intimité entre son et sens [1].

Si on écarte les hypothèses sur le mécanisme originel que Humboldt lui-même n'avance qu'avec prudence, reste l'affirmation de l'intimité : une proclamation, non une explication.

Et Saussure, sur ce point, ne sera pas plus explicite. Après avoir séparé, il voudra, il devra unir, et, comme Humboldt, il unira simplement par une affirmation d'intimité : « Le langage est comparable à une feuille de papier. La pensée est le recto et le son est le verso ; on ne peut découper le recto sans découper en même temps le verso » [2].

LA SIGNIFICATION   Considérées dans leur ensemble, les analyses que nous venons de résumer donnent une impression d'artificiel, de constant passage à la limite ; on a le sentiment d'être loin du travail de l'esprit tel qu'il se poursuit vraiment dans ses divers efforts d'expression.

Cela apparaît nettement quand on examine avec quelque détail la notion de signification. Elle est plus et autre chose que le squelette et l'ombre à quoi les logiciens l'ont réduite. Elle contient certes les opé-

1. HUMBOLDT, *Einleitung zum Kawi-Werk*, *Werke*, VII.
2. F. DE SAUSSURE, *l. c.*, p. 163.

rations logiques dont ils parlent, mais aussi des constatations et des recherches d'ordres divers : faits empiriques : propriétés de l'objet, autres objets possédant des propriétés analogues, place de ces objets dans des systèmes ; faits de langage : synonymes du mot et mots associés dans le dictionnaire, mots évoqués non plus par parenté de sens, mais par ressemblance de forme, connexions diverses de langue ; faits affectifs et volitifs : sentiments et émotions de l'agent, ses intentions, volontés, desseins, projets, événements postulés ou souhaités dans ces projets, accueil d'autrui, constaté ou supposé ; et sans doute bien d'autres contenus : souvenirs ou bribes de souvenirs, allusions, velléités, ébauches diverses.

On cherche, on suppose, on soupçonne, on est tendu, des portes s'ouvrent, on ne sait encore quel chemin on va prendre, on se détermine avec regret, de brusques lumières, des sentiments fugitifs de révélation, un sentiment plus fort de l'inconnu.

Tout cela donne à l'ensemble que nous appelons signification une composition complexe, que l'on sent bien, même dans l'usage le plus ordinaire, tel que celui des mots de la langue courante. On l'a noté dès longtemps. La *Logique de Port-Royal* dit : « Les hommes ne considerent pas souvent toute la signification qu'ont les mots, c'est-à-dire que les mots signifient souvent plus qu'il ne semble, et que lors qu'on en veut expliquer la signification on ne represente pas toute l'impression qu'ils font dans l'esprit... Or il arrive souvent qu'un mot, outre l'idée principale que l'on regarde comme la signification propre de ce mot, excite plusieurs autres idées qu'on peut appeler accessoires ausquelles on ne prend pas garde quoy que l'esprit en reçoive l'impression... Quelquefois ces idées accessoires ne sont pas attachées au mot par un usage commun, mais elles y sont seulement jointes par celuy qui s'en sert... Mais quelquefois, ces idées accessoires sont attachées aux mots mêmes »[1].

De façon analogue, F. Paulhan distingue la signification et le sens. La signification, le plus souvent assez abstraite, est la tendance universellement évoquée par un mot; le sens est une acception plus large dont la signification ne constitue qu'une partie. Il est fait d'états d'âme suggérés, divers et variables, de faits intellectuels ou affectifs. Son domaine a des limites indécises, il se transforme sans cesse. Un mot n'a pas un sens, il en possède autant qu'il est employé de fois[2]. Et, tout mathématicien et logicien qu'il est — et précisément parce qu'il l'est —, M. Gonseth note ce caractère non systématique, mais empirique et pratique de la signification. Il écrit : « La signification d'un mot est en définitive fixée par les modalités de son emploi. C'est parce qu'on l'emploie comme on l'emploie qu'il a la signification qu'il a »[3].

Lorsque les parties d'une signification s'ordonnent, il y a souvent comme des étages ou des couches de signification qu'on a le sentiment de traverser pour aller, par exemple, vers ce qui semble plus important, ou vers une généralisation plus grande, une vision plus synthétique.

On peut voir une image de cette polysémie dans divers aspects de la symbolique religieuse. Il n'y a pas de symbole religieux qui n'ait plusieurs sens, généralement de plus en plus secrets ou de plus en plus spiritualisés. Pour les sociétés archaïques, un exemple remarquable a été apporté par M. Mauss[4], celui des masques totémiques

---

1. *La logique ou l'art de penser*, 5ᵉ édit., p. 125-127.
2. PAULHAN, Qu'est-ce que le sens des mots, *Journal de Psychologie*, 1928, p. 289 sq.
3. GONSETH, *Les mathématiques et la réalité*, p. 21.
4. *Bulletin de la Société française de Philosophie*, 1923, p. 28.

sculptés du Nord-Ouest américain qui sont au Musée du Trocadéro. Quelques-uns de ces masques sont à volets : le premier volet est le totem public du chamane-chef ; derrière lui, apparaît un masque plus petit, qui représente son totem privé ; un dernier volet révèle aux initiés des plus hauts rangs sa vraie nature, sa face, l'esprit qu'il incarne : totémique, humain et divin. Au moment où il montre le dernier volet, le chamane-chef est supposé en état de possession (ἔκστασις), il atteint, et les initiés avec lui, aux significations suprêmes. Les divers degrés et aspects de l'initiation dans les religions de mystères, avec leurs hiérarchies et leurs rituels compliqués, peuvent être considérés comme la figuration des mêmes attitudes mentales[1].

Lorsque la marche de la pensée va vers le plus général et le plus abstrait, il semble qu'on n'oublie jamais tout à fait le chemin parcouru. Cela est vrai aussi bien d'une opération mentale présente que d'un groupe d'opérations vues dans leur développement historique. M. Gonseth note dans ce sens que, dans la généralisation mathématique, les phases de l'opération ne disparaissent pas entièrement au terme. L'abstrait auquel on est parvenu est soutenu par le ou les paliers précédents. L'abstrait ne vaut que par le « concret », c'est-à-dire, par le moins abstrait et par tous les concrets précédents que la pensée a traversés : ils sont tous en quelque manière présents. Pour prendre un exemple, si on considère les moyens mis en œuvre dans l'analyse du géométrique, on constate que « les résultats de cet effort s'étagent dans notre esprit comme les couches géologiques dans

---

1. Voir à ce sujet, par ex. : REITZENSTEIN, *Die hellenistischen Mysterienreligionen* ; LOISY, *Les mystères païens et le mystère chrétien* ; MAGNIEN, *Les mystères d'Eleusis* ; SCHUHL, *Essai sur la formation de la pensée grecque*, p. 198 sq. ; — cf. aussi APULÉE, *Métamorphoses*, livre XI.

un terrain : il y a ceux de la période pythagoricienne liés à la mystique des nombres ; ceux de la période platonicienne et euclidienne où la géométrie prend figure de science rationnelle de l'espace ; ceux de la période qui précède et prépare la découverte des géométries noneuclidiennes, où la notion de l'axiome commence à se détacher de l'idée de vérité nécessaire dont dépendrait la forme même du monde ; ceux des créateurs des nouvelles géométries, dont la signification ne s'affirme que peu à peu ; ceux enfin de la période moderne avec la nouvelle étape de l'axiomatisation... celle de la réduction au logique ». Et, ajoute-t-il, « il n'est pas vrai que le dernier avatar remplace les précédents et les détruise. Il ne peut exister sans eux, sans y fonder son sens, sans en recevoir sa substance ». Même après avoir pris sa forme la plus abstraite, un concept continue en quelque manière à vivre ses vies antérieures. « Il se fait une espèce de projection des plans d'existence l'un sur l'autre, sans que ni l'un ni l'autre ne renonce à son rôle »[1].

L'objet et l'effet des opérations dont nous venons de parler a été d'augmenter le contenu significatif, de le rendre plus dense et plus complexe. Mais il y a aussi des opérations d'analyse mentale qui vont en quelque sorte en sens inverse, qui vident le signe de ses divers contenus. Ce qu'on appelle le signifiant n'est peut-être que le résultat, le résidu de cette opération : une forme qui nous apparaît comme une pure forme, parce qu'elle a peu de contenu et souvent une moindre valeur de généralité. Mais elle n'est pas vide de toute signification, nous n'avons enlevé que les sens clairs classés, il reste une masse diffuse, un halo obscur, la frange de James, que nous ne savons ni extraire ni abstraire. Il reste aussi la signification la plus générale, que possèdent

1. GONSETH, ibid., p. 88-90.

tous les signes appartenant à un système, celle qui marque la place du système dans l'effort humain en général.

Remarquons ici qu'une opération normale complexe à l'intérieur d'un système de signes est rarement une opération allant dans un seul sens. Il y a souvent multiplicité et oscillation. Cela est vrai aussi bien d'une recherche ou d'une analyse à un moment donné que de l'histoire générale d'un système. Ainsi, pour les mathématiques, M. Bouligand montre que si, dans l'ensemble, la pensée mathématique comporte un sens d'évolution privilégié, cette évolution cependant s'accompagne de fréquentes oscillations. Ce qu'on appelle aspects intuitifs en est une manifestation caractéristique : un retour vers une forme étrangère à la trame épurée de la question, récupération d'un modèle qu'une élaboration précédente avait éliminé. Pour prendre un exemple, on rend évidente telle équation algébrique par le recours aux aires de certains rectangles[1].

Il résulte de tout cela que nous ne pouvons percevoir de pure forme sans signification, pas plus que nous ne pouvons concevoir de pure pensée qui ne serait portée par aucune forme. Les notions de signifiant pur, de signifié pur sont des limites. Dans la réalité, nous avons toujours affaire à des complexes significatifs.

LA FORME   Il faut cependant parler de la forme. Elle nous contraint et nous oriente. Elle apporte le cadre et la précision. Elle est, selon la très bonne formule de M. Et. Souriau, la condition de la luci-

---

1. G. Bouligand, Les aspects intuitifs de l'activité mathématique, *Revue philosophique*, 1944, p. 193, et *Les aspects intuitifs de la mathématique*, p. 12.

dité et en même temps de la réalité[1]. Il n'y a jamais
un sens auquel se surajoute une forme : toute existence
spirituelle est d'emblée formée. L'informe n'est pas.
L'homme est incarnateur, il crée nécessairement selon
la forme. La pensée philosophique n'a donc pas tort
d'en mettre haut la valeur. L'analyse a raison de la
rechercher, d'en étudier le détail. Il faut seulement
qu'elle la sente toujours portée par le sens, appelant
le sens, — incarnation du spirituel. On comprend que
Mlle Hersch aille jusqu'à écrire : « Qui dit forme ne dit
pas peu : il dit toute la réalité humaine »[2].

Les classes de formes, qui sont les classes d'activité
spirituelle de l'homme, sont en petit nombre, un peu
comme ses fonctions sensorielles. Par elles, et à travers
elles, s'est fait tout le travail de l'esprit, et peut se lire
toute son histoire. Les formes ont leurs propres lois,
elles héritent d'autres formes, elles ne répondent pas
seulement au contenu significatif du moment. Il y a des
contraintes de formes. « Il faut, pour créer une œuvre
d'art, se servir de *ces* sons, de *ces* couleurs, de *cette* langue..
Le poème écrit dans la langue du paradis n'existe pas »[3].
Mais il y a des significations, il y a de l'esprit dans les
lois formelles mêmes : qu'on pense aux aspects psychologiques des lois phonétiques.

La constance des formes est différente selon les classes
de signes considérés. La forme varie peu dans les
langues et dans les rites religieux, un peu plus pour les

1. Et. Souriau, *L'instauration philosophique*, p. 17. — Dans
le même sens, Mlle J. Hersch déclare : « Le spirituel cesse
d'exister comme tel quand il ne tend pas à former une matière ».
(*L'être et la forme*, p. 160). — Et tout effort de l'esprit est en
même temps un effort de forme. M. Souriau dit encore : « Vivre
de raison, c'est penser en formes stylisées ». (*Pensée vivante
et perfection formelle*, p. ix).
2. J. Hersch, *L'être et la forme*, p. 14.
3. J. Hersch, *ibid.*, p. 162.

religions que pour les langues. Le régime des changements peut différer selon les conditions de vie. La
langue d'une population qui reste sans contact avec ses
voisins peut se conserver sans altération pendant un
temps considérable : c'est la remarque que fait M. P.
Rivet dans son travail sur la parenté entre un groupe
de langues américaines et des langues australiennes et
polynésiennes [1]. Le changement de forme des institutions sociales profanes est dans l'ensemble un peu plus
marqué que celui des rites religieux, mais là aussi tout
dépend des contacts entre les groupes. Le problème
est complexe en mathématiques. Dans un domaine élucidé, la symbolique varie peu en principe, mais y a-t-il
des domaines définitivement élucidés ? Chaque découverte ajoute de nouveaux signes et provoque quelquefois la transformation des problèmes anciens et aussi le
changement dans leur expression symbolique. On a
tendance à dire qu'il y a là plus un changement de signification et de valeur opératoire que de forme, mais le
départ, en mathématique, est presque impossible à faire. Le changement est la loi des formes dans l'art, mais
ce changement n'est pas sans lois.

LA LIAISON DE LA FORME
ET DU SENS

L'aspect du lien varie
selon les systèmes. Dans
le langage, le signe ren-
voie à la signification de manière quasi immédiate. Sa
forme ne nous arrête pas. Et comme nous la sentons
peu, nous nous imaginons facilement que nous sommes
en présence de la signification pure, que nous attei-

---

1. P. Rivet, Les Mélanéso-Polynésiens et les Australiens en
Amérique, *Comptes-rendus de l'Académie des Inscriptions et
Belles-Lettres*, 1924, p. 335.

gnons directement l'idée. L'analyse critique du langage
montre qu'il n'en est rien. Elle nous permet de saisir
l'inadéquation du langage, ses trahisons grossières ou
subtiles [1].

On pourrait dire que la situation dans l'art est presque
opposée. Tout y paraît forme, mais l'analyse permet
vite d'y atteindre des significations. Parlant de la poésie,
M. Ch. Lalo y discerne cinq structures élémentaires : les
significations verbales expresses, les suggestions incons-
cientes, les liaisons logico-grammaticales, les valeurs
des rythmes et des intensités, les qualités des timbres.
D'esprit plus analytique, le poète esthéticien J. Krafft
distingue onze voix dans l'œuvre poétique : cinq sont
sensibles, deux intellectuelles, quatre mixtes [2]. L'une et
l'autre classifications passent insensiblement de la forme
à la signification ; l'une et l'autre marquent la richesse
et la variété des contenus. — En peinture, on l'a montré
dès longtemps, la forme implique la conception, les intentions, les sentiments. La pensée pénètre et l'ensemble,
la composition, et les moyens d'expression, tout le
détail du jeu de la lumière, de la couleur, du dessin. Elle
est dans toutes les recherches du peintre : tant dans
l'effort d'un tableau que, tout au long de sa vie, dans la
difficile poursuite de sa vérité. Et réciproquement, la
pensée d'un peintre ne peut être saisie en dehors de ses
moyens ; elle se mesure par eux, nous la sentons d'autant
plus profonde qu'ils sont plus complets. Peintres et critiques attestent cette présence de la pensée dans tous les

---

1. Voir à ce sujet : F. BRUNOT, *La pensée et la langue* ;
GOBLOT, *Traité de logique*, p. 151 sq. ; E. MEYERSON, *Du cheminement de la pensée*, II, p. 530 sq. ; Ch. SERRUS, *Le parallélisme logico-grammatical* ; *La langue, le sens, la pensée.*
2. Ch. LALO, L'analyse esthétique d'une œuvre d'art. Essai
sur les structures et la suprastructure de la poésie, *Journal de
Psychologie*, 1946 ; J. KRAFFT, *La forme et l'idée en poésie.*

aspects du travail créateur. Eugène Delacroix note : « La touche est un moyen comme un autre de contribuer à rendre la pensée dans la peinture... Il y a dans tous les arts des moyens d'exécution adoptés et convenus et on n'est qu'un connaisseur imparfait quand on ne sait pas lire dans ces indications de la pensée »[1]. Matisse écrit : « J'ai à peindre un corps de femme : d'abord je lui donne de la grâce, un charme, et il s'agit de lui donner quelque chose de plus. Je vais condenser la signification de ce corps, en recherchant ses lignes essentielles. Le charme sera moins apparent au premier regard, mais il devra se dégager à la longue de la nouvelle image que j'aurai obtenue et qui aura une signification plus large, plus pleinement humaine »[2]. M. G. Diehl observe : « Quelques taches colorées, de simples traits peuvent inclure en eux-mêmes une force expressive égale à celle de la figure la plus compliquée et la plus représentative... Tout est signe dans une toile »[3]. — Et même dans la musique, où il n'y a plus de signification au sens habituel du mot : référence à un contenu, à un objet, il y a cependant expression symbolique. M. Pradines écrit : « La musique, qui exclut le langage des choses, c'est-à-dire le bruit, et qui ne saurait non plus revêtir la signification explicite du langage humain, la musique qui ne *représente* et ne *dit* jamais rien, *exprime* cependant quelque chose en le *symbolisant*, c'est-à-dire qu'elle transpose dans des accords et désaccords de sons, dans des mouvements, des accents, des enchaînements, des discontinuités et des silences sonores, toutes choses qui ne sont qu'à elle et qui tiennent de la vie du drame, des contrariétés et des accords ou réconciliations, des aspirations,

---

1. E. DELACROIX, *Journal*, t. III, p. 17.
2. R. ESCHOLIER, *Henri Matisse*, Paris, 1937, p. 108 ; cf. A. LHOTE, *De la palette à l'écritoire*, p. 378.
3. G. DIEHL, *Les problèmes de la peinture*, p. 290.

des élans, des reculs, des saisissements, des suspensions, des alertes d'ordre passionnel ou sensoriel »[1].

Dans tous ces cas, comme d'ailleurs aussi dans la religion, on peut se représenter un écart entre la forme et le contenu. Ils sont concevables séparément; dans certaines conditions artificielles, ils peuvent apparaître comme séparés, ou moins unis : l'attention peut s'intéresser à la forme, jouer avec elle, opérer sur elle. En mathématique, la séparation est difficile. On ne sait plus bien ce qui est forme, ce qui est contenu. Le formalisme mathématique n'est rien moins qu'une théorie du jeu de pures formes. Il met en valeur des systèmes de significations et des lois. Et de même discerne-t-on difficilement le simple du complexe, puisque, à mesure que progresse la généralisation, ce qui etait simple est réinterprété en fonction du nouveau complexe et défini par l'opération qui le produit.

Nous avons en somme deux cas limites. Celui où il y a recherche de l'objet, où le signe s'efface devant l'objet, où il est transparent : nous ne sentons alors que la signification, c'est elle seule qui existe. Celui où il y a recherche de la forme pour sa beauté, où donc le signe ne s'efface pas : si on n'avait peur d'un abus de métaphores, on serait tenté de dire qu'il est lumineux. Là, le signe cesse d'être « particulier et périssable », il est l'objet d'une promotion véritable, il contient, il absorbe un monde d'harmonies, de significations et de valeurs.

Dans l'un comme dans l'autre cas, il n'y a pas opposition ou balancement entre signification et existence, mais au contraire un signe apparaît comme d'autant plus existant que sa signification est plus pleine.

1. M. PRADINES, *Traité de psychologie générale*, II, 1, p. 255.

LE SIGNE
ET LA PENSÉE «PRIMITIVE»

Ici, un problème génétique : il a un intérêt à la fois historique et actuel.

On a pu écrire récemment : « De porteur de sens, le signe est devenu porteur d'être, ou, si on préfère, le sens est devenu être »[1]. Il n'est pas devenu être : au contraire, c'est cela qu'il a été le plus à l'origine, chez les primitifs. On a dit quelquefois : le primitif ne saisit pas le signe, il sent des existences. Ainsi présentée, l'analyse n'est pas exacte, ou du moins elle est très incomplète. On commet là la même erreur qu'Isaïe quand, reprochant au peuple d'Israël d'adorer les idoles, il lui dit qu'il n'a ni intelligence ni entendement[2]. Les signes primitifs : mots de la langue, objets magiques, symboles religieux, « regorgent » de significations ; et c'est l'ampleur, la richesse de ces significations qui fait qu'on les traite comme des êtres. C'est aussi cette ampleur et cette richesse en contenus essentiels qui fait qu'on ne cherche pas à dépouiller une tablette magique de ses pouvoirs pour constater qu'alors il ne reste plus qu'un morceau d'os : on ne recherche pas l'os. M. Maritain remarque très justement que la fonction essentielle du signe de conduire vers l'objet, de contenir l'objet, d'avoir présente en lui la chose *in alio esse*, s'exerce à plein chez le primitif. Il est « ivre de l'excellence du signe ». C'est à cause de cette plénitude que la présence de connaissance du signifié dans le signe devient pour lui une présence de réalité[3]. Mais elle ne l'est

1. THÉVENAZ, Introduction à DELANGLADE, etc., *Signe et symbole*, p. 8.
2. *Isaïe*, XXXXIV, 14-19.
3. MARITAIN, Signe et symbole, *Revue thomiste*, 1938, p. 315.

sans doute qu'à des moments privilégiés [1]. A d'autres moments il y a oscillation. Le primitif n'ignore pas que sa tablette est en os, et il n'a pas oublié la forme rituelle, précise qu'il lui a donnée, pas plus que le Juif qu'Isaïe couvre d'imprécations n'ignore que l'idole est faite d'un morceau de l'arbre dont le reste lui a servi à se chauffer. L'identification poussée du symbole sacré et du dieu est probablement passagère et partielle, comme l'est également la participation de l'opérant au divin, par l'intermédiaire de cet objet ou autrement. Les réalités significatives magiques ou religieuses que crée le primitif peuvent avoir des densités d'existence différentes. Mais toujours cette existence sera fonction de la signification, et toujours cette signification sera faite de propriétés et de vertus dépassant la forme perceptible : invisibles, largement répandues, surnaturelles.

C'est lorsque le contenu du signe commence à se dépouiller de significations essentielles pour la vie de l'opérant que peut se faire une recherche désintéressée des éléments du contenu et de la forme. C'est à ce moment qu'apparaît une distance, une « tension », comme dit Cassirer, entre le signifiant et le signifié et que surgissent des curiosités pour la forme même. Avant, elle était

---

1. On peut constater ces variations et ces moments suréminents dans l'Inde pré-aryenne et on les retrouve encore dans l'Inde bouddhique ancienne. M. Mus écrit : « Le premier art bouddhique substitue à la représentation du Bouddha celle des emplacements sanctifiés par son passage. Mais le site contient le personnage. En temps ordinaire, on n'y aperçoit qu'une pierre, un arbre. A l'heure des célébrations, on a affaire, '' dans '' ces objets, au personnage lui-même, face anthropomorphique de l'*option d'apparaître*. Sur les bas-reliefs, des hommes, des femmes, des dieux parlent à un arbre, à un trône. Ils parlent au Bouddha, ils le voient. Non initiés, nous ne voyons qu'un trône vacant, terme matériel de la '' participation '' surnaturelle ». (*Bulletin de la Société française de Philosophie*, 1937, p. 83-84). — Sur le problème même de la participation, voir ce que nous disons plus loin, p. 131 sq.

sacrée, surnaturelle. Loin de la négliger, on en avait un souci extrême. Mais ce n'était pas pour elle-même : « Nous conservons nos vieilles coutumes afin que le monde se maintienne », dit un chef esquimau à K. Rasmussen[1]. On ne pense pas à étudier, on ne peut étudier une règle, une forme immuable, chargée de valeur et d'efficace immédiate.

Ici cependant, comme sur plusieurs autres points, l'Inde fait exception. L'intérêt pour certaines formes y est contemporain d'une période de vie religieuse intense. L'étude de la grammaire sort de l'étude du Veda. L'école Mīmāmsā à la fois professe le respect le plus traditionnel du texte sacré et en fait l'analyse la plus méticuleuse.

LE CARACTÈRE ACTIF DU SIGNE

Nous avons rencontré à plusieurs reprises, au cours des analyses qui précèdent, le problème de la valeur active, du rôle actif du signe. En période magico-mythique et sous bien des formes au-delà, le signe est doué de puissance et de vertu. Il résume, prépare ou déclenche des actes. Il en possède l'efficience sous une forme en quelque sorte latente et concentrée. A des époques où le physique et le canonique se mêlent, il apparaît comme pouvant produire également des phénomènes naturels. Il peut résumer aussi des faits d'origination et de création. Dans certaines conditions, nous l'avons vu à propos de l'objectivation dans le langage, il apparaît comme producteur d'existences.

Dans des civilisations qui comportent des systèmes de

---

1. K. RASMUSSEN, *The People of the Polar North*, London, 1908, p. 124.

correspondances élaborés et détaillés, comme celles de l'Inde et de la Chine, il contribue à maintenir ces correspondances. L'ordre du monde ne peut être conservé que par un effort continu des hommes ; des rites symboliques résument cet effort, sont cet effort ; d'où l'importance du sacrifice dans l'Inde, de l'étiquette .en Chine. Non seulement l'ordre du monde, mais les cadres mêmes de l'espace et du temps ont besoin du concours de l'homme : des rites symboliques concourent à la réfection de l'espace et du temps en Chine[1].

Une remarque s'impose quand on considère ces systèmes de correspondances. Ils apparaissent souvent comme de purs formalismes ou des jeux de l'esprit. Ils le sont chez certains théologiens et grammairiens. Mais derrière ces exercices d'Ecole, il y a un effort pour interpréter le monde, pour trouver entre les phénomènes physiques ou humains des rapports et des ressemblances de nature profonde, et ainsi ce qui apparaît à première vue comme une correspondance de forme est en fait senti ou pensé comme une similitude de contenu, ou comme un désir d'assimiler des contenus.

ROLE OPÉRATOIRE ET INSTRUMENTAL DU SIGNE

Dans la mesure où il déclenche des actes, le signe est en même temps signal. Mais il n'est jamais pur signal chez l'homme : il dépasse toujours le moment présent, la situation présente. Il a toujours quelque valeur d'intelligibilité générale. Toujours la signification a une place considérable, utilitaire ou transcendante, elle gonfle l'action, elle la déborde. Quand la vie intérieure gagne en autonomie, que l'esprit devient conscient de l'exis-

1. GRANET, *La pensée chinoise*, p. 94, 110.

tence et de la portée des opérations de la pensée, le signe devient principalement l'instrument des opérations mentales. Et comme le mental se projette sur l'actif, c'est également dans ce sens de signe mental que le signe sera vu et sera efficace dans les opérations même extérieures. Il refoulera le signal.

Il est difficile de saisir la transformation même : nous voyons rarement les transformations. L'emblème chinois est peut-être le meilleur exemple de la situation intermédiaire, du mixte. Il a, nous l'avons vu, pour objet et pour effet de susciter des actions efficaces. Mais ces actions efficaces sont en même temps soigneusement prévues et soumises à des règles très précises (des règles de correspondance notamment). L'emblème a donc une double valeur : il est d'une part actif dans le sens propre du mot, il a des vertus d'efficace, des pouvoirs de commandement, il est ordonnateur des conduites ; mais d'autre part, il signifie l'ordre qu'il institue et ses prolongements. Dans les divers domaines en correspondance, il est le signe de ces correspondances.

On a mis quelquefois la transformation sur le compte d'une « intériorisation » des actes. La magie, sur ce point comme sur d'autres, aurait aidé la pensée : l'homme a fait sur les choses l'apprentissage des opérations qu'il allait faire plus tard sur des objets mentaux. Ainsi présentée, l'histoire du signe purement mental n'est sans doute pas exacte. La théorie est aussi peu vraie que celle de l'apprentissage par essais et erreurs. Il faut, plus encore que pour l'apprentissage, considérer ici les phases comme des degrés discontinus. La situation est plutôt comparable à celle de la généralisation en mathématiques : lorsqu'on a accédé à un degré supérieur, les conduites du degré inférieur changent de sens. En apparence, on exécute les mêmes actes, en fait ils ont une autre signification ; on les pense, on les voit autrement. Il y a là non intériorisation mécanique des expériences, mais projection sur ces expériences des progrès intérieurs.

Pas de succession chronologique dans tout cela, les faits sont mêlés et complexes, il y a du pur mental en pleine magie, et l'histoire pour chaque fonction accuse des oscillations diverses.

Une fois acquise l'autonomie de la vie intérieure, le rôle du signe sera de marquer les divers modes du mouvement de la pensée.

C'est dans les mathématiques que le rôle opératoire du signe apparaît avec le plus de pureté. Brunschvicg remarque qu'il faut parler en mathématiques non de signe et de vérité, mais de signification et de vérification. Le symbole disparaît en tant que symbole si on ne sait pas remonter au jugement qui le sous-tend[1]. Cela est vrai à tous les degrés de l'échelle de complexité. Il n'est pas de chapitre où la symbolique n'ait cette valeur, où elle ne résulte des opérations ou des systèmes d'opérations faites ou à faire. Quand on essaie de définir la mathématique pure en général, on met toujours le mot « opération » dans la définition et on précise ensuite la nature des diverses opérations envisagées : composition, décomposition, formation de complexes, arrangement, correspondance, etc. Ce qui intéresse le mathématicien, ce sont des opérations et des généralisations d'opérations[2]. Les notions n'existent pas indépendamment des opérations qui aboutissent à elles et procèdent d'elles. « Je n'imagine pas les nombres entiers dans leurs suite infinie, écrit J. Tannery, je les comprends dans

1. Brunschvicg, *Etapes*, p. 474.
2. Cf. Dufumier, La généralisation mathématique, *Revue de Métaphysique*, 1911, p. 729.

leur loi de formation »[1]. De même, tout progrès de mathématiques est une généralisation d'opérations : ainsi pour l'extension du domaine du nombre.

Dire que le signe marque des opérations, un mouvement de la pensée, c'est dire aussi qu'il participe à l'élaboration de cette pensée même. Il n'y a pas de pure expression d'une réalité mentale préalable. Le signe appelle un contenu mental, il oriente, élabore, crée. Et toute œuvre créée devient instrument à son tour. Spinoza déjà l'avait parfaitement précisé : « L'entendement avec sa puissance native se façonne des instruments intellectuels par lesquels il accroît ses forces pour accomplir d'autres œuvres intellectuelles ; de ces dernières, il tire d'autres instruments, c'est-à-dire le pouvoir de pousser plus loin sa recherche, et il continue ainsi à progresser jusqu'à ce qu'il soit parvenu au faîte de la sagesse »[2]. Œuvre devenue instrument, abstrait devenu « concret », signifié devenu signifiant : nous retrouvons toujours le même aspect des transformations. A chaque palier, il y a danger de durcissement, résistance, et dépassement. On ne sent pas toujours ce rôle instrumental du signe dans des systèmes achevés comme les langues. On le voit mieux dans les sciences et dans l'art, où du nouveau se fait sous nos yeux.

Caractère condensé, rôle opératoire : on comprend que le signe ne soit jamais un pur résumé du contenu, mais toujours un appel vers le nouveau, l'inconnu. Leibniz l'avait déjà remarqué quand, parlant dans sa Caractéristique générale des propriétés du signe, il soulignait qu'il n'est pas seulement une abréviation symbolique du connu, mais qu'il ouvre de nouveaux chemins.

1. J. Tannery, De l'infini mathématique, *Revue générale des Sciences*, 1897, p. 131.
2. Spinoza, *Réforme de l'entendement*, trad. Appuhn, éd. Garnier, p. 236-237.

Dans le langage comme dans les mathématiques,. bien des signes sont des ébauches en état de devenir ; d'autres, amples et élaborés, recèlent des règles à incidences multiples, à exploiter. On a saisi en un éclair la formule générale, ou bien on y est arrivé par une patiente induction : dans l'un comme dans l'autre cas, les conséquences, les applications pourront se développer progressivement. C'est à cette situation que répond la remarque de Boutroux que les mathématiques sont une science analytique[1]. Cette puissance de devenir, cette faculté d'être constamment prolongé, constamment projeté au-delà de l'explicite présent s'accroît à mesure qu'augmente le nombre de fils qui viennent aboutir au signe.

SIGNE ET RECHERCHE PROGRESSIVE

Chaque système ou groupe d'œuvres humaines, outre qu'il représente une perspective, a une date et un certain régime de progression. Il correspond à un certain degré d'analyse, à telle profondeur de coup de sonde. Tous, le langage et les différentes langues, les religions, les étapes des sciences, représentent des approximations successives, ce que, à tel moment de son histoire, l'esprit a réussi à préciser et à fixer. Cette fixation a été à chaque période un peu en-deçà des possibilités, un peu au-dessous de la richesse sentie de l'activité spirituelle. Elle a souvent été éprouvée au moment de sa création comme partiellement inadéquate : *omnis determinatio negatio est*. Mais la peine que ces efforts ont donnée, la place qu'ils peuvent tenir, font qu'une fois réalisés ils apparaissent non com-

---

1. P. Boutroux, L'objectivité intrinsèque des mathématiques, *Revue de Métaphysique*, 1903, p. 581 sq.

me des moments de la recherche de la vérité, mais comme des vérités autonomes. Et alors l'esprit reste déconcerté devant une pluralité qui lui apparaît comme indépendante de lui et qu'il ne sait unifier. Le langage correspond à un degré de vérité, à peu près le même que celui de la perception naïve, molaire, qualitative. Mais à côté de lui, en même temps que lui presque, se fait, mais se développe plus vite, une première connaissance quantitative, la première arithmétique et la première géométrie. Le contenu mental qui correspond à ces nouveaux systèmes s'incorpore au contenu global, mais les systèmes de symboles restent séparés. A une vie intérieure une, où il y a à la fois des qualités et des nombres et bien d'autres notions et virtualités qui se dessinent et deviennent ou deviendront des systèmes d'expression, correspondent le langage et les langues et les diverses disciplines successives qui viendront s'ajouter. Chaque système d'expression isolé a en quelque sorte une courbe d'efficacité et de prestige : généralement une période d'apogée où il exprime le meilleur de l'effort du moment, où il paraît traduire tout l'esprit, un cours variable ensuite. Le langage tenait au moment de la grande pensée grecque, quand il y avait peu de mathématiques et encore moins de physique, une place si grande qu'on avait tendance à voir en lui toute la pensée et à chercher en lui toute la vérité. Mais dès ce moment, on savait qu'il ne disait pas tout, et qu'il n'était pas toujours vrai. La courbe du nombre a été à peu près continûment croissante, mais, malgré le prestige de la physique mathématique, nous sentons aujourd'hui qu'elle ne dit pas tout. Ce qu'on appelle adéquation du langage et de la pensée n'est pas l'adéquation de la pensée en général et de l'expression en général. On a faussement généralisé et érigé en antinomie un décalage historique. Il n'y a pas de pensée pure, de vérité pure à laquelle s'oppose un système d'expression infidèle. Il y a, au moment où se poursuit en Grèce la grande discussion philosophique sur le langage, à côté de la pensée moulée par l'expression verbale, déjà une pensée formée par la symbolique mathématique. Ce qui apparaît comme la pensée, c'est l'ensemble des deux, et aussi les vélléités, les richesses qui se dessinent plus ou moins ; le langage n'exprime que la partie de la pensée qui est de la même date que lui et de la même forme que lui. Le désaccord, la disproportion s'accentueront à mesure que se développeront les diverses disciplines spécialisées ; c'est pourquoi il y aura de moins en moins de défenseurs d'une conception réaliste du langage. Mais, fait remarquable, le langage mathématique à son tour sera l'objet d'une critique et d'un doute. La rapidité des progrès des mathématiques donnera aux mathématiciens et aux philosophes des mathématiques le sentiment qu'il y a une pensée mathématique au-delà de l'expression mathématique ; hypostase ou appel.

En somme, la situation pour les rapports entre la forme et le contenu, le signe et la signification, est assez semblable à celle qui s'est présentée à propos des rapports entre les mathématiques et la physique, entre les mathématiques et la réalité. Là aussi, l'histoire et les implications du langage ont offert aux philosophes une dualité qui pendant quelque temps a paru irréductible, et qui était une fausse dualité. La critique des philosophes mathématiciens comme Brunschvicg, Lautman, M. Gonseth a réussi à réduire cette dualité. Il n'y a pas d'objet de connaissance indépendant d'un mode ou d'un type d'expression, et réciproquement, il n'y a pas de mode d'expression indépendant de toute expérience. Il n'y a pas de rupture entre le normatif et l'expérimental, dit M. Gonseth, il n'y a pas d'expérimental

pur. Toute analyse de l'expérience révèle l'intention
de traduire les phénomènes par un déroulement autonome de schèmes mentaux, de les ramener à un jeu réglé
de symboles [1]. Et Lautman écrit : « Les constatations
expérimentales appellent une mathématique dont elles
imitent déjà le dessin, parfois même avant qu'une mathématique adéquate ait encore été développée pour elles » [2].
La réalité physique n'est donc pas « indifférente » à la
mathématique qui la décrit.

*CONTENU ET FORME
DANS L'ÉTUDE PRATIQUE
CONVERGENCE DE LA SOCIOLOGIE
ET DE LA PSYCHOLOGIE*

Les discussions qui
précèdent ont mon-
tré à quelles diffi-
cultés on aboutit à
trop séparer le si-
gnifiant et le signifié, la forme et le sens. L'esprit qui
crée va aux significations et aux valeurs, mais il construit ces significations et ces valeurs dans le cadre d'une
forme, ses expressions sont formées dès l'origine et continuent à être élaborées, tout au long de son histoire,
selon un type de forme. Et de même, toute analyse d'une
œuvre humaine va immédiatement à sa signification :
l'esprit aspire à comprendre, mais il comprend selon un
type de significations et donc dans le cadre d'une forme et selon ses lois. De là, quelques conséquences méthodologiques et pratiques.

Une étude de l'homme doit nécessairement être une
séméiologie et une morphologie à la fois. On a quelquefois pu reprocher à la sociologie de trop vouloir être une
morphologie : d'appliquer de manière incomplète la

1. GONSETH, *Philosophie mathématique*, p. 15-16.
2. LAUTMAN, *Essai sur les notions de structure et d'existence
en mathématiques*, p. 155.

règle de Durkheim qui définit les phénomènes par leurs caractères extérieurs, et de ne pas dépasser, dans l'analyse ultérieure, ces caractères. Seignobos remarque qu'une pure description extérieure ne saurait constituer une science de l'homme autonome, non seulement parce qu'elle laisserait échapper des aspects essentiels, mais parce qu'elle ne pourrait atteindre à des constatations méthodiques sans avoir besoin, pour établir les faits, de recourir aux procédés d'une autre méthode. « Sur les phénomènes de caractère intellectuel, écrit-il, il n'est pas besoin de discuter ;... le caractère propre de ces faits est toujours une représentation. Même dans les arts plastiques... le fait artistique c'est la conception de l'artiste... La religion est essentiellement un phénomène de croyance théorique et pratique. Le rite le plus machinal n'est pas automatique. La femme en prière qui égrène un chapelet a le sentiment (tout au moins confus) d'accomplir un rite religieux ; un observateur placé au dehors ne distinguerait pas son acte de celui d'une marchande qui compterait les grains pour voir si le chapelet est complet ». Les mêmes remarques peuvent s'appliquer aux faits politiques, économiques, aux faits d'usage, etc. La plupart des actes politiques sont des symboles transmettant un ordre ou un renseignement. Les faits économiques impliquent de même des motifs, des buts, des plans de travail, des connaissances, des habitudes techniques ; la notion fondamentale de la vie commerciale, la valeur, la notion fondamentale du crédit, la confiance, sont des phénomènes de représentation. « Les faits d'usage, malgré la place très apparente qu'y tiennent les objets et les actes matériels... ne sont compris que si l'on connaît l'intention des actes ou la destination des objets. Il n'est pas indifférent qu'une danse soit un acte religieux ou un divertissement, qu'un cortège soit une procession ou une cavalcade.

Mais pourtant toute la différence est dans l'intention ».
Nous ignorons l'essentiel des fonctions mentales de
l'homme préhistorique malgré l'abondance des objets
matériels extraits des fouilles, parce que nous n'arrivons
pas à connaître les intentions des hommes qui s'en ser-
vaient [1].

Mais, en fait, ce reproche n'est guère fondé. Les sociologues n'ont jamais tenté de faire de la « pure » morphologie : on ne peut y arriver. « Les faits sont comme des
sacs, dit Pirandello, s'ils sont vides, ils ne tiennent pas
debout. Pour qu'un fait tienne debout, et qu'il ait un
sens, il faut d'abord y faire entrer les motifs et les sentiments qui l'ont provoqué » [2]. Toute description est
presque toujours d'emblée une interprétation, tout récit
un commentaire. Et ainsi on a pu faire également à la
sociologie, à Durkheim spécialement, le reproche inverse :
d'aller trop vite à l'interprétation, de considérer comme
allant de soi ce qui n'était qu'une inférence, de ne pas
assez discuter les implications de sens commun, de négliger les polysémies possibles, les variations de sens historiques [3]. La règle qui soulignait l'importance de la description des caractères extérieurs avait pour but, comme
le remarque avec perspicacité Essertier [4], de rendre les
faits opaques, résistants à l'explication — c'est-à-dire à
l'implication — spontanée, de contraindre le savant à
l'effort. Mais l'appel de la signification, le besoin de
comprendre, a souvent été si fort qu'il a rendu trop
« transparents » pour Durkheim lui-même des faits que sa
méthode avait pour objet de faire résistants et opaques.

1. Ch. SEIGNOBOS, La méthode psychologique en sociologie,
Journal de Psychologie, 1920, p. 500-503.
2. PIRANDELLO, Six personnages en quête d'auteur, p. 39.
3. R. E. LACOMBE, Méthode sociologique de Durkheim, p. 75
sq., 84, 105 sq., 162.
4. ESSERTIER, Psychologie et sociologie, p. 14.

C'est donc pratiquement contre une interprétation trop facile que devra se défendre une analyse des faits humains ; elle devra, selon la formule de Seignobos, résister au premier mouvement [1]. Toute analyse devra appliquer les principes de la critique d'interprétation, toujours actuels, que Seignobos a indiqués avec tant de précision.

On voit par là comment s'établit le rapprochement de la psychologie et de la sociologie : utilisation réciproque des faits et des conclusions aujourd'hui ; convergence progressive des études demain. Les apports de la sociologie à la psychologie sont inappréciables ; la psychologie essaie aujourd'hui de les mettre en valeur. Le fait social lui-même d'abord, devenu pour les psychologues « la dimension sociale ». La primitivité du social a fait l'objet d'analyses précises chez l'adulte, chez l'enfant ; elle a conduit aux études sur la sympathie, telles que celles de Scheler ; à celles de Koffka, de Mme Bühler et de ses élèves sur les réactions primitives de l'enfant à l'humain et au non-humain. Dans le langage, c'est à l'aide de la notion de socialité que nous pouvons expliquer des faits comme la communication, l'information, la collaboration entre les parleurs, la convention et les règles, la contrainte. Les études sur les groupements sociaux et leur structure conduisent la psychologie à examiner le rapport de ces groupes avec leurs œuvres : pour prendre quelques exemples, les langues spéciales et les changements sémantiques ; les hiérarchies et les sentiments liés aux hiérarchies, le prestige, la mode, le sentiment de triomphe, le sentiment d'infériorité. En décrivant les groupements sociaux, les sociologues ont apporté des faits concrets très nombreux, notamment

1. Langlois et Seignobos, *Introduction aux études historiques*, p. 120.

des faits mythiques ou religieux, juridiques ou moraux. Dans le détail, l'abondance des exemples de faits symboliques, faits de religion et faits de langues notamment, a aidé à une analyse plus précise de la fonction symbolique en général. D'autres chemins de de convergence se dessinent ; tantôt ce sont les sociologues eux-mêmes qui ont exploité la matière, tantôt les psychologues ont tenté de systématiser des documents sociologiques ou ethnologiques. Il serait trop long ici de donner le détail de ces travaux. Notons seulement quelques exemples parmi les meilleurs. M. Mauss a apporté une ébauche de ce que pourrait être une analyse de la notion d'attente telle qu'elle apparaît à travers différents faits collectifs ; et il a étudié quelques aspects de la notion de personne. D'autres apports de la sociologie ont pu être utilisés par les psychologues : tout le monde connaît les travaux de Charles Blondel sur les sentiments et la volonté ; ceux de Claparède, de Mlle Borst, de Larguier des Bancels, de Varendonck sur le témoignage ; de Luquet sur l'art primitif ; signalons ceux moins connus de J. Hirsch sur la faim, l'appétit et le dégoût[1].

1. J. HIRSCH, Ueber traditionellen Speisenabscheu. Ein Beitrag zur genetischen Gefühlspsychologie, *Zeitschrift für Psychologie*, Bd. 88, 1922.

CHAPITRE III

L'HISTOIRE DES FONCTIONS

I

LE PROBLEME DU CHANGEMENT

*LE POINT DE VUE HISTORIQUE
EN PSYCHOLOGIE*

Les résultats du travail de la sociologie, de l'ethnologie, de l'histoire sous ses diverses formes obligent le psychologue à réviser son attitude à l'égard de ce qu'on peut appeler les catégories psychologiques. Il s'est occupé jusqu'à présent surtout de l'homme en général. A considérer les institutions et les œuvres, il voit, après l'historien, que les faits humains ont tous une date et un lieu. Les langues, les mythes, les religions, l'art, les sciences ont une histoire. Quelques-uns des changements constatés nous frappent par leur ampleur. On s'était contenté jusqu'à présent de décréter — ou d'admettre implicitement — que toutes ces variations sont des variations du contenu seul, et non de la fonction psychologique qui a créé les œuvres. L'attitude critique ne permet plus aujourd'hui d'établir des séparations aussi simples. L'étude du signe nous montre la solidarité étroite de la forme, du contenu et de l'effort spirituel. S'il y a des faits ou des traits constants dans les opérations de l'esprit, seule l'analyse pourra les dégager. Une étude objective doit être « honnête » à l'égard du changement[1].

Cette position va contre le dogmatisme de la permanence : la croyance dans le caractère immuable des fonctions et des catégories de l'esprit. Cette croyance elle-même d'ailleurs est un fait psychologique important et n'est donc pas à négliger. Deux aspects sont à considérer ici. Il y a d'abord la recherche de certains éléments permanents dans le changeant, la tendance à créer des points d'arrêt, des nœuds, à fabriquer du durable et du perdurable. On sait que cette tendance se manifeste dès la perception. Elle s'affirme dans le langage, dans le mythe. La science va l'accentuer, la styliser. La création des catégories psychologiques considérées comme immuables est un des aspects de cette construction des objets durables par l'esprit. A cette tendance de l'esprit se superpose une autre attitude qui laisse immuable ce qui normalement doit rester objet d'élaboration : la matière, les thèmes, les éléments de la recherche psychologique. Toute science crée des objets. Mais ces objets changent à mesure de la recherche : ainsi pour les sciences de la nature. Quand il s'agit de faits mentaux, par inertie, par insuffisance d'information, par habitude d'abstraction, on ne fait pas la critique de l'objet. Implicitement ou explicitement, on admet que les catégories de l'esprit telles que les offrent le sens commun ou l'élaboration des philosophes et des psychologues ont toujours existé, sont en quelque sorte consubstantielles à l'homme et n'ont subi aucun changement, alors que la vie matérielle, la vie sociale, la connaissance des choses, la vie

1. M. GUILLAUME écrit : « S'il s'agit d'une pensée qui évolue, la psychologie devra décrire pour lui-même chacun de ses moments ; tous sont aussi intéressants que le dernier en date, même s'il représente un progrès de la connaissance ». (Introduction à la psychologie, p. 24).

spirituelle en général n'ont cessé de se transformer. Le dogme de la fixité de leurs objets a marqué les débuts de toutes les sciences, jusques et y compris l'histoire elle-même. La transformation ne fait plus peur aujourd'hui à aucune. Il nous faut considérer les « objets » psychologiques sous leur aspect historique [1].

Prévenons ici une objection. On nous dira peut-être : peut-on arriver à comprendre et à sentir ce qui est différent de nos formes de pensée et de sentiment ?

Il n'est pas tout à fait exact que nous ne puissions comprendre que ce qui est identique à nos formes habituelles de pensée. L'acte d'intellection suppose une certaine résistance, donc une certaine différence. Chaque fois que nous comprenons un fait nouveau, nous forçons un peu notre pensée ; elle se modifie d'ailleurs par là ; on pourrait dire à la limite : chaque fois que j'ai lu un livre, je suis autre. Il en est de même pour les sentiments, pour les contacts humains, pour la compréhension d'autrui. Il y a une certaine marge de possibilités à cet égard. Je peux forcer ma pensée jusqu'à un certain point. Je peux aussi sentir vaguement un peu au delà de ce point. Il faut ajouter que notre pensée n'est ni une forme unique ni une forme absolument rigide. Elle peut jouer sur plusieurs plans, elle a des orientations, des habitudes plus ou moins liées à notre formation intellectuelle et sociale. Cela encore fait qu'elle ne se présente pas en face d'une autre pensée comme un bloc. Certes, une di-

---

1. M. Masson-Oursel dit de façon très juste : « L'esprit étant un produit de l'histoire, les solutions comme les questions n'offrent de sens que dans l'histoire. La science de la pensée sera née quand les critères historiques auront détrôné les critères logiques ». (La dualité de l'esprit-vie et de l'esprit-connaissance, *Journal de Psychologie*, 1924, p. 355). Voir aussi sa *Philosophie comparée*. — Ajoutons que les critères logiques eux-mêmes sont aujourd'hui soumis à l'analyse historique. Nous retrouverons ce problème dans les pages qui suivent.

vergence radicale risque de nous rester inaccessible. Mais poser ainsi le problème serait passer à la limite. Dans la réalité, nous avons affaire à des différences partielles, souvent éclairées par des ressemblances. Une psychologie historique et comparée est possible dans la même mesure où ont été possibles une linguistique historique et comparée, une mythologie comparée, une histoire comparée des religions, et aussi une psychologie différentielle, une psychologie de l'enfant et des animaux.

LA POSITION SOCIOLOGIQUE PURE

Le principe d'une étude historique a été admis par les sociologues. Il devait l'être nécessairement, puisque leur tâche était d'étudier les sociétés humaines et donc l'histoire de l'homme social. L'application et les résultats ont varié avec l'étendue de la perspective historique et le degré d'approfondissement du lien entre le fait social et le fait psychologique.

E. Durkheim et M. Mauss ont à diverses reprises, et notamment dans leur mémoire sur les Formes primitives de classification [1], indiqué que des formes de pensée actuelles pouvaient n'avoir pas toujours été telles que nous les connaissons. Il est vrai que, si M. Mauss a conservé la position historique, Durkheim, dans les Formes élémentaires et dans le compte-rendu qu'il a fait des Fonctions mentales de Lévy-Bruhl au tome XII de l'Année sociologique, a paru revenir en partie sur cette attitude comparatiste. Dans les Formes élémentaires, il écrit par exemple : « La pensée conceptuelle est contemporaine de l'humanité. Nous nous refusons à y voir le

1. E. DURKHEIM et M. MAUSS, De quelques formes primitives de classification, Année sociologique, VI, 1901-02.

produit d'une culture plus ou moins tardive. Un homme qui ne penserait pas par concepts ne serait pas un homme... et puisque la pensée logique commence avec le concept, il suit qu'elle a toujours existé... Il n'y a pas eu de période historique où les hommes auraient vécu d'une manière chronique dans la confusion et dans la contradiction »[1]. Peu d'années plus tard pourtant, M. Masson-Oursel peut écrire : « Il ne s'est rencontré hors d'Europe aucun Socrate pour persuader à la réflexion qu'il n'y a de science que du général, aucun Platon pour identifier le général et l'être. Le créateur selon le Brâhmanisme produit le monde par la ferveur de son ascétisme ou, d'après d'autres légendes, il le constitue par la diversité de ses membres, mais il ne le confectionne point en cherchant à réaliser des concepts... La pensée indienne ou chinoise spécule non sur le contenu d'idées, mais sur les conditions ou les conséquences d'actions ou de faits »[2]. Dans l'intervalle, le dogme de l'unité et de la permanence de la logique a été ébranlé, des recherches parties de points différents ont abouti aux mêmes constatations pluralistes et relativistes. On n'a plus considéré, comme Durkheim, qu'il fallût choisir entre la logique du concept et la confusion.

Certes, constater des formes ou catégories diverses dans la pensée que les diverses civilisations tiennent pour valable, ne permet pas d'établir sans plus une filiation entre ces aspects, encore moins une succession

---

1. E. DURKHEIM, *Les formes élémentaires de la vie religieuse*, p. 626-7. — Dans d'autres passages de ce livre, DURKHEIM apporte plus de nuances à sa pensée, il essaie de faire la part de la ressemblance et de la différence entre la logique primitive et la nôtre. Le primitif réunit ou sépare autrement que nous, plus brutalement que nous. Quand il rapproche il confond, quand il distingue il oppose. (*Ibid.*, p. 341-2).

2. P. MASSON-OURSEL, Etudes de logique comparée, *Revue Philosophique*, 1918, p. 152, 160.

orientée. Mais la constatation invite à rechercher avec plus d'attention si, avant les normes qui nous sont familières, il n'y a pas eu, en Occident même, d'autres aspects. Si la logique d'Aristote correspond, comme l'a écrit Brunschvicg[1], à un âge mental de l'humanité de l'ordre de huit à neuf ans, nous sommes incités à chercher des âges antérieurs ; des âges ultérieurs aussi : selon la formule de M. Mauss[2], la logique pure est devant nous, non derrière nous, et nous savons déjà qu'il existe des logiques plus pures que celle d'Aristote.

Le caractère historique des fonctions, qui passe au second plan dans les derniers travaux de Durkheim, n'a jamais constitué sa préoccupation principale. Ce qui intéressait surtout Durkheim, c'était de montrer l'origine sociale des catégories, les rapports entre le fait social et les catégories logiques, le genre et l'espèce, l'espace, le temps. Et c'est peut-être d'ailleurs à cause de cette préoccupation qu'il a atténué l'opposition entre les formes primitives et les formes évoluées de la pensée. L'homme ne peut pas penser sans concepts, parce que penser conceptuellement, c'est subsumer l'individuel sous le social ; et la société crée dès l'origine et impose impérieusement cette forme d'activité mentale. Non seulement les catégories « viennent de la société, mais les choses mêmes qu'elles expriment sont sociales. Non seulement c'est la société qui les a instituées, mais ce sont les aspects différents de l'être social qui leur servent de contenu »[3]. Le temps social, l'espace social, les classes sociales, la causalité collective sont à la base des catégories correspondantes, parce que c'est sous leurs formes

1. BRUNSCHVICG, *Les âges de l'intelligence*, p. 14.
2. MAUSS, *Bulletin de la Société française de philosophie*, 1934, p. 37.
3. DURKHEIM, *ibid.*, p. 628.

sociales que les différentes relations ont, pour la première fois, été appréhendées avec une certaine clarté par la conscience humaine [1].

Donc problème d'origination avant tout, pour Durkheim et pour les sociologues de stricte observance, et explication de tous les faits psychologiques et logiques par un mécanisme unique et allant dans le même sens, le social modelant l'humain et l'ayant, pour l'essentiel, modelé dès l'origine.

La situation apparaît différente pour le psychologue comparatiste. Il est soucieux avant tout de préciser les faits et leur signification et moins préoccupé de l'origine. Pour avoir admis le social, et la dimension sociale, comme inhérents à l'humain, il s'est interdit toute explication sociale facile, et aussi toute explication psychologique facile. Il ne peut remplacer le travail qu'on attend de lui par le mythe de la confusion primitive et de la cristallisation miraculeuse. Il se trouve en présence non tant *du* fait social que *des* faits sociaux. Il a affaire dans chaque cas concret à des hommes ayant une certaine forme mentale et à des groupes ayant une certaine structure sociale. Ni l'une, ni l'autre forme ne sont nées ex-nihilo, elles sont la suite d'autres formes sociales et d'autres formes mentales. Il y a eu des transformations et des interactions. Pour une analyse objective, ces effets des structures sociales et l'action de l'homme au sein de l'organisme social sont autant d'expériences que l'homme fait sur son milieu humain et dans ce milieu humain, à côté des expériences qu'il fait sur son milieu matériel. C'est donc le problème général de l'expérience que posent le fait social et l'explication par le social. Que l'aspect social de l'expérience globale frappe et forme l'esprit, au début de l'humain, plus que

---

1. *Ibid.*, p. 633.

l'aspect matériel, quantitativement et qualitativement, c'est ce qui semble certain aujourd'hui, après le travail accompli par la sociologie et l'ethnologie. Le résultat en est que l'homme a fait la religion et la magie avant de faire la science. On peut ajouter qu'avant d'avoir édifié la science, il séparait mal l'aspect matériel et l'aspect social, le physique et le canonique. Mais pour le théoricien de la pensée et de la connaissance, qu'il s'agisse d'expérience sociale ou d'expérience matérielle, c'est toujours le problème de l'expérience et de ses rapports avec l'esprit qui est posé. Il ne doit pas être résolu de manière plus simple pour l'expérience sociale que pour l'autre. Dire sans plus que l'homme reflète le social serait de l'empirisme extrême, comme affirmer que la structure sociale reflète les catégories de la pensée serait du rationalisme simpliste. Ce que nous avons appris des rapports de l'expérience et de l'esprit, l'un se faisant par l'autre, s'applique à l'expérience sociale, au « fait » social. Là aussi, il y a des actions réciproques, il n'y a sans doute que des actions réciproques. Dans la mesure où cette expérience sociale se mêle à l'expérience matérielle, l'effet sur l'esprit est probablement peu distinct. Quand s'établiront des expériences indépendantes et des cheminements autonomes, il y aura des régimes différents, des rythmes d'édification différents pour les aspects sociaux de la pensée et pour la pensée physique. C'est peut-être parce que la marche de la pensée sociale et morale a été plus irrégulière et plus lente et ses formes moins rigoureuses que le problème de ses rapports avec l'expérience sociale a été moins analysé.

Une remarque encore. On sait que tout fait nouveau dans la pensée, tout acte vrai d'intelligence, tout progrès de l'esprit est suscité par un obstacle, par une résistance. Claparède a défini l'intelligence même par la conscience d'une désadaptation et l'aptitude à trouver des solutions nouvelles. A un degré fonctionnel plus bas, H. Delacroix définit de manière analogue l'habitude. Mais s'il est vrai que tout progrès de la pensée est lié à la résistance que présentent les choses et à la difficulté qu'offre leur analyse, on peut se demander si de même façon tout changement dans le domaine des sentiments, du vouloir, de la personne n'est pas dû aux obstacles sociaux. Dans la mesure où cette hypothèse serait vraie, la société serait moins créatrice que conservatrice d'états psychologiques. Mais sans doute, l'hypothèse n'est-elle vraie qu'en partie et on pourrait admettre les deux sortes d'action, l'une et l'autre réciproques, suivies de réactions.

LE COMPARATISME GLOBAL Tout le monde connaît la doctrine que Lévy-Bruhl a développée dans une série d'ouvrages à grand retentissement. Son influence s'est exercée largement en dehors de la sociologie et de l'ethnologie. Ch. Blondel et d'autres l'ont appliquée aux études psycho-pathologiques, J. Piaget à la psychologie de l'enfant. Sociologique au départ, elle a eu peu recours, en réalité, à des faits sociaux précis pour expliquer les faits mentaux qu'elle décrivait. Elle a été, tant par son inspiration que dans son expression, une doctrine psychologique. Deux traits la caractérisent essentiellement. Elle donne le tableau de l'homme, de l'homme total, chez qui tous les actes, tous les sentiments, toutes les croyances sont liés, se soutiennent, forment bloc. Cet ensemble n'est ni confus ni incohérent, mais il obéit à d'autres règles de cohérence que les nôtres ; il joue dans un autre cadre. La recherche a porté sur le fait global de la mentalité ; elle a abouti au résultat qu'on connaît : autre mentalité, hétérogénéité radicale. Le principe qu'il peut y avoir des fonctions mentales autres que les nôtres, autres surtout que celles que met en œuvre la pensée scientifique, est non seulement affirmé, mais même poussé à l'extrême. Ce n'est plus seulement un mode de pensée différent du nôtre, c'est *l'autre* mode de pensée, le revers : il y a là une opposition de nature. Il peut y avoir, il y a de la mentalité primitive aux époques historiques, de notre temps même. On peut dire : aujourd'hui encore, tout ce qui n'est pas « scientifique » est « primitif ».

Dans le détail, la description de Lévy-Bruhl, toujours précise et savoureuse, est intéressante et précieuse pour le psychologue. Il a recueilli et classé des faits et des témoignages d'activité mentale importants, caractéristiques et divers. Ses observations portent sur quelques-unes des catégories qui intéressent très spécialement la psychologie : sur la mémoire, le temps, l'espace, sur les principes d'identité et de causalité, sur le signe, le langage, la numération. Mais les fonctions ne sont pas étudiées pour elles-mêmes, et on a le sentiment que ce n'est pas par hasard, et encore moins par défaut de perspicacité que Lévy-Bruhl a procédé ainsi. Il a dans chaque fonction dégagé un côté particulier, celui par lequel elle pouvait se raccorder à l'ensemble, au type qu'il a voulu caractériser : la mentalité prélogique et mystique. Il a eu avant tout le souci de cet ensemble, il a voulu dégager l'homme total, un type d'homme total. Que cette préoccupation de totalité soit en elle-même légitime, nul ne le contestera, et on sera d'accord avec les remarques que fait M. Mauss dans son étude sur les rapports de la psychologie et de la sociologie : « Que nous étudiions des faits spéciaux ou des faits généraux, c'est toujours au fond à l'homme complet que nous avons affaire ». Ainsi, rythmes et symboles mettent en jeu non pas seulement les facultés esthétiques ou imaginatives de l'homme, mais toute son âme

et tout son corps à la fois ; de même, des faits d'obligation, de croyance ; l'attitude de la mère qui se lève
au cri de l'enfant, celle du travailleur qui répond à
l'outil, d'autres encore [1]. Mais ce que demandait M.
Mauss, dans cet appel aux psychologues, c'était une
théorie des interactions et des rapports entre les fonctions, ajoutée à une analyse précise des fonctions. Lévy-
Bruhl, plus préoccupé par la totalité, s'est moins intéressé aux fonctions elles-mêmes.

Il en est résulté dans son étude un défaut de précision. Des critiques ont été faites au système. Rappelons les principales.

Le rapport entre les formes mentales et les formes
sociales, de façon plus générale entre la pensée et la
civilisation, n'a pas été vu avec assez de netteté, parce
que les éléments du rapport n'ont pas été suffisamment
dégagés, ni les aspects particuliers des faits mentaux,
ni les faits de structure sociale, ni les éléments de la
civilisation autres que ces faits de structure. Seule une
étude détaillée de toutes ces composantes pouvait permettre d'établir des correspondances.

Les sociétés groupées par Lévy-Bruhl dans la même
rubrique appartiennent à des niveaux différents. M.
Mauss a fait remarquer [2] que seuls les Australiens méritent le nom de primitifs ; les sociétés américaines et
polynésiennes sont à l'âge néolithique et sont agricoles.
Les sociétés africaines et asiatiques ont dépassé l'âge
de la pierre, sont agricoles et pourvues d'animaux domestiques. L'histoire, la structure, la densité de ces
diverses sociétés sont très différentes. Dans aucune
société l'évolution n'a été linéaire, égale pour toutes les

1. M. Mauss, Rapports réels et pratiques de la psychologie
et de la sociologie, *Journal de Psychologie*, 1924, p. 913 sq.
2. M. Mauss, *Bulletin de la Société française de Philosophie*,
1923, p. 26.

fonctions. Dans toutes, il y a eu des progrès, des arrêts, des reculs divers.

Parmi les groupes de faits de civilisation, il y en a un qui a été peu analysé par Lévy-Bruhl et dont les rapports avec l'ensemble n'ont guère été envisagés : ce sont les techniques. Or, les techniques d'une part ont un grand intérêt par elles-mêmes, d'autre part elles impliquent des modes d'action sur le milieu matériel qui peuvent avoir des incidences sur la notion de cause. Ne peut-on pas à travers ces techniques découvrir des aspects de la pensée technique et des documents complémentaires pour une histoire de la notion de cause ?

La causalité primitive telle qu'elle nous est présentée par Lévy-Bruhl apparaît à première vue comme tout à fait différente de la nôtre. Le lien causal n'enchaîne pas des séries continues et longues, étalées dans le temps. La cause est presque toujours une, directe, immédiate, occulte, unie à l'effet par une préliaison. Ce n'est pas un système d'enchaînements, c'est un système de données immédiates. Mais çette causalité, chimérique et incontrôlable, apparaît, selon la remarque de Brunschvicg, à la fois intégrale et infaillible. « S'il n'y a point de hasard dans la mentalité primitive, la négation du hasard n'y implique nullement ce qu'elle impliquerait dans la nôtre, à savoir que l'esprit se détourne de la contingence et de l'accident. Au contraire, il ne s'y arrêtera que davantage. On dirait que derrière l'apparence du contingent il pénètre immédiatement la réalité du nécessaire, et, en effet, l'une des caractéristiques de la mentalité primitive, c'est qu'elle dépouille l'accident de son caractère fortuit pour lui attribuer la valeur d'une cause déterminante »[1]. On constate donc

1. BRUNSCHVICG, *L'expérience humaine et la causalité physique*, p. 95, 99.

non une absence de cause ou de raison, mais une forme particulière de cause et de raison, que Brunschvicg rapprochera un peu de celle que met en avant Bossuet quand il écrit : « La première règle de notre Logique, c'est qu'il ne faut jamais abandonner les vérités une fois connues, quelque difficulté qui survienne quand on veut les concilier »[1]. L'une et l'autre formes de la notion de cause pourront être placées dans une perspective historique. L'analyse même de Lévy-Bruhl nous oriente ainsi, non vers une opposition de deux conceptions radicalement différentes, mais vers une histoire complexe et où, à chaque étape, il y a eu des textures particulières, des complexités particulières.

L'analyse du principe d'identité conduit à des conclusions analogues. Là encore, à première vue, il y a divergence radicale entre la façon de penser du primitif et la nôtre. Pour la mentalité primitive, l'opposition entre l'un et le plusieurs, le même et l'autre n'impose pas la nécessité d'affirmer l'un des termes si on nie l'autre et réciproquement. Parfois elle est aperçue, d'autres fois non. En fait, — tous les exemples apportés par Lévy-Bruhl le montrent —, il s'agit moins d'un régime d'identités que de systèmes d'assimilation : en somme, de théories d'appartenance. C'est ce que les auteurs qui ont critiqué Lévy-Bruhl n'ont pas manqué de souligner. M. Mauss écrit : « La participation n'est pas seulement une confusion. Elle suppose un effort pour confondre et un effort pour faire se ressembler. Elle n'est pas une simple ressemblance, mais une ὁμοίωσις. Il y a dès l'origine un *Trieb*, une violence de l'esprit sur lui-même pour se dépasser ». M. Mauss pose ainsi le problème important de l'activité et des degrés d'activité mentale dans la participation. Il y a sans doute des formes et des

1. BRUNSCHVICG, *ibid.*, p. 111.

qualités diverses de participation, d'identification, et
non une forme unique d'identité et d'identification.
L'exemple qu'il donne dans la suite de sa critique, celui
du rituel totémique de l'initiation, marque peut-être
une forme d'identification tendue, un effort extrême :
il n'en est que plus intéressant. « Le rituel totémique de
l'initiation tout entier est un rituel de " participation "
si l'on veut, mais avant tout c'est un rituel de révélation ; il a pour but de montrer aux jeunes initiés que
les êtres qu'ils croient être des animaux, par exemple,
sont en réalité des hommes et des esprits. Et, d'un
autre côté, les rituels efficaces du totémisme sont des
efforts pour montrer à la nature, aux plantes et aux
animaux qu'on est ce qu'ils sont. De sorte que, même
dans ces formes primitives de l'ὁμοίωσις, il y a un acte :
l'homme s'identifie aux choses et identifie les choses
à lui-même en ayant à la fois le sens et des différences
et des ressemblances qu'il établit ». M. Mauss donne
un exemple frappant de cette participation active [1] :
l'effort d'ἔκστασις chez le chamane-chef nord-américain
et sa figuration symbolique, le masque totémique à
volets ; chaque volet représente — en même temps
qu'une signification nouvelle — un degré d'initiation et

---

1. Nous avons noté cet exemple déjà, en parlant des couches
de signification dans le symbole, p. 92.

2. M. Mauss, Discussion de *La mentalité primitive* de Lévy-
Bruhl, *Bulletin de la Société française de Philosophie*, 1923,
p. 28-9.

M. P. Mus aboutit à des conclusions analogues en analysant
des faits bouddhiques. A date ancienne, l'Inde, qui avait
partout élevé de riches monuments au Bouddha, ne représentait
pas sa personne. Seul un symbole, arbre, pilier, trône de pierre,
dénotait que le Maître était là. « Aux yeux du vulgaire, ce n'était
que matière inerte. Ceux qui avaient accompli de plus grands
progrès dans la doctrine voyaient une ombre vague. La perception complète du Maître prouvait, par un signe rare et éclatant,

d'effort [2]. Il y a donc là toute une « Naturphilosophie », qui comporte des opérations mentales d'espèces diverses et de degrés divers, et qui sans doute a varié avec l'histoire des sociétés et des hommes [1]. Nous sommes de nouveau orientés vers une perspective historique.

Si la position de principe de Lévy-Bruhl apparaît comme discutable, ses travaux n'en présentent pas

le mérite de quiconque l'obtenait.» Elle n'était donc possible qu'au terme d'une initiation et indiquait le degré d'avancement de l'initié. Loin d'être une confusion, la participation apparaît ainsi comme une perception classificatrice, mais ce n'est pas tant un classement des objets qu'un classement des hommes. Elle n'est pas un fait de nature, c'est une acquisition progressive ; non une identité de plain-pied, mais une identification par degrés. Elle n'est d'ailleurs pas continue, elle est obtenue par éclairs. (La mythologie primitive et la pensée de l'Inde, *Bulletin de la Société française de Philosophie*, 1937, p. 90-94). — Voir aussi nos remarques sur le signe, la participation et les degrés de réalité dans la pensée primitive, p. 101 sq.

E. MEYERSON a tenté d'accorder les vues de Lévy-Bruhl et celles de M. Mauss avec sa conception de l'identité et de la causalité. Tout en concédant à Lévy-Bruhl qu'il existe une mentalité autre que la nôtre, au moins « en apparence », il pense que l'usage du principe d'identité est semblable dans les deux. La participation du primitif est une forme l'identification partielle, voisine de celle qui guide la pensée du chimiste quand il identifie un sel incolore à un métal mou et à un gaz verdâtre, et de celle du physicien qui assimile un accumulateur chargé et une masse d'eau placée sur une hauteur et prête à descendre. La différence est que le chimiste et le physicien ont eu de « bonnes raisons » d'identifier comme ils l'ont fait et qu'ils peuvent nous expliquer leurs raisons. Les raisons du primitif sont « futiles » et il peut difficilement les expliquer. (*Du cheminement de la pensée*, I, p. 81-87).

1. Celle des Kwakiutl, qui identifient une partie d'eux-mêmes à un Hibou, mais ne croient à cette identification que de façon intermittente, est très différente de celle des Indiens Huichol du Mexique, qui identifient, en partie sous l'action du dogme de la Trinité, cerfs et céréales, tous deux symboles de fertilité et d'abondance. (F. BOAS, Discussion de *L'âme primitive* de L. Lévy-Bruhl, *Bulletin de la Société française de Philosophie*, 1929, p. 114).

moins pour la psychologie une importance de premier ordre. Il a aidé nos études en recueillant et en groupant des faits mentaux nombreux appartenant à des civilisations et à des époques différentes. De plus, il a rendu service au comparatisme par son insistance même à souligner le principe de la différence, et à secouer ainsi le dogmatisme de l'immutatilité. Peut-être même est-ce de cette façon qu'il fallait commencer la critique de l'immutabilité. Mais aujourd'hui que le travail des comparatistes a commencé et que les premiers résultats sont acquis, nous sommes devenus plus exigeants. Selon le mot de Hume dont Lévy-Bruhl lui-même s'est servi, nous voudrions « une sonde plus longue », un grossissement plus fort. D'une part, la division en deux états nous déconcerte. Elle ne suffit pas à notre besoin d'histoire précise, à notre sentiment de variation par étapes multiples. Nous comprenons mal comment toutes les œuvres complexes si diverses que nous connaissons peuvent répondre à deux formes mentales seulement. D'autre part, nous avons le sentiment que l'étude de la mentalité de l'homme total aboutit à des généralisations qui risquent d'obscurcir et la diversité simultanée et les variations successives réelles. Autant l'analyse des rapports entre les fonctions apparaît comme utile et même nécessaire quand elle les établit entre des faits suffisamment précisés, autant une description de la mentalité qui risque d'effacer les aspects propres de chaque fonction semble peu favorable au progrès de l'analyse historique. Un trait a été par décision initiale grossi, il a coloré l'ensemble : on ne voit plus que cette coloration, tout semble différent, et mystérieusement différent. Ou bien, on décide que ce trait est accessoire, et alors il n'y a plus de différence du tout, plus de psychologie primitive, le primitif pense comme le physicien contemporain.

L'ANALYSE DES FONCTIONS   L'analyse des fonctions
                                séparées semble devoir
parer aux difficultés qu'a présentées le comparatisme
global. La matière est moins étendue et donc plus facile
à saisir et à suivre. Il est plus facile aussi de choisir
quelques aspects caractéristiques, plus facile de tomber
d'accord sur le fait que ce sont bien ces aspects qui sont
caractéristiques de telle fonction : les risques d'arbitraire
sont moins grands.

Mais quelles fonctions prendre comme matière de
l'étude ? Une difficulté se présente dès l'abord : les
fonctions que nous proposent les philosophes et les
psychologues professionnels sont bien voisines de celles
qu'offrent le sens commun et le langage. Cette constatation est de nature à nous inquiéter. Nous avons le
sentiment que ce sont là des collections de faits peut-être
empiriques, établies d'après des critères encore peu
précis. Nous voudrions des faits, des notions, des éléments mieux analysés, plus proches de ceux qui servent
de base aux sciences exactes. Mais peut-être est-ce
précisément l'analyse historique qui permettra de vérifier dans quelle mesure les notions qui aujourd'hui
servent de base aux études du psychologue sont suffisamment fondamentales pour continuer à jouer ce rôle. En
attendant le résultat de cette étude, il faut partir de ces
notions et voir ce qu'elles deviennent, quels aspects
elles prennent aux différents moments de l'histoire
de l'esprit. Mais si l'histoire de telle partie de la civilisation, de telle discipline nous offre, de manière assez
continue pour qu'ils attirent l'attention, d'autres faits
mentaux, que le psychologue n'a pas encore fait figurer
en bonne place dans ses traités, il ne faudra pas non plus
hésiter à en suivre la carrière. Seule la multiplication

des analyses permettra de décider de la validité relative de ces différents objets.

Il n'y a pas lieu de rappeler ici les conditions générales de technique qui doivent présider à ces recherches. Tout ce qu'on a écrit sur la méthodologie historique en général et sur la méthode comparative en particulier [1] devra être appliqué ici dans la mesure du possible, mais sera souvent d'une application difficile, parce que la matière est dispersée et l'interprétation délicate. La critique interne, notamment la critique philologique, dans un domaine où le sens exact des mots est si important, devra donc être spécialement attentive. Et il faudra plus qu'ailleurs « résister au premier mouvement » et se garder des dangers de l'implicite et du plausible. En biologie, l'histoire a été construite par le cours naturel des choses ; il faut seulement découvrir le lien entre les états. La succession des faits humains de l'histoire ordinaire est plus difficile à établir, mais, dans l'ensemble, sa matière offre une consistance telle que le travail peut être fait correctement, et nous constatons qu'il est fait de plus en plus correctement, en dépit des plaintes des historiens eux-mêmes.

Le travail de l'historien des faits psychologiques est spécialement difficile, parce que, à toutes ces recherches et précautions d'exactitude, d'authenticité, de limites dans l'espace et dans le temps, etc., il doit ajouter un effort d'interprétation au second degré. Tout historien recherche des contenus mentaux et interprète [2]. Mais

---

1. Voir, par exemple : LANGLOIS et SEIGNOBOS, *Introduction aux études historiques* ; SEIGNOBOS, *La méthode historique appliquée aux sciences sociales* ; BASTIAN, *Controversen in der Ethnologie* ; GRAEBNER, *Methode der Ethnologie* ; MEILLET, *La méthode comparative en linguistique historique*.

2. Son interprétation psychologique est d'ailleurs souvent arbitraire parce qu'implicite. Ni le principe des interactions

son interprétation d'une part joue dans le cadre du phénomène étudié : militaire, politique, religieux, économique ;
et d'autre part, s'en tient à des aspects de la psychologie
très simples, communs à tous les hommes, et inchangés
à travers le temps. L'historien des faits psychologiques
devra diversifier déjà cette première recherche de l'historien, discerner toute la multiplicité des motifs, les couches de signification, mais de plus, derrière cette multiplicité, il devra retrouver des aspects communs éventuels
et des formes d'organisation. Derrière les contenus ou
dans les contenus, il devra découvrir les fonctions.

LES SÉRIES CONSTITUÉES   La situation pratique de
                           la recherche peut se pré-
senter sous deux formes : étude au sein de séries déjà
constituées ; étude subordonnée à l'établissement préalable de séries. Examinons d'abord le premier cas.

Nous nous trouvons souvent en présence de chapitres
d'histoire de la civilisation que des spécialistes ont correctement élaborés et analysés : histoire de la science,
des langues, du droit, des religions, de l'art. La succession des faits, dans ces cas, a été établie par le travail
préalable des historiens de la discipline : nous avons

entre les institutions et l'esprit, ni la méthode de recherche
de ces interactions ne sont nettement établis. M. GERNET
écrit à ce sujet : « Il y a chez l'historien comme une tendance
invincible au dualisme ; il admet d'une part des « réalités », à
savoir, d'un terme collectif, les institutions, et d'autre part
une certaine psychologie... Sa conception de leurs rapports
réciproques ne laisse pas d'être confuse. Sont-ce les institutions
qui déterminent la pensée ou la pensée qui commande les institutions ? Tour à tour et sans règles s'affirmera le primat de
l'une ou des autres... Heureusement qu'en fait toutes ces questions sont vaines, parce que le dualisme qui les provoque est
factice ». (*Recherches sur la pensée juridique et morale en Grèce,*
p. VII-VIII).

affaire à la fois à des états définis, caractérisés, et à une suite chronologique qui présente ces états comme des étapes. Quelquefois il y a plus : on nous indique ou on nous propose une ligne d'évolution, un vecteur.

Le travail du psychologue, dans un domaine ainsi préparé par les spécialistes, consiste à rechercher des significations et des opérations derrière les formes, à les grouper en fonctions psychologiques consistantes et à voir ce que deviennent ces fonctions, ce qu'a été l'effort de l'esprit dans l'histoire de la discipline envisagée. On peut ainsi prendre, par exemple, un chapitre des mathématiques d'aujourd'hui, voir la nature des opérations mentales qui y sont impliquées, puis remonter le cours de l'histoire et voir ce qu'a été le travail de l'esprit en mathématiques dans les siècles précédents. On a de cette manière étudié, entre autres, la généralisation, le rôle du concret, celui de l'exemple. On peut, de même, prendre soit un chapitre d'histoire d'un groupe de langues, soit l'histoire d'un problème linguistique, et rechercher les questions de psychologie qu'impliquent ces problèmes de langues. Si nous prenons comme exemple la naissance des langues romanes [1], nous y rencontrons le problème du substrat, le problème de l'expressivité et des niveaux de signification, le problème de rapports entre des structures sociales et des systèmes d'expression. Si nous examinons l'histoire du genre dans les langues indo-européennes [2], nous trouvons,

1. Voir les remarques de MEILLET, *La méthode comparative en linguistique historique*, p. 13-18 ; *Les langues dans l'Europe nouvelle*, 2ᵉ éd., p. 85-94 ; cf. J. VAN GINNEKEN, La biologie de la base d'articulation, *Journal de Psychologie*, 1933, p. 295, 319-320.

2. MEILLET, *Mémoires de la Société de Linguistique*, XXI, p. 249 sq., et *Linguistique historique et linguistique générale*, I, 1921, p. 215 sq.

derrière la division grammaticale en animé et inanimé, toute une psychologie complexe de l'animation de l'univers, qui se manifeste d'autre part dans un ensemble de croyances. De même, une faible extension dans l'espace ou dans le temps de noms d'animaux fera penser à des interdictions de vocabulaire [1] et à des croyances qui ont provoqué ces interdictions. On a vu déjà l'importance des faits qui se rattachent au caractère sacré des noms [2].

Ces quelques exemples nous montrent deux ordres de recherches qu'il ne faut pas confondre. Nous devons, d'une part, analyser de façon aussi exhaustive que possible le contenu psychologique actuel d'un fait : par exemple, pour un mot tous les sens qui peuvent être évoqués par un sujet parlant contemporain [3]. Nous devons, d'autre part, examiner le fait et ses contenus dans leur perspective historique, rechercher les états qui peuvent être considérés comme des étapes et les relations entre ces états. Pour reprendre l'exemple précédent, des sens anciens d'un mot peuvent encore être un peu sentis aujourd'hui : l'étude diachronique sera

1. MEILLET, *Linguistique historique et linguistique générale*, I, p. 281 sq. ; A. VAN GENNEP, *Religions, mœurs et légendes*, t. II.
2. Voir p. 36-37. Nous retrouverons ce problème en étudiant des aspects d'histoire de la notion de personne, p. 174 sq.
3. M. VENDRYES souligne dans ce sens l'importance de la linguistique statique qui étudie les formes et les significations dans leur contexte actuel. Il remarque, entre autres, l'intérêt de l'étymologie populaire qui traduit naïvement une partie de l'évocation des mots, et il rappelle les étymologies que donne Platon dans le *Cratyle* : « L'idée d'expliquer le nom de l'amour ἔρως par le participe ἐρρωμένος révolte à bon droit l'historien de la langue : c'est assurément une étymologie impossible à soutenir. Mais si le mot évoque le participe ἐρρωμένος dans la conscience de l'Athénien, c'est celui-ci qui a raison en dépit de l'étymologiste, et l'on doit enregistrer avec intérêt le témoignage de Platon sur le rapport qui était senti entre les deux mots ». (Sur les tâches de la linguistique statique, *Journal de Psychologie*, 1933, p. 176).

en ce cas directement utile à l'étude synchronique ; ils peuvent ne plus être perceptibles : on pourra en ce cas essayer de déterminer le fait psychologique qu'implique ce changement de sens, mais on n'aura pas à chercher l'influence actuelle d'un sens qui n'existe plus pour la conscience du sujet parlant.

Succession ne veut pas toujours dire genèse : il faut se garder, même dans des séries bien constituées, avec des états rapprochés, d'inférer trop facilement des filiations. Dans tous les cas, en effet, ce ne sont que des états qui nous sont donnés. La transformation et son mécanisme sont à établir, à construire.

Le travail propre du psychologue, avons-nous dit plus haut, est de rechercher des contenus mentaux dans les faits de civilisation décrits. La difficulté, souvent, n'est pas de trouver un contenu, elle est de trouver le contenu juste. L'esprit va normalement droit à la signification ; il suppose, interprète dans le sens de l'actuel, du plausible. L'interprétation fausse est plus fréquente que l'absence d'interprétation. Il faut vérifier. La vérification peut se faire par le contexte et par l'histoire du fait à l'intérieur de la série, ou par des recoupements et des confrontations avec d'autres séries.

La transformation des sentiments est un fait d'une importance extrême pour le psychologue. Il doit noter toutes les manifestations où elle apparaît ou transparaît. Mais quelle est la portée de chacune de ces manifestations et du fait impliqué ? Quelle est l'extension, la profondeur de l'empreinte de la novation ? L'histoire intérieure d'une série pourra donner des indications quelquefois, le plus souvent il faudra avoir recours à des faits extérieurs à la série. La transformation du sentiment de l'amour telle qu'elle apparaît à travers les romans de Chrétien de Troyes et Gauthier de Coincy est un fait psychologique considérable. C'est pour la première fois

que surgit l'idée d'une égalité dans le sentiment et même
d'une supériorité de la femme, du service d'amour du
chevalier, en même temps que le sentiment lui-même
se spiritualise, que des liens nouveaux apparaîsent entre
l'amour humain et l'amour divin. Si l'interprétation
qui a été donnée[1] de cette transformation est exacte,
si le mouvement est dû à la situation éminente de quelques suzeraines de petites cours provinciales et de mi-
lieux qui gravitaient autour d'elles, c'est de plus un
fait psycho-social intéressant. Mais, d'une part, nous
manquons de confirmation décisive venant d'autres domaines, d'autre part l'histoire interne montre que le fait
s'effile en quelque sorte, s'étiole. Il y a eu une poussée
initiale, il y a eu peu de suites. Nous devons marquer
l'événement, mais noter aussi qu'il n'a pas eu de conséquences décisives, du moins dans les siècles qui ont suivi.
La transformation qu'indique Werther est peut-être en
elle-même moins radicale, mais sa portée a été plus
grande ; on la constate à travers des témoignages d'espèces diverses, on peut dire que les sentiments et les
actes des hommes en ont gardé la trace, en gardent
encore la trace.

L'ÉTABLISSEMENT DES SÉRIES

Dans le cas précédent, la recherche psychologique suivait le
sillon d'un autre travail. Elle
peut vouloir ouvrir le sien, prendre une fonction, une
opération psychologique, établir une série ou des séries
où elle pourra retrouver cette opération plus ou moins

1. Voir, par exemple, Gaston PARIS, Les Cours d'amour au
Moyen Age, *Journal des Savants*, 1888 ; M. BORODINE, *La
femme dans l'œuvre de Chrétien de Troyes* ; M. LOT-BORODINE,
Influence du milieu social sur l'évolution du sentiment dans
la littérature du Moyen Age, *Journal de Psychologie*, 1926.

modifiée. Il est rare qu'un fait psychologique se manifeste exclusivement dans une seule variété d'œuvres,
la plupart des fonctions psychologiques sont engagées
dans des créations d'espèces diverses. Nous avons vu
déjà que, quand on a trouvé un état, abouti à une conclusion dans une série, il est bon d'en avoir la confirmation dans une autre. On peut d'emblée avoir un plan
de semblables complétements. On peut aussi se représenter un fait psychologique d'emblée dans une perspective historique à des niveaux différents, et le rechercher
à un niveau inférieur dans tel type d'œuvres, et dans
tel autre à un niveau supérieur. Une fonction psychologique s'élabore quelquefois au sein d'une série et reçoit
des apports d'une autre série à un moment donné. Il y
a des convergences. L'effet d'une rencontre peut être
décisif : parce qu'au ve siècle ap. J.-C. des hommes à
formation théologique ont été appelés à élaborer des
textes juridiques, il n'y a pas eu seulement inflexion dans
l'histoire du droit, il y a eu un chapitre nouveau dans
l'histoire de la notion de personne[1].

A côté de la convergence de séries indépendantes ou
relativement indépendantes, il faut noter les cas, plus
fréquents sans doute, d'interférence, d'intrication. L'*homo religiosus* n'est pas indépendant de l'*homo sapiens*
et de l'*homo artifex*, ni réciproquement. Le plus souvent,
il y a interférence d'activités, d'œuvres, et de fonctions.
L'effet de cette interférence est une coloration semblable
d'activités différentes. Les historiens ont rapporté un
certain nombre de faits de cet ordre.

M. Gernet souligne que les tendances qui provoquent
la naissance de la pensée scientifique en Grèce sont aussi
celles qui commandent le développement de sa pensée
morale. « C'est parce que, dans une société nouvelle,

1. Voir plus loin, p. 165.

l'individu commence d'être, libéré qu'il est des anciens cadres, que la pensée collective réfléchie dans les esprits individuels s'apprête à revêtir une forme positive ; c'est l'âge de la " représentation " (au sens étymologique du mot) qui commence : son apparition marque le point de départ de la pensée proprement scientifique, comme d'autre part la notion cardinale d'ἀδίκημα, sous son aspect définitif, le suppose »[1].

Lanson[2] et Cassirer[3] remarquent qu'il y a une parenté spirituelle entre la philosophie morale de Descartes et l'art de Corneille. Lanson élargit cette parenté à toute une série d'œuvres littéraires du dix-septième siècle ; Cassirer, à la pensée politique et morale et à la conduite personnelle de Christine de Suède. L'un et autre font observer qu'il ne peut s'agir d'actions personnelles directes : la chronologie déjà interdit cette hypothèse. La similitude vient d'un point de départ commun, d'un modèle commun. Ce modèle est, pour Lanson, le type humain idéal de la société du XVIIe siècle, l'instant humain historique, une réalité empirique. Pour Cassirer, il s'agit d'une structure spirituelle, d'une transformation spirituelle, tributaire elle-même de faits spirituels antérieurs, la renaissance du stoïcisme au XVIe siècle et au début du XVIIe, ses incidences sur la religion et sur la morale.

M. Dupréel a été frappé par une autre attitude commune à toute une série d'œuvres et d'activités du XVIIe

1. GERNET, *Recherches sur le développement de la pensée juridique et morale en Grèce*, p. 432 sq.
2. LANSON, Le héros cornélien et le « généreux » selon Descartes, *Revue d'Histoire littéraire de la France*, 1894, et *Hommes et livres*, Paris, 1895 ; L'influence de la philosophie cartésienne sur la littérature française, *Revue de Métaphysique*, 1896, et *Études d'histoire littéraire*, Paris, 1930.
3. CASSIRER, *Descartes, Corneille, Christine de Suède*, Paris, 1942.

siècle : un sentiment fait d'un optimisme radical, de la conviction d'avoir fait un progrès décisif, et du désir du définitif. C'est la méthode universelle en philosophie et en science ; c'est l'administration parfaite, fondée sur le pouvoir central absolu ; c'est la religion consolidée par l'adoption du rationalisme nouveau dans la controverse théologique ; c'est le langage consolidé par la règle et la forme définitive de la grammaire ; c'est l'œuvre littéraire rendue parfaite par sa conformité au « genre »[1].

Ces analyses, intéressantes en ce qu'elles montrent une convergence de cheminements spirituels dans un ensemble historique bien circonscrit, demandent à être précisées : il faudrait pouvoir serrer davantage les aspects des fonctions.

FILIATION, ORIENTATION, PROGRÈS

Nous avons dit déjà que, dans l'étude de l'esprit comme ailleurs, l'historien ne voit que des états, jamais le passage. Cependant c'est le passage qui l'intéresse : le rapport entre les états et la direction de la marche.

Que nous prenions des faits appartenant à une série constituée ou que nous constituions une série, nécessairement le problème de la filiation va se poser. Il ne faut pas là être victime d'une métaphore, il ne peut être question de continuité naturelle de type biologique. Il s'agit d'efforts de l'esprit faits et repris par des hommes. L'esprit ne fonctionne que dans un acte ou une œuvre réels. Ces actes et ces œuvres, chaque homme doit les réapprendre, recréer ou créer pour son compte. Nous pensons, lorsque nous voulons penser de manière rigou-

1. Dupréel, *Deux essais sur le progrès*, p. 21.

reuse, à travers les formes de la science exacte de notre temps ; et nous sentons à travers la poésie et la musique que nous aimons. La continuité spirituelle n'est pas la même dans les divers cas, bonne quand il s'agit de sciences exactes, elle peut être moins bonne ou médiocre ailleurs. Meillet remarque que la discontinuité de la pratique de la langue, le fait que l'enfant doit l'apprendre, est l'une des grandes causes des changements linguistiques. On peut dire dans le même sens : comme chaque homme doit apprendre pour son compte à penser et à sentir, il y a là une cause de changement des fonctions.

On sait quels sont les facteurs de continuité : le désir ou la volonté des hommes et des groupes de maintenir ce qui a été construit ; le poids, l'effet de masse du construit ; le souci de transmettre, plus spécialement certains faits considérés comme importants. A ces raisons de simple permanence, s'ajoute la prescription de tâches nouvelles, l'appel à progresser de certains contenus : les sciences, des disciplines de l'action.

La succession des faits peut être orientée ou non. Nous pouvons difficilement nous représenter une succession entièrement discontinue, des commencements absolus, le « tout neuf ». Mais il n'en résulte pas pour autant que la succession doive toujours être simple, linaire, polarisée. Il y a des mutations[1], des ruptures, des tournants brusques, des déviations et des retours. L'histoire de la notion de personne, celle de diverses formes de sentiments montrent bien le caractère irrégulier de cette marche.

1. BALDWIN déjà a admis en principe la possibilité de semblables discontinuités et mutations (*La pensée et les choses*, p. 30) ; M. PRADINES de même parle de « mutations génétiques » (*Traité de psychologie générale*, II, 1, p. 65) : l'un et l'autre, il est vrai, placent ces mutations à une période très ancienne, préhistorique, du développement humain.

Une marche orientée implique la notion de progrès : non seulement nouveauté, mais « amélioration », perfectionnement. On sait l'histoire de cette notion et l'influence extraordinaire qu'elle a exercée, surtout depuis l'évolutionnisme, sur notre façon de penser. On sait aussi les réactions en sens divers provoquées par l'évolutionnisme d'abord, par la notion même de progrès ensuite. Il n'y a pas lieu ici de retracer cette histoire[1].

Il existe certains groupes de faits de civilisation où la progression est indiscutable. Ainsi, les sciences de la nature. Il est évident que la recherche des fonctions à travers ces faits sera sous-tendue par la conviction de leur progressivité. Il est difficile de ne pas penser qu'une intelligence qui édifie une mathématique et une physique de plus en plus amples et riches en lois générales et en applications ne soit pas elle-même une intelligence de plus en plus riche. Le préjugé sera sans inconvénient si l'analyse permet de montrer en quoi cette intelligence est elle-même plus riche, en quoi les transformations de la science modifient les procédés même de la pensée, ses opérations, ses rapports avec les choses, avec le monde de la perception immédiate. On sait que l'un des effets de la pensée mathématique a été de nous montrer le caractère relatif de la logique ancienne ; ce qui pendant de longs siècles avait paru être les normes

---

1. Voir sur ce sujet, par exemple : J. DELVAILLE, *Essai sur l'histoire de l'idée de progrès jusqu'à la fin du* XVIIIe *siècle* ; E. DUPRÉEL, *Deux essais sur le progrès* ; G. FRIEDMANN, *La crise du progrès*, 1936 ; R. HUBERT, Histoire de l'idée de progrès, *Sixième Semaine de Synthèse*, 1938 ; A. LALANDE, *La dissolution opposée à l'évolution dans les sciences physiques et morales* ; *Les illusions évolutionnistes* ; M. DAMBUYANT, « Les illusions évolutionnistes » de M. A. Lalande (Etude critique), *Journal de Psychologie*, 1935, p. 653 ; A. REYMOND, Les doctrines de l'évolution et de l'involution, *Bulletin de la Société française de Philosophie*, 1933, p. 3.

de la pensée s'est révélé être la règle d'une certaine pensée, liée au langage, c'est-à-dire à un certain niveau de l'esprit. Si la suite des recherches confirme cette succession des principes et des cadres de la pensée, la progressivité dans ce domaine cessera d'être un postulat, elle sera un fait.

Il n'en résultera nullement qu'on aura le droit de parler sans autre preuve de progressivité en d'autres domaines. Dès qu'on quitte celui de la pensée engagée dans les sciences, l'analyse doit redoubler de prudence, se garder aussi bien du parti-pris progressiste que du préjugé fixiste.

CRITÈRES DE CHANGEMENT Quels critères objectifs peut-on mettre en avant pour discerner d'abord s'il y a changement d'une fonction mentale, et en second lieu si ce changement est un progrès ?

Les critères pratiques devront être tirés de l'histoire de chaque fonction. Les quelques principes ci-dessous marquent seulement une orientation générale.

Il faut, tout d'abord, examiner le degré d'indépendance ou d'autonomie de la fonction et la nature de ses relations avec d'autres fonctions. Ce premier critère est essentiellement un critère d'existence, mais il permettra d'apercevoir aussi des changements éventuels.

On peut, en second lieu, rechercher la nature et l'étendue des renouvellements. Il peut s'agir soit d'apprentissage, pris dans le sens large, soit de transformation spontanée. Dans l'un comme dans l'autre cas, il y aura lieu d'examiner si la mutation est spécialisée ou si elle a eu un retentissement plus ou moins large sur d'autres fonctions psychologiques. Ce critère est un critère de changement ; il peut être un critère de progrès, il ne l'est pas nécessairement.

On peut, en troisième lieu, étudier le volume, la complexité de la fonction, et aussi son degré d'organisation, d'unité interne, la parenté et la liaison des diverses opérations spéciales qu'elle groupe. Ce critère est un critère de progrès. L'étude de la pensée dans les sciences est un modèle de ces recherches.

En quatrième lieu, on peut étudier les rapports de la fonction avec le concret, l'expérience ; la façon dont elle est liée à des opérations concrètes, ou dont elle a transformé ces opérations, la façon aussi dont elle s'en est détachée, éventuellement ses retours au concret. Comme pour le critère précédent, l'examen ici peut apporter des renseignements sur le progrès et sur sa nature. L'étude de la pensée dans les sciences d'une part, celle de la volonté d'autre part montreront deux aspects différents de rapports avec le concret.

En dernier lieu, il est intéressant d'analyser des aspects et des degrés de résistance, d'opposition, de refus, des faits de non-plasticité, des faits « négatifs ». La sociologie et la linguistique ont montré l'extrême importance de ces faits : tabous et interdictions de toute sorte, résistance à l'emprunt, etc. Comme le premier critère, c'est une épreuve d'existence, et généralement une épreuve de non changement. La nature et le degré du refus, ses motifs sont variables. Leur analyse peut révéler des contenus psychologiques importants, forts, des faits positifs.

Considérées dans leur perspective historique, ces études peuvent nous indiquer la ligne et la courbe de chaque fonction ou variété de fonction, son apparition, ses transformations, la nature de ses rapports avec d'autres fonctions, sa signification dans l'histoire psychologique de l'homme, dans l'histoire psychologique générale. Les résultats encore fragmentaires de l'application de la méthode historique comparée montrent le caractère de quelques variations : là où on a pu saisir des phases du développement d'une fonction, on a constaté que souvent son cours a été sinueux, irrégulier, avec des arrêts et même des reculs ; et d'autre part, tel aspect qui nous semble simple et un, apparaît comme le résultat plus ou moins tardif d'apports multiples.

UN EXEMPLE. LA NOTION DE PERSONNE

Nous voudrions donner un exemple d'application de la méthode : l'étude par une série d'approches et de recherches convergentes, des débuts de la notion de personne. Nous examinerons à cette fin quelques faits sociaux, moraux, religieux et linguistiques. C'est une analyse très fragmentaire, que d'autres études devront compléter. Elle n'est destinée qu'à illustrer quelques-uns des développements précédents.

Un triple préjugé a longtemps entravé l'étude objective de la personne : l'idée implicite, commune de l'immédiateté, de la simplicité, de la primitivité du moi. L'étude du moi nous fait au contraire constater que la notion de personne est médiate et construite, qu'elle est complexe, qu'elle est tardive, qu'elle a une date ou plutôt des dates et une histoire.

MEDIATETÉ ET COMPLEXITÉ

MÉDIATETÉ
DE LA CONNAISSANCE DU MOI

La critique de la notion d'immédiateté a été faite à diverses reprises : des trois préjugés, c'est certainement celui qui cèdera le plus facilement. Il nous suffira ici de rappeler les remarques si pertinentes de Brunschvicg dans son livre *De la connaissance de soi* : « Rien n'est effectivement décevant comme l'appel à une expérience pure qui, par définition même, se dérobe à l'expérience immédiate dont précisément on se réclame. La prétention d'objectivité d'un point de vue égocentrique qui est censé ineffable et incommunicable, non seulement se détruit elle-même dès qu'elle tente de se formuler, mais encore elle nous reporterait à une phase régressive, ou, si vous préférez, inchoative de la vie intérieure »[1]. La texture même du livre de Brunschvicg nous montre le véritable problème et la méthode de sa solution. Lorsqu'on regarde le livre, on a d'abord tendance à dire : le titre aurait dû être : Connaissance de l'homme ; mais, à la réflexion, on comprend que le titre est juste, que c'est bien par les actes et les œuvres qu'on accède à la connaissance de la personne, et que la personne est dans et par les œuvres. Tout le reste est illusion, comme est illusion une pensée qui ne s'exprime pas, une velléité qui ne se traduit pas dans une œuvre. H. Delacroix rappelle ce mot de Hebbel : « L'enthousiasme qu'un artiste a pour son idéal, il ne peut le prouver qu'en réalisant cet idéal par tous les moyens de son art. Il ne suffit pas de regarder dans les nuages en s'écriant : " Quelle déesse je vois ! ". Cela ne fait pas la déesse sur la toile. Et il n'est même pas vrai que lui-même voie une déesse. Il la conquiert seulement en la peignant »[2]. Dans le domaine du moi aussi, le médiat seul peut traduire, est connaissable.

1. L. BRUNSCHVICG, *De la connaissance de soi*, p. 7.
2. H. DELACROIX, *Psychologie de l'art*, p. 157.

COMPLEXITÉ DU MOI   Le moi a beaucoup de provinces, un vaste domaine dont les limites changent.

Il y a le corps ; l'activité motrice dans toute la diversité de son jeu ; la sensibilité ; les limites du corps, les sentiments que j'en ai ; et aussi l'idée et ce qu'on a appelé l'image du corps [1] ; enfin, les appréciations corporelles, les nôtres, celles des autres. Dès le physique, la complexité apparaît : il est difficile de dire ce que serait le sentiment de notre corps si tout cet appareil de sentiments, d'idées, de valeurs, de reflets sociaux ne faisait pas partie de sa structure.

Mais le social va apparaître dans la personne sous d'autres aspects plus prégnants. Le moi, c'est le nom, l'état civil, ce sont les divers droits, droit au mariage, à la famille, droits civils, droits politiques ; ce sont la fonction et la profession, et les responsabilités résultant de la fonction ; c'est aussi le costume.

En même temps que le social profane, le religieux : le religieux social et le religieux individuel, la participation à une communauté, à une Eglise, la pratique commune du culte, et d'autre part la participation personnelle au divin et tout ce qu'elle peut apporter dans le domaine de la vie intérieure.

A côté du social institutionnel, les contacts interindividuels, toute la gamme des interactions, tout ce que Tarde, et Dumas après lui, ont appelé faits d'interpsychologie. La psycho-pathologie a montré la place considérable que tiennent, dans le devenir de la personne, par exemple la persuasion et la suggestion. Mais à qui la veut regarder, l'expérience quotidienne montre tous ces mécanismes d'interaction. Je me fais, je suis par

---

1. Cf. J. LHERMITTE, *L'image de notre corps.*

ceux que j'aime, je suis un peu ceux qui m'apprennent quelque chose, je suis un peu par ceux qui pensent à moi.

Avec les actes et les œuvres, nous sommes dans la partie la plus significative, la plus dense de la personne.

Chaque acte est un fragment, et tantôt je m'y veux tout entier, tantôt je ne m'y sens pas ; de même pour les motifs ; de même aussi pour les actes des autres, — sauf que je me donne plus de complexité que je n'en donne aux autres. Pour le biographe, je suis la somme et la suite de tous mes actes et de leurs motifs. Pour moi-même, j'ai pu m'oublier plus ou moins après chacun ; leur enchaînement n'est pas un donné ; créé ou accepté, il est une construction.

Le rapport de l'artiste et de l'œuvre n'est pas univoque, M. Ch. Lalo l'a montré avec beaucoup de perspicacité[1] ; et non plus le rapport entre l'œuvre et les œuvres. Mais ainsi est posée par l'œuvre comme par l'acte la diversité de la personne. Ajoutons que ce n'est pas toujours par le plus « individuel » que s'exprime le mieux la personne. « L'art nous entraîne à comprendre les autres, non d'après la seule individualité de nos sentiments et de nos intentions, mais à la lumière d'expériences qui ne sont pas les nôtres et que cependant il aura le privilège de rendre tout à la fois intimes et universelles »[2].

Nous avons pris l'œuvre d'art comme exemple et modèle de l'œuvre, parce que c'est dans l'art que s'exprime peut-être le plus à la fois l'humain, l'humain dans sa totalité, et le nouveau. Mais toutes les classes d'œuvres portent la marque de ce besoin constant qu'a l'homme d'exprimer sa vision du monde et sa vision

1. LALO, L'art et la vie, *Journal de Psychologie*, 1921, p. 408 ; *L'art expression de la vie* ; *L'art loin de la vie*.
2. BRUNSCHVICG, *De la connaissance de soi*, p. 123.

de l'homme. La mission du philosophe dont parle Bergson, l'effort difficile d'exprimer l'essentiel, n'est pas propre au philosophe ni à l'artiste ; l'expression est seulement plus éparpillée ailleurs.

C'est dans cet ensemble fait de tant de parties souvent mal unifiées que surgissent les sentiments du moi, sentiments d'existence, de valeur, d'originalité, d'intimité ; les préoccupations de soi-personne, de la ligne personnelle. L'analyse classique unifie dans le moi, puis dans le je, ces sentiments et en fait le point de départ de notre activité. L'analyse objective doit rechercher avec prudence l'histoire de chacun par son expression dans les œuvres.

Le problème n'est pas plus simple pour les sentiments liés au moi qui accompagnent ou suivent l'action. On a souvent exalté le sentiment d'être cause, la joie d'être cause. On a tendu à proportionner ce sentiment à l'intensité de l'action. Il n'est pas sûr que ce soit exact, en tout cas que ce soit exact chez tout le monde. On peut être à la source d'une action intense qui comporte des responsabilités lourdes et des conséquences sérieuses, sans éprouver aucun sentiment personnel, sans même se sentir. Pendant l'action, on a le souci de l'efficacité, et ici la difficulté ne suscite pas du tout une analyse réflexive sur soi, elle augmente le souci de l'efficacité. C'est peut-être quand l'action est le plus intense et le plus lourde de conséquences qu'on se sent le moins « je » : on est incorporé. Et ses effets les plus intensément voulus ne nous apparaissent pas nôtres et nous surprennent : comment est-il possible que le Verbe se soit fait chair ?

Après l'action, il y a deux situations possibles : la rétrospection pure ; le récit oral. La rétrospection (soit mentale ; soit orale, mais par allusions, à l'adresse de co-participants) est une sorte d'évaluation générale et qui reste encore impersonnelle. Elle est en somme, par sa coloration, peu différente de l'action elle-même, sauf la « pâleur » inévitable de la non-action et le sentiment inévitable d'absence de tension : ce n'est plus « à faire ». Le récit, peut-être tout récit, est une condensation, une dramatisation, une mise en scène, — et, par voie de conséquence, une personnalisation. Dans l'action, il n'y a que des actes ; le drame réclame des personnages, des protagonistes. Créer un personnage principal, ici facilement le je, est un des artifices dramatiques. Par lui, l'action paraît prendre plus de style, parce qu'un plus grand nombre d'actes se groupent autour de la même source. La connaissance incomplète des événements, qu'on a nécessairement vus dans une perspective étroite, favorise aussi dans le récit une dramatisation à type égocentriste. Ces remarques valent surtout pour le récit improvisé, non critiqué. La critique, qui peut d'ailleurs venir vite, rectifie la perspective. Mais à la limite et dans la mesure où on peut les séparer, le récit est plutôt le domaine du personnage, la personne est dans l'acte même.

Cette énumération déjà longue n'a la prétention ni d'être complète ni d'offrir un cadre immuable. Elle est destinée seulement à montrer le caractère complexe, composite et, même, inachevé de la notion. Comment, jusqu'à quel point, dans quelles conditions tous ces faits s'associent, convergent, s'organisent, c'est à l'analyse précise et notamment à l'analyse historique de nous l'apprendre. Dès le premier examen, en effet, nous avons le sentiment que les divers aspects ne sont pas tous contemporains : la description même nous renvoie à l'histoire [1].

---

1. Pour le problème voisin de « ma pensée », M. P. GUILLAUME remarque : « Le "je pense" est un phénomène tardif. Nous parvenons au "je pense" par les étapes du "il pense" et du "je pensais" ». (*Introduction à la psychologie*, p. 265).

ASPECTS D'HISTOIRE DE LA NOTION

L'histoire de la notion de personne a été amorcée par les travaux de Schlossmann, de Murphy, de M. Mauss.

SOCIÉTÉS ARCHAIQUES   J. Murphy[1] se pose la question du développement de l'individualité, du sentiment de l'existence indépendante, dans les populations primitives. L'intense solidarité de la tribu, la force de la coutume et des tabous rend un véritable développement de l'individu impossible. Cependant on peut supposer qu'à des moments d'exaltation magico-religieuse ou de triomphe du clan, il puisse y avoir jusqu'à un certain point « projection » de l'individualité au dehors, sur et dans la personne d'un chef ; la notion de mana y concourt, parce qu'elle signifie puissance et vie. Le passage de l'horizon tribal à l'horizon civilisé, — caractérisé par l'accroissement de la population, le développement de la civilisation matérielle et la transformation des croyances religieuses, — créera des conditions plus favorables à la formation des premiers aspects de l'individualité. L'accroissement de la population qui détermine des migrations, la formation des villes, la différenciation des classes affaiblissent le caractère contraignant de la coutume, multiplient et diversifient les contacts, favorisent les initiatives, et donnent à des individus de la classe supérieure plus de pouvoir et par là plus de consistance. L'invention de l'élevage est une étape importante éga-

1. J. MURPHY, The development of individuality in the ancient civilization, *Mélanges F. Cumont*, II, p. 867-883.

lement : conduire un troupeau est un des actes qui donnent le plus à l'homme l'impression de puissance, de direction, de contrôle ; par l'agriculture aussi il acquiert la notion nécessaire de distance à l'égard des êtres de la nature. Les métiers artisanaux lui donnent la même formation. En même temps se développe la prévision, la pratique des actions coordonnées par un plan d'ensemble, et l'homme commence à prendre conscience de soi comme fabricant et artiste, comme créateur. Les divinités prennent un caractère éthique. Le prophétisme va naître sur ce terrain. Il tendra à transformer les relations de l'homme avec Dieu, à les rendre plus directes. L'apparition de quelques personnalités marquantes, Zoroastre, Bouddha, les prophètes d'Israël, Socrate, est par elle-même significative.

On voit les mérites et les faiblesses du travail de Murphy. Il a posé le problème, il a aperçu les conditions historiques telles qu'elles se présentent en droit ; mais l'étude reste un peu trop extérieure et formelle. On voudrait voir, derrière les aspects de civilisation, les formes mêmes sous lesquelles la notion de personne a fait ses premières apparitions.

L'analyse de M. Mauss[1] apporte à cet égard des données intéressantes. Des constatations ethnologiques l'ont conduit à penser que c'est par l'aspect personnage que l'homme a accédé à la notion de personne. Dans un très grand nombre de sociétés anciennes, et jusque dans les formes anciennes des sociétés de grande civilisation, l'individu joue essentiellement un *rôle* : dans la vie familiale, dans la vie du clan, dans le drame rituel sacré,

---

1. M. MAUSS, Une catégorie de l'esprit humain : la notion de personne, celle de « moi », *Journal of the Royal Anthropological Institute*, LXVIII, p. 263.

dans les fêtes de confréries. Il a une place assignée dans le présent et par rapport aux générations passées, et il joue en quelque sorte cette place.

Chez les Zuñis, le clan est constitué par un certain nombre de personnages. Chacun joue un rôle précis dans la figuration du clan, et ce rôle est exprimé par le nom. Chaque nom représente une partie ou un attribut de l'animal totémique, leur hiérarchie dicte l'ordre dans les rituels religieux et les fêtes. Les cérémonies — rites solennels, démonstrations publiques, danses de masques — assurent la vie des choses, des dieux, des hommes. Non seulement la vie des hommes ici-bas et dans l'au-delà, mais leur renaissance : c'est le nom qui marque la renaissance. Il y a là un début de la notion de l'individu, « confondu dans son clan, mais détaché déjà de lui dans le cérémonial par le masque, par son titre, son rang, son rôle, sa propriété, sa survivance et sa réapparition sur terre dans un de ses descendants doté des mêmes places, prénoms, titres, droits et fonctions »[1].

Les faits sont un peu plus complexes chez les Kwakiutl. Tout individu dans chaque clan a un nom, et même deux noms : un nom profane (d'été), un nom sacré (d'hiver). Le nom change avec l'âge, les fonctions, des circonstances particulières. Il figure l'ancêtre qui ainsi revit dans le corps du descendant portant son nom. La perpétuité des « âmes » est déterminée par la perpétuité des noms. Les noms, répartis entre les familles, les clans, les « sociétés secrètes », appartient au groupe. L'individu agit ès qualités et est responsable de tout le clan. Comme les biens, les droits, les choses, le nom et les autres attributs de l'individu dans le clan, ce qui constitue sa « personne » à ce niveau, peuvent s'acquérir ; par exemple par le meurtre ; on peut s'emparer ainsi

1. MAUSS, *ibid.*, p. 267.

et des droits personnels et de l'« esprit individuel ». Il ne s'agit donc pas, dans tout cela, seulement du prestige du clan et de son chef, mais de l'existence même des membres du clan et de leurs ancêtres, dont la survivance est assurée par de nombreuses cérémonies. Pour l'officiant, ces cérémonies sont une épreuve qui révélera une force et un pouvoir surhumains venant de l'ancêtre ou du dieu. Pour tous les membres du clan, « dans un immense échange de droits, de prestations, de biens, de danses, de cérémonies, de privilèges, de rangs, se satisfont les personnes en même temps que les groupes sociaux »[1]. Ainsi commence à s'agencer « la personne » à partir de classes et de clans, de gestes des acteurs dans un drame à la fois esthétique et religieux, cosmique, social et personnel.

On peut noter au moins deux états de la « personne » en Chine.

Dans la Chine féodale classique, l'individu apparaît comme fortement lié à l'ordre social. Son nom, la forme de sa vie sont fixés par l'ordre des naissances, le rang, le jeu des classes sociales. Son « individualité », c'est surtout son nom, et son nom, un ancêtre l'a porté, un

---

1. *Ibid.*, p. 268. — A quel point la « personne » est engagée dans toutes ces cérémonies collectives et dépend d'elles, c'est ce que montre encore l'étude du don, de l'obligation de donner, du potlatch, dans ces mêmes sociétés. M. Mauss écrit à ce sujet, dans un autre travail : « On dit de l'un des grands chefs mythiques qui ne donnait pas de potlatch qu'il avait la " face pourrie "... Car, au nord-ouest américain, perdre le prestige, c'est bien perdre l'âme : c'est vraiment la " face ", c'est le masque de danse, le droit d'incarner un esprit, de porter un blason, un totem, c'est vraiment la *persona*, qui sont ainsi mis en jeu, qu'on perd au potlatch, au jeu des dons, comme on peut les perdre à la guerre ou par une faute rituelle ». (Essai sur le don, forme archaïque de l'échange, *Année sociologique*, n. s., t. I, 1923-1924, p. 101-102).

descendant en héritera. Il est cependant secret ; il faut s'informer pour le connaître. Il représente une espèce ou une essence, et il a son équivalent dans un site ou un secteur de l'espace-temps. Tout individu possède un lot de vie, une aptitude à être : *sing*. Ce terme, qui, semble-t-il, se rapproche le plus de ce que nous pourrions appeler la personne, désigne à la fois l'ensemble des dons qui constituent la valeur d'être, et une proportion, un dosage d'éléments. Il a une valeur normative : il faut rechercher une bonne proportion d'éléments, l'équilibre[1].

Le taoïsme sera, en même temps qu'un effort moral, un effort pour la connaissance de l'homme. La société présente est, non un milieu naturel de la vie humaine, mais un système fallacieux de contraintes. La voie du savoir réside dans la méditation solitaire : « Connaître autrui n'est que science ; se connaître soi-même, c'est comprendre ». On perd son *sing* si on s'attache aux coutumes ; on détruit son « soi » si on s'attache aux autres êtres. Le « soi » ne doit pas se laisser contaminer par l'autrui. Il faut se réfugier dans son essence spécifique propre, car c'est là se réfugier dans la nature. L'homme véritable est celui qui, fuyant ses semblables, n'a pas de semblable. L'idéal prescrit par la méditation taoïste est l'autonomie[2]. Il y a là un dessin de la personne qui s'esquisse, mais qui ne sera pas développé ; la pensée religieuse et morale de la Chine ne sera pas personnaliste et ne contribuera pas, comme la pensée chrétienne, à orienter la réflexion vers la notion de personne.

1. GRANET, *La pensée chinoise*, p. 157 sq., 401 sq.
2. GRANET, *ibid.*, p. 520 sq.

PERSONA ET ΠΡΟΣΩΠΟΝ   Plusieurs voies s'offrent à qui veut comprendre les débuts de l'histoire européenne de la notion de personne. Nous commencerons par l'histoire du mot *persona* et de son équivalent πρόσωπον. Schlossmann[1] a analysé cette histoire avec beaucoup de précision.

Le point de départ de sa recherche a été juridique et non psychologique. Examinant la notion de personnalité juridique dans le droit contemporain, Schlossmann a eu le sentiment que cette notion était à la fois composite, équivoque et mal établie. Il lui a paru impossible, pour cette raison, qu'elle vînt, comme l'affirmaient la plupart des juristes, du droit romain. Sa connaissance des juristes romains classiques et de l'histoire romaine l'orientait dans le même sens. Il a pensé qu'une analyse précise était utile : cette analyse, en même temps qu'elle a confirmé son hypothèse de départ, lui a permis d'apporter à l'histoire de la catégorie de la personne une contribution essentielle.

Une étude attentive des textes lui a montré que, d'une façon générale, le droit romain ne fait pas état de la notion de personnalité juridique et que même le mot *persona* n'est pas habituel chez les juristes classiques ; là où il est employé, il ne possède aucun sens technique spécial. Cinq textes font cependant exception à cet égard, dont le sens tranche avec l'ensemble juridique du temps.

1. Servos namque nec ab initio quasi nec personam habentes in iudicium admitti iubemus et si hoc ausi fuerint continuo eos flammis tradi vel bestiis (Nov. Theodosii II, XVII, 1, 2. [Hänel, p. 67]).

2. Quid enim prius fecerunt inter servos iura publica.

---

1. S. SCHLOSSMANN, *Persona und* πρόσωπον *im Recht und im christlichen Dogma* (Festschrift Kiel, 1906).

qui personam legibus non habebant ? (Cassiodorus,
Varia, VI, 8 [rec. Mommsen, Monum. Germ. auct.
antiqu., XII, p. 181, 24]).

3. Ὁ γὰρ οἰκέτης ἀπρόσωπος ὢν ἐκ τοῦ οἰκείου χαρακτερίζεται δεσ—
πότου (Theophilus, paraphr. inst., II, 14, 2 [Ferrini, p.
178, 4]).

4. Οἱ οἰκέται ἀπρόσωποι ὄντες ἐκ τῶν προσώπων τῶν οἰκείων δεσ--
πότων χαρακτηρίζονται καὶ ἐκεῖθεν ἕξουσι τὴν κατάληψιν πότερον ἐπερω—
τᾶν δύνανται ἢ οὐ δύνανται (ib., III, 17 pr.).

5. Ἀπρόσωπος δε παρὰ τοῖς νόμοις ὁ δοῦλος (ib., III, 29, 3 [F.,
p. 380, 4]).

Pour comprendre le sens de ces textes, une étude
juridique ne suffit pas : il faut faire une analyse complète des migrations sémantiques de *persona* et de
πρόσωπον. Les deux histoires sémantiques aboutissent
au même terme, elles montrent des interférences et des
influences réciproques, mais elles sont en partie indépendantes.

D'abord *persona*. Le sens du mot est « masque ».
Marquons tout de suite cette convergence avec les faits
ethnologiques dont nous venons de parler. C'est avec
cette acception qu'on trouve le mot dans les *Perses*
(vers 783) : « Qui illum Persam atque omnes Persas
atque etiam omnes personas male di omnes perdant » :
le contexte montre bien qu'il s'agit là de « masque »,
employé par métonymie pour « homme masqué ». Chez
Térence, le mot prend le sens de « personnage de comé-
die », de « type »[1]. A partir de Cicéron, il signifie également « rôle » dans le sens de « jouer un certain rôle » :
ce sens de « rôle » est donné non par le mot « persona »
seul, mais par l'expression totale « personam alicuius
agere » ou « gerere ». Il s'agit d'abord du rôle scénique :

---

1. Par exemple dans le prologue de l'*Eunuque*, vers 26, 32, 35.

la partie à apprendre par cœur, le rouleau. Mais très vite « personam gerere » signifiera également « remplir une fonction dans la vie », de là « remplacer une autre personne » (dans le sens « la remplacer dans son rôle »). Un cheminement sémantique théâtral se poursuit en même temps : de « rôle » à « acteur » et de là à « personne représentée par l'acteur ». Une dernière transformation va s'opérer, qui a des causes d'ordre linguistique en même temps que psychologique : l'usage du génitif appositionnel, l'emploi elliptique de « regem gerere » pour « personam regis gerere », qui conduit à l'assimilation des deux formes et fait qu'on les emploie indifféremment l'une pour l'autre. Cet usage a pour effet d'effacer peu à peu le sens ancien de persona, de vider le mot. Il se « remplit », entre Térence et Cicéron, par un contenu plus vague et plus général : le genre de ses génitifs habituels, à peu près : « homme ». Ce sens reste pendant quelque temps implicite, non conscient, il n'est senti que quand, détaché du génitif, le mot commence à être employé seul. Mais il garde à ce moment un sens vague, il n'a pas d'emploi prédicatif ; on ne dit jamais de quelqu'un qu'il est une persona.

Le sens le plus ancien du mot πρόσωπον (celui qu'on trouve chez Homère) est « visage », avec l'idée complémentaire « ce qui reflète ». Le premier sens dérivé est « masque » : ici πρόσωπον rencontre pour la première fois persona. D'autres sens dérivés seront « rôle », « personnage », et aussi « face antérieure », « front d'une armée », « apparition », « image ». Enfin, « homme, personne en général » dans un sens vague. En somme, développement assez analogue à celui du latin, sauf l'absence de dérivations à caractère quasi mécanique liées à l'usage du génitif. Mais développement plus lent. L'usage du mot dans le sens général de « personne » est plus rare qu'en latin. On le trouve employé avec cette acception pour la première fois chez Polybe, et encore peut-on se demander, pour la plupart des passages, si le mot n'y signifie pas souvent « figure » plutôt que « personne ». Il ne prend les mêmes emplois que persona dans les textes de lois écrits en grec et dans la littérature byzantine qu'à partir du VIe siècle : ces usages commencent au Ve, mais ils sont encore rares à ce moment. La transformation s'explique en partie par l'action directe du latin, par la codification justinienne. Les juristes qui ont rédigé les lois de ce temps étaient nourris d'écrits juridiques latins.

Mais cette action n'explique pas encore le sens des textes de Théophile et de Cassiodore. D'autres actions se sont exercées, celle de la langue d'Eglise notamment. Sous deux formes.

On trouve sous la plume des écrivains d'Eglise, Origène notamment, un emploi non conforme au génie de la langue grecque et qui apparemment est imité de l'Ancien Testament : πρόσωπον avec un génitif, dans le sens « visage de » (Dieu, Eglise, etc.). Le sens va être vague comme l'a été celui de persona avec un génitif, et l'évolution sera analogue.

Mais une transformation de sens beaucoup plus importante va s'opérer à la suite des discussions trinitaires et christologiques, discussions sur l'unité des trois personnes divines, sur l'unité de la nature humaine et divine du Christ [1]. Le mot employé dans ces discussions est d'abord ὑπόστασις, avec son dérivé ἀνυπόστανος : ce mot aura successivement les sens d'« essence » déjà employé dans la philosophie grecque, puis de « substrat ». C'est ce sens que le terme a dans la proposition : οὐκ ἐστι φύσις ἀνυπόστατος.

---

1. Voir A. MICHEL, Hypostase, *Dictionnaire de Théologie catholique* de VACANT et MANGENOT, t. VII, ; J. LEBRETON, *Histoire du dogme de la Trinité.*

Πρόσωπον sera assimilé à ὑπόστασις ; plus exactement, c'est d'abord ἀπρόσωπος qui sera assimilé à ἀνυπόστατος : « sans substrat », puis πρόσωπον prendra comme ὑπόστασις le sens d'« essence » et de « substrat » dans les formules μία οὐσία τρία πρόσωπα, et ἕν πρόσωπον δύο φύσεις (et parallèlement en latin : una substantia tres personae). Enfin, dernière phase : au cours de ces mêmes discussions, les mots ὑπόστασις et πρόσωπον prendront le sens, plus fort, d' « existence », de « réalité » (dans les polémiques, ἀνυπόστατος sera employé, entre autres, dans le sens « hors de la théologie »).

Ainsi, à la suite des discussions trinitaires, le sens de πρόσωπον et avec lui celui de persona a changé. De « masque » et de « rôle », il est passé à « existence », et même, pour les théologiens, à « existence » dans le sens fort. En effet, l'emploi du mot appliqué à Dieu, au Christ, aux anges, en même temps qu'à l'homme, a eu pour conséquence un effort de définition du concept nouveau. Tant par intérêt spéculatif que pour réfuter l'accusation d'anthropomorphisme, des écrivains d'Eglise ont voulu préciser son contenu. Ils ont trouvé comme caractères communs de tous les êtres désignés comme personae : 1º qu'ils sont doués de raison, 2º que chacun est indépendant, égal seulement à lui-même, qu'il est un « individuum ».

Pour Schlossmann et pour le problème de droit qu'il s'était posé, la situation était claire. Les cinq textes en litige ne signifiaient pas que le droit romain avait formulé la notion de « personnalité juridique ». Ils ne disaient pas que l'esclave n'avait pas de « personne ». Ils déclaraient seulement que l'esclave n'avait pas d'« existence » pour la loi, παρὰ τοῖς νόμοις. Les Romains n'avaient ni élaboré la notion de « personne juridique », ni conçu clairement la notion de personne psychologique telle qu'elle se présente à nous. Au vᵉ siècle encore, la notion

est loin d'avoir tout le contenu qu'elle a aujourd'hui.
Mais même pour arriver au contenu qu'elle avait à ce
moment, il avait fallu un long cheminement. Une autre
analyse nous en montrera quelques étapes. Il s'agit cette
fois de faits très connus ; il suffira donc de les rappeler
brièvement.

L'IMMORTALITÉ PERSONNELLE ET LA DIVINISATION

Il y a des éléments
d'une histoire de la
notion de personne
dans certains développements de la religion grecque,
dans les Mystères et dans les formes dionysiaques et
orphiques des croyances et des cultes[1].

A première vue, la religion dionysiaque n'est pas une
religion de la personne : elle plonge l'individu dans la
nature, elle le fait communier avec la vie animale et
végétale ; elle fait tomber les barrières du moi. En réalité, par sa forme sociale déjà, elle apporte des éléments
d'individualité. Le thiase, unité religieuse élémentaire
dans le culte orgiastique, se constitue, comme le remarque M. Gernet[2], en dehors des cadres du moment :
l'adhésion individuelle a remplacé la parenté ou l'inféo-
dation. Un esprit de démocratie et de liberté pénètre
cette religion, qui s'adresse à tous les membres de la
société, qui admet la participation des esclaves, et dont
le dieu se nomme Isodaïtès, qui fait parts égales. Dans
leur forme primitive, les rites orgiastiques avaient rap-

---

1. Voir sur cette question notamment : J. HARRISON, *Prolegomena to the Study of Greek Religion* ; GERNET et BOULANGER,
Le génie grec dans la religion ; ROHDE, *Psyché* ; LOISY, *Les
mystères païens et le mystère chrétien* ; MAGNIEN, *Les mystères
d'Eleusis* ; SCHUHL, *La formation de la pensée grecque* ; BOULAN-
GER, *Orphée*.
2. GERNET, *l. c.*, p. 123.

port à la vie de la terre, à la croissance des espèces. Cet objet passe au second plan : c'est à la personne même du fidèle que le service divin doit apporter ses bienfaits. Mais dans cette forme, il y a seulement un début, un germe de l'individualisme religieux. L'évolution va se poursuivre à travers les conceptions d'immortalité bienheureuse et d'union personnelle avec Dieu.

Ces conceptions apparaîtront dans les cultes de mystères et surtout dans les aspects plus épurés du mysticisme grec, tels que ceux que présente l'orphisme. Dans les cérémonies de mystères, l'initié entre dans un monde nouveau qui est un monde spirituel, et un lien personnel s'établit entre lui et la divinité : l'absorption du kykéon est une consécration individuelle. Le rite entier a pour objet la régénération personnelle ; les initiés sont des élus. Par là, les mystères continuent à orienter le sentiment religieux dans la voie de l'individualisme.

L'évolution se poursuivra dans l'orphisme. « Orphée, écrit Miss Harrison, prit une ancienne superstition profondément enracinée dans le rituel sauvage de Dionysos, et lui prêta une signification nouvelle, spirituelle. La vieille superstition et la nouvelle foi sont toutes deux résumées par ce petit texte orphique : " Nombreux sont les porteurs de narthex, rares sont les bacchants "... Déjà, les adorateurs de Dionysos se croyaient possédés du dieu. Il n'y avait qu'un pas de plus à faire pour qu'ils soient convaincus qu'ils étaient réellement identifiés avec lui, que réellement ils *devenaient* lui »[1]. Orphée a gardé la croyance bachique que l'homme peut devenir dieu, mais il a modifié la conception de dieu, et il chercha à obtenir l'état divin non par l'intoxication physique, mais par un effort de pureté, par l'extase spirituelle. C'est l'accession au divin et non plus l'immortalité

1. HARRISON, *l. c.*, p. 474-6.

personnelle qui devenait ainsi l'objet principal de la spéculation religieuse. L'immortalité n'était qu'une con-conséquence accessoire de l'état divin. La préoccupation essentielle était de devenir divin dès cette vie. L'homme devait y parvenir seul, par ses propres efforts, sans intercesseur. Cette doctrine de l'accession au divin avait comme contre-partie une doctrine de l'âme, être subsistant apparenté au divin, une théorie de l'origine et de la destinée de l'âme, complétée par l'idée du jugement des âmes — et de la responsabilité individuelle au delà de cette vie. Ainsi se trouvait édifiée une conception de l'identité de l'âme qui renforçait ce que la forme de confréries d'une part et l'effort personnel de purification d'autre part avaient apporté d'éléments d' « individualisme ». Une religiosité interne, intime, tendait à se créer, qui était de nature à donner plus de profondeur à la conception de l'existence humaine. — A cet ensemble, il faut ajouter la mythe de Zagreus déchiré et ressuscité. On sait qu'il a été interprété par une série d'auteurs comme symbolisant l'individuation, qui reflète la faute, et le retour à l'unité, qui réalise le bien.

Mais s'il y a eu ainsi des éléments à la fois mystiques et personnalistes — en partie sans doute d'origine asiatique — dans la religion grecque, ils n'ont pas eu d'action déterminante. En tous cas, ils n'ont pas fait fortune immédiatement. « La Grèce n'a pas eu de saint, écrit M. Gernet ; pauvreté en un sens, en un autre, signe de force »[1]. La Grèce classique a vaincu le mysticisme. Il reparaîtra à Rome lorsque s'affirmera la construction chrétienne.

D'autres influences que la grecque se seront exercées dans le même sens, entre temps. Non point celle de la

1. GERNET, *ibid.*, p. 149.

foi nationale romaine, religion populaire ou religion officielle, mais celles des religions orientales. On sait comment, par vagues successives, elles ont submergé et désagrégé l'ancien paganisme romain[1]. La vague phrygienne est venue d'abord, avec sa dévotion sensuelle, colorée et fanatique ; les dévôts du culte de Cybèle et d'Attis etaient sûrs de renaître après leur mort à une vie nouvelle. Le courant égyptien s'est répandu ensuite : il apportait son rituel séduisant, éclatant, son culte abondant, le service quotidien, et surtout la promesse d'immortalité par l'assimilation avec Osiris ou Sérapis. Par l'initiation, le myste renaissait à une vie surhumaine, devenant l'égal des immortels ; dans l'extase, il franchissait le seuil de la mort, contemplait face à face les dieux du ciel et de l'enfer. Ce que l'orphisme avait entrevu à moitié était maintenant prêché avec précision et fermeté. Puis est venue la vague syriaque, chargée de science astrologique, mais aussi d'une foi vivace et passionnée, apportant la théologie d'un dieu éternel et universel, protecteur de tous les hommes, appelant les hommes à un effort de pureté et de sainteté ; selon son eschatologie, liée étroitement à l'astrologie chaldéenne, l'âme de l'homme après la mort remontait au ciel pour y vivre au milieu des étoiles divines, elle participait à l'éternité des dieux sidéraux auxquels elle était égalée. Enfin est survenue la vague persique : les mystères de Mithra, qui adoraient comme cause suprême le temps infini, identifié avec le ciel, et apportaient par leur dualisme une solution au problème du mal, écueil des théologies. Le mithriacisme,

---

1. Cf. par exemple : F. Cumont, *Les religions orientales dans le paganisme romain* ; *Les mystères de Mithra* ; *After Life in Roman Paganism* ; Frazer, *Atys et Osiris* ; Reitzenstein, *Die hellenistischen Mysterienreligionen* ; Loisy, *Les mystères païens et le mystère chrétien*.

plus que les autres religions orientales, a agi par sa
forme morale. Il prêchait la fraternité, la pureté, la
rigueur, l'austérité, la véracité, la fidélité au contrat[1],
la continence et surtout l'énergie virile. Les initiés, qui
prenaient le nom de « soldats », devaient combattre sans
repos le mal dans le monde, le mal dans leur cœur. Mais
après leur mort les âmes des justes, accueillies dans
la lumière infinie, devenaient les compagnes des dieux.

On voit quels pouvaient être les apports de ces religions à l'édification de la notion de personne. Parce
qu'internationales, elles étaient plus individuelles qu'une
religion nationale ; elles accueillaient, appelaient tous
les hommes. Elles créaient des émotions, elles mode-
laient des sentiments. Elles apportaient des solutions
à des problèmes moraux et elles faisaient surgir de
nouveaux problèmes moraux. Elles orientaient les
efforts vers un but idéal, elles forgeaient ainsi la volonté.
Le culte quotidien suscitait, outre les états proprement
religieux, le sentiment d'importance personnelle, spécialement chez les humbles qui se trouvaient brusquement
les égaux des grands, et même pouvaient les dépasser par
un effort intérieur. Enfin et surtout, par l'espoir d'immortalité personnelle et d'accession au divin dès cette
vie, ces croyances donnaient à la notion de l'âme une

---

1. Par une étude linguistique serrée, MEILLET a montré
que mitra, en zend, signifiait « contrat » et que le dieu indo-
iranien Mitra était une personnification du contrat ; non un
dieu à caractère naturaliste, mais une notion morale divinisée.
C'est secondairement qu'il était devenu dieu du soleil et de la
lumière, la lumière étant prise dans le sens moral et le soleil
considéré comme l'œil qui surveille. « Puissance immanente du
contrat-dieu, omniscient, surveillant tout, ayant pour œil
le soleil, voyant tout, allant partout, soutenant l'ordre du monde.
et châtiant avec une force redoutable les infractions commises
par les hommes et les dieux : ce n'est pas un phénomène naturel, c'est un phénomène social divinisé ». (Le dieu indo-
iranien Mitra, *Journal Asiatique*, 1907, II, p. 143-159).

plénitude, une intensité, une densité inconnues de l'ancien paganisme romain.

Le christianisme recueillera tout cet héritage grec et oriental, auquel se sera joint le grand effort de la pensée stoïcienne et néoplatonicienne. C'est l'apport des Stoïciens qui exercera le plus d'action sur l'histoire ultérieure de la notion de personne. Il enrichit le contenu de πρόσωπον de sens nouveaux : la notion de conscience comprise comme témoin, comme juge, et, jusqu'à un certain point, celle de conscience psychologique : le retour vers soi[1]. Cette évolution se fait entre le IIe siècle avant J.-C. et le IVe siècle après. Le christianisme y ajoutera sa propre doctrine de la divinisation, de la théosis et de la théopoièse, et en même temps, par sa méditation sur l'âme, la notion d'entité métaphysique de la personne, substance une, intemporelle, individuelle[2].

1. « C'est des Stoïciens que les hommes ont appris à dire *moi* », note BRUNSCHVICG (*Le progrès de la conscience*, I, p. 57). BROCHARD est beaucoup plus réservé ; il écrit : « Pas plus que le mot « devoir », celui de conscience n'a d'équivalent dans les langues grecque et latine. En vertu de la disposition si naturelle qui porte tous les historiens à retrouver, chez les anciens, leurs propres points de vue, à les interpréter d'après leurs doctrines, quand on rencontrait, chez les Stoïciens, par exemple, le mot συνείδεσις, ou, chez les Latins, le mot *conscientia*, on se plaisait naguère à leur donner une signification toute voisine du sens attaché par les modernes au terme conscience. Mais un peu d'attention suffit pour s'apercevoir qu'entre les vocables anciens et les idées qu'on s'efforce d'y retrouver il n'est décidément rien de commun. Ce n'est jamais en regardant en lui-même, par l'étude des faits intérieurs, que le Grec cherche à gouverner sa vie. Ses regards se portent toujours au dehors ». (*Etudes de philosophie ancienne et de philosophie moderne*, Paris, 1912, p. 493).
2. Cf. sur cette question, outre les ouvrages classiques de HARNACK et de LOOFS, la thèse assez récente de J. GROSS, *La divinisation du chrétien d'après les Pères grecs*, 1938.

ΥΒΡΙΣ *ET* ΑΔΙΚΗΜΑ   L'étude des faits religieux doit être complétée par une analyse d'autres faits institutionnels : le droit, la politique, l'économie peuvent traduire des perspectives sur la personne. Quelques aspects de ce problème sont envisagés par M. Gernet dans sa thèse sur *La pensée juridique et morale en Grèce*. Il y analyse les conditions dans lesquelles le groupe commence à détacher de lui l'individu, qui devient objet et sujet de droits. Il suit ces changements dans la transformation sémantique des termes moraux les plus notables : ὕβρις, outrage ; ἀδίκημα, injustice ; βλάβη, atteinte à la chose ou à la personne ; τιμή, honneur ; λώβη, honte ; λυμαίνεσται, souiller ; ἁμαρτάνειν, commettre une faute ; συγγνώμη, pardon ; etc. ῞Υβρις, qui à l'origine implique les sens de « mal » et de « désordre »,. prend celui d'atteinte à la personne. C'est, chez Homère, l'aveuglement fatal et suscité par les dieux ; chez Théognis, l'esprit d'orgueil et de perdition, à la fois principe fatal que les dieux suscitent et produit de la liberté humaine indépendant de la causalité divine. De même, ἀδίκημα, sentiment complexe social-religieux d'abord, se laïcise et s'individualise progressivement, devient humain et contingent, s'objective, se lie à la notion de délit privé et à son histoire, se transforme quand apparaît pour elle-même et se développe la pensée du délit contre l'individu.

Le facteur de changement le plus décisif semble être la transformation de la structure sociale. La création des cités comporte une vie complexe et organisée et où se forme une nouvelle fonction sociale : l'honneur et la réparation accordés à l'individu, la garantie donnée aux membres du groupe, non plus comme membres d'une famille (ou plutôt : d'un groupe familial), mais pour eux-mêmes. D'autres conditions jouent à

titre accessoire : conditions politiques, démocratie ;
conditions économiques, notamment le passage de la
propriété foncière à la propriété mobilière, la première
qui davantage attache l'homme, « le possède », la seconde
qu'il possède ; — l'extension du commerce extérieur
fait aussi beaucoup pour donner à l'individu cette mobilité à l'égard du groupe et pour en faire ce point de
convergence et d'initiative. Il y a donc une série de
changements dans le comportement social dont l'effet
commun est de dégager — non la « notion de l'individu »,
comme si c'était là une idée éternelle dont on s'appro-
cherait, qu'on pressentirait, qu'on réaliserait —, mais
des faits de découpage nouveau de la responsabilité de
l'offense, de la volonté de réparation, qui dans leur
ensemble méritent le nom d'« individualisme »[1].

LES NOMS DE PERSONNE Nous avons aperçu déjà à
plusieurs reprises l'impor-
tance des noms dans les sociétés archaïques[2]. La désignation individuelle n'est pas faite au hasard ; elle est
soigneusement réglementée et doit sans doute nous
apprendre quelque chose sur la représentation de la
personne.

1. Parallèlement, l'homme se sépare de la nature, acquiert
une certaine autonomie. Il conçoit qu'il y a une « nature humaine », nature faillible par essence, et donc qu'il y a une faute
humaine. Cette évolution s'accomplit quand se distendent et
se rompent les liens sociaux anciens. M. GERNET souligne ce
changement : « Une pensée nouvelle se dégage, s'atteste dans
le plein régime de la cité : celle de la nature humaine, de l'ἀνθρω-
πίνη φύσις, dont la désignation même n'apparaît qu'au milieu
du vᵉ siècle ; en même temps que l'individu s'affirme, l'homme
se détache de la nature où l'engageaient et le retenaient les
δαίμονες » (*Recherches sur le développement de la pensée juridique
et morale en Grèce*, p. 336).
2. Voir pp. 36-37, 159.

Chez les peuples non civilisés[1], l'enfant n'existe pas avant d'être nommé. Le nom représente l'individualité et il la confère. Par lui se mesure la place qu'un groupe fait à l'individu, la protection qu'il lui assure ; si le nom est intangible, l'homme est intangible ; il peut être objet de tabou ; il deviendra objet de respect ; le moment, par exemple, où la signature commence à faire autorité est un moment important. Le nom représente et confère non seulement l'identité, mais telle identité : en donnant à l'enfant le nom de son ancêtre, on le fait continuer ou même on le fait être cet ancêtre. On sait que, chez les Esquimaux, deux hommes qui portent le même nom se considèrent non seulement comme frères, mais comme identiques et interchangeables. Les changements de nom correspondent à des modifications de la personnalité. Celle du non-civilisé est peu fixée, peu adhérente à l'homme, renouvelable ; d'où les changements de nom lors de la puberté ou d'une maladie, ou à l'occasion d'événements importants, comme la maladie d'un chef, la mort d'un homme en vue, l'entrée dans une société secrète ; les parents changent de nom à la naissance de leurs enfants ; il y a aussi des noms saisonniers. Le nom est si bien identifié avec l'homme qui le porte que, si celui-ci est en danger, il peut être nécessaire de changer son nom, donc son identité, pour que les esprits perdent sa trace. Ce fait, que note M. Larock chez les peuples non civilisés, M. Mus[2] le signale de son côté chez les Annamites, et on peut penser qu'on trouverait des croyances semblables en maints pays.

1. Voir LAROCK, *Essai sur la valeur sacrée et la valeur sociale des noms de personne dans les sociétés inférieures.*
2. « Quand la santé d'un enfant donne de graves soucis, la ressource suprême, si l'art se montre impuissant, est de lui changer son nom. Il rompra de la sorte avec ce qui, jusque là, était lui-même ». (P. Mus, *Le Viet-Nam chez lui*, p. 36).

Dans la Grèce antique[1], tant que chaque être est, de naissance, sous la puissance d'un autre — à titre de fils, fille, femme ou esclave —, le nom qu'il porte désigne la maison à laquelle il appartient ; c'est le nom du chef de famille, au génitif. Parfois aussi, du moins pour les esclaves, on désigne l'homme par le nom d'une ville ou d'un peuple.

A Rome[2], le citoyen a la prérogative de porter trois noms : le praenomen, le nomen gentilium, le cognomen. Celui qui n'est pas citoyen n'a que deux noms. L'esclave, au début, n'en a aucun ; on le désigne par le nom de son maître. La femme est désignée par le nom de son père ou celui de son mari ; un petit nom s'y joint d'ordinaire, qui tient davantage du surnom que du prénom. Le changement de la désignation lors d'un changement de statut social est parfois assez nuancé : au moment où on accorda à l'affranchi plus de droits, ce relèvement eut, entre autres conséquences, celle de changer sa dénomination, qui ne comporta plus son ancien nom d'esclave.

On pourrait schématiser le résultat de ces études : l'enfant, l'esclave, la femme jusqu'à un certain point n'ont pas de nom ; ils n'ont pas d'existence sociale individualisée et consacrée. A un même nom correspond une même personnalité ; à un changement de l'un correspond un changement de l'autre. La polyonymie si fréquente correspond à ce qu'il y a, dans les sociétés primitives et aussi dans les sociétés antiques, de mal délimité et de mal fixé dans la notion de personne. Nous avons donc là une source nouvelle pour étudier

1. Voir, par ex., dans le *Dictionnaire des Antiquités grecques et romaines* de DAREMBERG, l'article de Ch. MOREL : Nomen (Ὄνομα).

2. Voir, entre autres : N. Henry MICHEL, *Du droit de cité romaine*, 1re série, p. 41-372 ; MOREL, *op. c.*

cette notion ; il va de soi qu'il faut l'utiliser avec prudence, en précisant les périodes où son emploi est
valable et les conditions sociales de la période choisie,
et surtout sans chercher entre nom et personne une
correspondance stricte et permanente.

« AVOIR » ET « ÊTRE » Ch. Bally[1] et J. van Ginneken[2] ont étudié l'évolution
de quelques formes grammaticales relatives à l'expression de la personne et notamment l'emploi des verbes
avoir et *être*.

L'étude de la série sémantique :

1° *prendre, s'emparer, recevoir* ;

2° *tenir, garder* ;

3° *possèder, habiter* ;

4° *avoir* (verbe transitif) ;

5° *avoir* (verbe auxiliaire) ;

6° *être à...* ou *être* avec datif ;

7° *être* avec prédicatif ;

8° *être* (verbe auxiliaire),

permet de discerner d'une part des cercles concentriques
de plus en plus intimes de la personne, et d'autre part
une évolution et une histoire. Le verbe *être*, verbe d'état
passif, indique que le point central de notre sphère
personnelle est intéressé tout à fait, il a un caractère
d'identification : « il est tué ». Le verbe *avoir*, verbe
d'état actif, désigne la première zone qui entoure le
petit cercel central : « elle a de la grâce », « il a tué son
ennemi » (cette grâce est à elle, mais n'est pas elle ;

1. Ch. BALLY, L'expression des idées de sphère personnelle
et de solidarité dans les langues indo-européennes, *Festschrift
Gauchat*.

2. J. VAN GINNEKEN, Avoir et Etre, *Mélanges Bally*.

l'assassinat de son ennemi est son crime, mais n'est pas lui). Les verbes *prendre* et *recevoir, tenir* et *garder,* *posséder* et *habiter* correspondent à des anneaux plus périphériques. On peut avoir une impression assez concrète des trois types de verbes par l'exemple : « attraper un rhume », « avoir un rhume », « être enrhumé » : ce n'est qu'au dernier degré qu'il y a identification.

L'évolution, l'histoire va en gros de *prendre* à *être.* Beaucoup de langues ont suivi ce chemin, toutes n'ont pas abouti, quelques-unes se sont arrêtées en route. L'indo-européen n'a pas connu *avoir*. Le ἔχω du vieux grec, le *habeo* du latin classique ne sont parvenus qu'au n° 4 de la série, de même que le *haban* et le *aih* du gothique, le *turiu* du lithuanien, le *unim* et le *kalay* de l'arménien. Le grec hellénistique ἔχω, le latin vulgaire *habeo*, le vieux-haut-allemand *haben* sont arrivés jusqu'au n° 5.

Malgré leur raideur, leurs retards, leur complexité, les langues parviennent à une expression de plus en plus précise et de plus en plus nuancée des actes et des objets touchant la personne. Que l'on pense au fr. mod. « *j'ai* un fils malade » et « *j'ai ma* femme qui est très malade », ou à « *j'ai* que *je suis* dans une rage folle », à côté de « le renard *s'est fait* prendre au piège », « cet alpiniste *s'est tué* au Cervin ».

Mais l'histoire n'est pas absolument unilinéaire. On peut arriver à *avoir* également en venant de *être*, de la forme de *être* impersonnelle avec datif (n° 6 de la série). Ainsi, jusqu'au iiie siècle, le latin vulgaire a la tournure passive « inimicus mihi occisus est »; mais après cette période s'installe la forme active avec *avoir* : « inimicum occisum habeo ».

Plusieurs conclusions peuvent être, selon J. van Ginneken, tirées de ces faits : 1° la première forme d'expression de la personne est une forme de possession et d'« activité remuante », elle s'exprime par *avoir* ; sa substitution aux formes passives impersonnelles constitue un progrès ; 2° il existe une expression de la personne plus intime, généralement plus tardive et à laquelle toutes les langues n'atteignent pas, celle que traduit *être* ; 3° les langues évoluées savent traduire avec subtilité des nuances de comportements personnels qui oscillent entre les deux pôles de l'activité et de l'intimité, les langues anciennes peuvent moins bien le faire.

PERSONNE ET GÉNIE   Notre dernière analyse aura trait aux rapports des notions de personne et de génie[1]. Pour l'homme du xxe siècle, les deux notions sont plus que liées, elles sont interdépendantes. Le génie est le suprême achèvement de la personne, l'efflorescence, la personne « pure ». Elle doit être comprise par lui puisqu'il est le terme. Et il s'explique par elle, la notion d'un génie qui ne serait pas personnel, qui ne serait pas une personne originale, nous semble contradictoire. L'analyse historique montre pourtant que cette connexion est récente et que cette composante au moins de la notion de personne est d'apparition tardive.

Examinons de plus près le point d'arrivée et ce que nous pouvons savoir de quelques positions anciennes.

Résumons à grands traits la façon dont se présente pour nous aujourd'hui la notion de génie.

Le génie est humain. Nous nous y reconnaissons. Nous y retrouvons notre moi, marqué de ce qui constitue la plénitude concrète et personnelle. Analogue, mais ana-

---

1. Voir CAHAN, *Zur Kritik des Geniebegriffs* ; ZILSEL, *Die Entstehung des Geniebegriffs* ; PLAUT, *Die Psychologie der produktiven Persönlichkeit* ; J. SEGOND, *Le problème du génie* ; V. BASCH, *Essai critique sur l'esthétique de Kant.*

logue supérieur. Qui nous dépasse, mais qui est de même nature que nous : humain et non divin[1].

Les créations du génie nous apparaissent comme des faits d'intelligence et non comme des faits de sentiment pur, ou d'inconscient pur, ou d'irrationnel pur. Cependant nous admettons une part de sentiment, d'inconscient et d'irrationnel. C'est l'origine, le début de l'acte créateur qui nous semblent non rationnels, l'inspiration, l'illumination, le premier vers. L'élaboration ultérieure, c'est la raison. Elle contient cependant une part de contingent. Goethe écrit : « Le génie m'apparaît toujours comme une machine à calculer : ou tourne, et le résultat est exact. Elle ne sait pas pourquoi ? ou comment ? Voilà ! »[2]. Les historiens des sciences, les épistémologistes ont souvent noté des aspects singuliers, surprenants des voies de la découverte chez les savants : les tentatives à l'aveuglette, les idées aventureuses de Képler, les hypothèses, les suggestions, les espérances surgissant en foule chez Faraday, les hasards heureux chez Helmholtz[3]. — C'est la part d'intelligence, peut-être, qui fait que le génie nous apparaît comme proche de nous : nous comprenons, ou croyons comprendre. Mais nous sentons une intelligence souveraine qui élargit énormément la vision humaine ordinaire.

Les actes du génie sont toujours inventeurs, initia-

1. M. Segond écrit : « Respect de cela qui nous dépasse, mais attirance qu'exerce sur nous cela que nous respectons de nous dépasser, et qui est nous encore. Donc identification inavouée de notre insuffisance avec cet absolu où notre ambition se retrouve, communion de notre force toute en désir avec cette force réelle du génie achevé, par où s'abolit pour notre sentiment la différence qui de lui nous distingue et nous sépare ». (*Le problème du génie*, p. 10).

2. Goethe, *Gespräche* (éd. Biedermann, I, p. 213, 19 oct. 1794).

3. Voir E. Meyerson, *Du cheminement de la pensée*, I, p. 231-234.

teurs de vérités ou de techniques. C'est chaque fois un début, une sorte d'« absolu spirituel ». C'est en même temps une récréation de la personne[1]. C'est peut-être à cet aspect du génie qu'est dû son pouvoir exemplaire et formateur.

Cette originalité de tous les moments et de tous les actes du génie renforce la notion qui est à la base de notre conception d'aujourd'hui : le génie personne originale, incomparable. Cette originalité est faite, entre autres, de nouveauté dans l'élaboration, de nouveauté dans le premier coup d'œil, d'une sorte de constante jeunesse et fraîcheur[2], et aussi de cohérence interne, de vérité interne : la « mission du philosophe » de Bergson, le bonheur dans le hasard de ses choix.

Et c'est, enfin, une originalité à la fois imprévue et féconde : selon la jolie formule de M. Segond, la réalisation d'un désir sans modèle.

Considérons, à côté de cette façon de voir, celle des philosophes grecs : le génie est pour eux non la marque de la personne, mais un état de possession divine, comme l'indique le mot enthousiasme, un délire divin.

1. GOETHE écrit : « De même qu'un individu grand doit s'opposer aux sciences (de son temps), de même c'est finalement lui qui a des représentations primaires, originelles ». (*Ibid.*, p. 50), et KIERKEGAARD déclare : « La conscience de soi comme individu (dans l'effort créateur) est un isolement, une séparation avec le milieu ; et cependant elle est en continuité avec son passé, puisqu'il s'est choisi lui-même comme produit ; il s'est produit. Il est, au moment du choix, à la conclusion ; sa personnalité s'accomplit... Mais il est, au même moment, au début : il se choisit dans sa liberté » (*Entweder Oder, Gesammelte Werke*, Uebers. von W. Pfeiderer und Chr. Schrempf, Jena, 1922, Bd. II, p. 215).

2. On se rappelle la formule de SCHILLER : « Tout vrai génie doit être naïf, ou' il ne sera pas un génie. Seul il peut se reconnaître hors du connu, et élargir la nature sans la franchir ». (*Ueber naive und sentimentalische Dichtung*).

Les présocratiques déjà se sont posé la question de l'origine du don créateur [1]. Pour Héraclite, notre raison, associée à la raison divine, est dans sa confidence. Elle peut respirer la raison divine dans le sommeil, y participer dans l'enthousiasme des cultes bachiques. L'enthousiasme régénère les âmes. La folie des mystères amène la prise de contact avec la divinité, mais ce contact est conditionné par la pureté de l'âme. Empédocle distingue le délire créateur, qui manifeste le dieu qui est en nous, et la folie ordinaire, produit de déséquilibre. Par réincarnations successives, l'homme peut parvenir aux conditions de devin, poète, magicien, conducteur d'hommes, enfin à dieu. D'après Démocrite, la création poétique vient à la fois de l'inspiration divine et de la nature du poète. L'énergie divine met en branle les éléments de l'âme, d'où une sorte de délire ; la folie peut-être considérée comme une compagne du génie. Les σοφοί (poètes, devins, savants, sages) sont constitués de manière telle qu'ils sont influencés par les effluves divines.

Il n'est question ni de personne, ni d'acte personnel à propos du don poétique ou prophétique chez Platon [2]. Et ce n'est pas la raison, ni l'intelligence, ni la science, ni même le savoir technique, qui sont à la source de la création [3]. Elle est un don divin, elle se produit dans le délire divin. Le délire « comporte deux espèces, l'une qui est due à des maladies humaines, l'autre à un état divin qui nous fait sortir des règles coutumières... Quant au délire divin, nous l'avons divisé en quatre sections qui

---

1. DELATTE, *Les conceptions de l'enthousiasme chez les philosophes présocratiques.*

2. Voir par ex. : *Apologie de Socrate*, 22 c ; *Ménon*, 99, c, d ; *Phèdre*, 244 a, b, 265 a, b ; *Ion*, 533 d, e ; *Timée*, 71 e-72 b.

3. L'*Apologie* dit cependant, parlant des poètes : φύσει τινὶ καὶ ἐνθουσιάζοντες.

relèvent de quatre dieux, rapportant à Apollon l'inspiration divinatoire, à Dionysos l'inspiration mystique,
aux Muses l'inspiration poétique, la quatrième enfin à
Aphrodite et à l'Amour... »[1]. Cette inspiration divine
agit en dehors de toute participation de l'intelligence
humaine : « Une seule preuve suffit à montrer que c'est
bien à l'infirmité de l'esprit humain que Dieu a donné
la divination. En effet nul homme dans son bon sens
ne parvient à la divination divine et véridique. Mais il
faut que la force de son esprit soit entravée par le sommeil ou la maladie ou qu'il l'ait déviée par quelque crise
d'enthousiasme »[2]. L'intelligence a cependant son rôle
à jouer : elle commente, interprète : « C'est à l'homme
dans son bon sens qu'il appartient de réfléchir, après
se les être rappelées, aux paroles proférées à l'état de
sommeil ou de veille par la puissance divinatoire ou
l'enthousiasme, et aux visions qui furent alors perçues,
de les parcourir par le raisonnement, de voir par où ces
phénomènes ont un sens et à qui ils peuvent signifier
un bien ou un mal futur, passé ou présent »[3].

On voit, sans que nous ayons besoin d'insister, l'intérêt de la comparaison. Dans un domaine encore où,
pour les modernes, la personne s'exprime, et même
s'exprime de façon forte, cette notion n'apparaît pas
chez les Anciens. Platon s'était pourtant préoccupé de
questions voisines, par exemple de celle des degrés

1. *Phèdre*, 265 a, b.
2. *Timée*, 71 e. — Cf. *Ménon*, 99 d : « Nous aurons raison
d'appeler divins ceux dont je parlais, les prophètes, les devins,
tous ceux qu'agite le délire poétique, et nous ne manquerons
pas d'appeler divins et inspirés plus que personne les hommes
d'Etat, puisque c'est grâce au souffle du Dieu qui les possède
qu'ils arrivent à dire et à faire de grandes choses sans rien
savoir de ce dont ils parlent... ».
3. *Timée*, 71 e-72 a.

supérieurs de l'initiation philosophique. S'il n'explique pas le don créateur par un effort de la personne, c'est bien, semble-t-il, parce que la notion, sous la forme où nous la connaissons, n'est pas constituée à ce moment.

La relation entre le génie et la personne ne s'établira que lentement. Son histoire ne marque guère de progrès pendant le Moyen Age. Elle ne se dessinera nettement que pendant la querelle des Anciens et des Modernes, chez Perrault ; chez les esthéticiens anglais du XVIIIe siècle, Shaftesbury, Addison, Young. On connaît son développement dans le romantisme allemand et son histoire dans la pensée philosophique à partir du XVIIIe siècle. Comme d'autres faits relatifs à la personne, notre notion de génie est récente.

REMARQUES FINALES   Ces analyses — très fragmentaires — nous apportent cependant quelques vues concordantes. La notion de personne apparaît comme mal dessinée, peu formée chez les non-civilisés, chez les Grecs anciens. L'histoire du mot, celle des croyances, de quelques faits sociaux et moraux interfèrent, se recoupent. Dans le monde méditerranéen, les débuts de la notion correspondent à ceux du mysticisme grec. On note à ce moment, outre ces faits religieux, des facteurs sociaux, économiques, démographiques, dont l'action a dû s'exercer dans le même sens. Il y a un début d'individualisme, d'autonomie de la vie intérieure, de la connaissance de soi. On s'attendrait à un progrès rapide. Il y a des poussées. Certaines formes de la pensée grecque atteindront presque la notion : nous sentons le stoïcisme proche de nous. Cependant, le progrès décisif ne se fait pas encore à ce moment. La pensée chrétienne des premiers siècles représente une nouvelle phase d'élaboration.

Mais il faudra encore un long temps et la convergence d'actions diverses pour que la notion prenne l'aspect qu'elle a aujourd'hui.

Peut-on affirmer qu'elle est aujourd'hui achevée et solide, développée également dans toutes ses parties ? Ne faut-il pas penser, comme le dit M. Mauss, qu'aujourd'hui encore, en même temps que délicate et précieuse, elle est flottante, et demande à être élaborée davantage ? Ne faut-il pas penser même que les actions diverses qui s'exercent et s'exerceront sur elle peuvent agir en sens divers, détruire en partie et non seulement construire ; que la marche demain peut être irrégulière ? Ne faut-il pas admettre surtout que rien ne nous autorise à assigner tel terme — ni même un terme en général — à cette marche ?

CHAPITRE IV

L'INACHÈVEMENT DES FONCTIONS

L'attitude des savants et des philosophes à l'égard du problème de la connaissance scientifique a subi, depuis un siècle et demi, des changements très remarquables pour le psychologue.

La science apparaît comme pratiquement achevée à Kant. Il est « ébloui », on l'a souvent dit, par la physique newtonienne. Nos connaissances peuvent s'étendre, il y a de nouveaux faits à recueillir, à accumuler, mais l'essentiel est acquis. Surtout, les principes et les cadres ne peuvent varier. Comte encore gardera une position analogue.

Les progrès de la physique et de la chimie au cours du xixe siècle vont détruire ce dogmatisme. On pensera, non seulement qu'il y a des faits nouveaux à recueillir, mais que des conceptions importantes peuvent subir des changements.

La physique contemporaine apporte à ces vues une transformation plus radicale encore. Le changement affecte cette fois les principes, les cadres essentiels, les faits de base.

Prenons l'exemple le plus simple : la notion d'objet, et mesurons le chemin parcouru de l'objet du sens commun à l'objet du physicien d'aujourd'hui. M. Gonseth résume fort bien la situation lorsqu'il écrit que l'objet a perdu ses trois propriétés les plus caractéristiques : celles « d'avoir une forme déterminée, d'exister sans réticence et d'occuper un endroit déterminé de l'espace ». L'électron est un « paquet d'ondes » ou un « paquet d'énergie » sans contours bien délimités ; son « existence » se réduit à une probabilité au sein d'un rayon d'électrons ; la forme espace-temps n'est convenable qu'à la description macroscopique des phénomènes, et n'est plus le support adéquat des phénomènes atomiques individuels [1].

Mais il y a plus : non seulement on constate des changements radicaux, mais on sent, on sait que de nouveaux changements radicaux se produiront : ainsi s'établit la conviction de l'inachèvement de la recherche scientifique. La connaissance est inachevée, et c'est un inachèvement forcé et essentiel.

En même temps, des théoriciens de la connaissance montrent que le fait scientifique est en partie œuvre de l'esprit. La distance entre la raison et l'expérience tend à s'effacer ; on tend à écarter les fausses oppositions dues aux implications du langage, à des ontologies anciennes.

Tout cet ensemble de faits conduit le psychologue à la notion que c'est dans l'esprit même que réside le principe de l'inachèvement. Les fonctions psychologiques participent des changements de la connaissance et de l'inachèvement de la connaissance. Elles sont elles-mêmes par essence soumises au changement, inachevées et inachevables. Et si cela est vrai des fonctions les plus précises et que leur exercice pouvait incliner à une certaine constance : le raisonnement, la pensée scientifique, cela doit être vrai *a fortiori* des fonctions qui par leur nature même offrent des conditions de moindre stabilité.

L'examen direct des fonctions psychologiques aboutit à la même conclusion. Elles ne sont stables, fixes, délimitées, achevées qu'approximativement. L'analyse qui a conduit à accepter le principe de leur changement conduit aussi à penser qu'elles sont inachevées et inachevables.

1. Gonseth, *Les mathématiques et la réalité*, p. 157.

Le fait doit être compris dans deux sens.

Elles se modifient dans le temps, au cours de leur histoire, de façons diverses et telles que pour aucune on ne peut dire qu'elle tend vers une limite, vers une forme qu'on peut pressentir, une perfection qu'on entrevoit. Pour toutes, l'histoire montre non seulement des inflexions ou des oscillations, mais aussi quelquefois des inflexions imprévisibles et des changements dans ce qui paraissait le mieux formé.

Considérées non plus dans leur devenir mais dans chacun de leurs états, elles apparaissent comme mal circonscrites, mal délimitées ou séparées les unes des autres. Pour chacune, une sorte de noyau central, un certain nombre de propriétés fondamentales peuvent être précisées ; au delà s'étend une zone où les déterminations précises deviennent difficiles.

Cette zone d'indétermination n'est pas la moins intéressante pour l'historien. C'est peut-être là que s'élabore du nouveau, comme en biologie où ce sont les formes les moins caractérisées qui sont sur le chemin de l'évolution.

Prenons quelques exemples :

La démonstration de l'indécis et de l'inachevé des sentiments est à peine nécessaire. Quand on essaie de faire l'histoire d'un sentiment à travers les aspects que les œuvres en ont retenus, les points de condensation successifs, on a toujours l'impression qu'il y a eu plus et autre chose que ce qui s'est exprimé. Il est de la nature des sentiments de traduire des états globaux dont une partie seulement peut s'actualiser. Ce qui ne s'exprime pas de manière claire et complète nous semble pourtant fort et grave. « Il y a dans tout sentiment profond, écrit H. Delacroix, un point où cesse la qualité propre de ce sentiment, où le sentir, exalté en quelque sorte par le sentiment précis, le dépasse et s'enfonce en soi-même, dans

sa propre exaltation »[1]. On se rappelle aussi ce que Delacroix et d'autres ont écrit des rapports de l'amour et
de la mystique, de l'amour et de la musique.

L'analyse des actes nous a déjà fait apercevoir des
traits analogues. Nous avons remarqué des lacunes dans
leurs contours. Les actes sont systématiques, mais,
nous l'avons vu, il s'y mêle une certaine imprévisibilité.
Il est peut-être significatif que le roman d'aujourd'hui
se soit efforcé de circonscrire l'étrange zone de l'acte
« sans motif ». Aucune vie collective n'est possible sans
conventions et règles strictes, et, on l'a souvent dit,
aucune vie collective n'est possible si on applique tous
les règlements. Nous avons un souci extrême des formes,
et nous avons depuis bien longtemps abandonné tout
dogmatisme de la forme. Ce que nous savons du signe
nous montre non seulement que les significations changent, mais qu'elles ont une part d'indétermination
essentielle.

Regardons l'histoire de la personne. La notion s'est
enrichie d'apports successifs, a paru se condenser,
prendre l'aspect substantiel. Elle est devenue un thème
important de la réflexion morale, et aussi de la littérature. Une forme littéraire s'est précisée et développée,
le roman, qui a pris l'expression de la personne pour
objet. Mais voici que les écrivains contemporains les
plus attentifs à scruter et à décrire les états du moi
nous en montrent les variations, les aspects fragmentaires
ou fugitifs ou contradictoires. Il y a, non plus une substance, mais une expérience de la personne. Le roman
psychologique et parfois le drame tendent même à dis-
soudre la personne, à la disperser presque dans ses
moments, ses actes successifs, ou dans ses aspects et ses
masques. Le moi y apparaît comme une oscillation entre

1. H. DELACROIX, *Psychologie de Stendhal*, p. 258.

ces dispersions et des efforts pour réunir ce qui a été éparpillé. Ainsi chez Marcel Proust ou chez Pirandello, chez Joyce et chez Virginia Woolf. Et nous avons l'impression saisissante qu'il ne s'agit pas là d'un artifice littéraire, mais d'une vérité psychologique essentielle, traduite de manière particulièrement heureuse par des écrivains de grand talent, mais exprimée aussi d'autres manières : par la critique philosophique, par l'observation psychologique et clinique.

Les variations de la personne, les variations des sentiments reposent devant nous le problème qu'a déjà posé l'examen de la pensée engagée dans la science : l'action et la place des œuvres : en face de l'inachevé des fonctions, les achèvements successifs des œuvres.

Elles représentent ce qui est clair, ce qui peut être précisé. L'esprit se détermine successivement dans ses créations, s'arrête dans chacune, chacune correspond à un aspect et à un palier de son histoire. Ce sont des options, des décisions, et des incarnations. Ces œuvres et ces formes fixes, l'homme les a toujours désirées, il en a souhaité la conservation : la fixité des œuvres, la tenacité à les créer, le souci de les conserver ont fait penser que l'esprit lui-même avait une forme immuable, précise et achevée. Leur diversité de nature, la part d'imprévu de leur succession nous orientent aujourd'hui, on l'a vu, vers la conception contraire.

Mais cette diversité n'est pas seulement témoin, elle est aussi agent. En chaque œuvre, il y a des prolongements, des virtualités à exploiter, des découvertes à faire. Chacune a une valeur exemplaire. Et d'autre part, chacune est partielle et un peu partiale ; d'où oscillation ultérieure des fonctions qui auront été engagées dans ces œuvres. De même que la pensée scientifique, la raison se font et s'orientent par l'expérience et la science, de même les sentiments, la personne, la volonté se font et s'orientent par les œuvres, les institutions et les actes.

Cette action semble s'exercer jusque sur les fonctions de base. Lorsqu'une génération trouve beau et « normal » tel genre, tel style de peinture qui a étonné ou choqué la précédente, lorsqu'aujourd'hui des enfants apprécient d'emblée Braque ou Picasso, ne peut-on pas dire que sous l'action des œuvres, à une époque où l'œuvre se répand et se vulgarise, la perception s'est légèrement modifiée [1] ? Nous parlons d'éducation esthétique, et de façon plus générale d'éducation des sens. Jusqu'à quel point une nouvelle vision des formes et des couleurs peut-elle modifier la vision des formes, des couleurs en général ? Quelle est la « différentielle » de ce changement ? Il semble que la question mérite au moins d'être posée.

Le problème des transformations de la fonction imaginative se lie étroitement à ces problèmes de perception. A une séance de la Société de Philosophie, Paul Valéry déclarait : « Je crois que nous en sommes à un point critique, au moment d'une crise de l'imaginabilité... Pouvons-nous raisonnablement parler en termes visuels de chose que suppose la vision ?... N'en sommes-nous pas au point où il faut prendre une décision quant aux images et à leur rôle ? Je me demande si le système de nos images possibles ne serait pas à définir et à délimiter, à moins que ce soit déjà fait ? » Et Paul Langevin répondait : « L'imagerie dont vous parlez et qui nous est tellement commode pour nous représenter les choses, est objet d'évolution et d'adaptation... Je me reporte à nos premières années de physique où la notion de po-

---

1. MATISSE écrit : « Nos sens ont un âge de développement qui ne vient pas de l'ambiance immédiate, mais d'un moment de la civilisation ». (R. ESCHOLIER, *Henri Matisse*, Paris, 1937, p. 156, cf. A. LHOTE, *De la palette à l'écritoire*, p. 383).

tentiel était encore extrêmement abstraite ; Mascart qui l'a introduite en France était appelé le chevalier du potentiel... C'était l'abstraction la plus éhontée qu'on pût imaginer. Aujourd'hui le moindre ouvrier électricien a le sens d'une différence de potentiel... La concrétisation progressive d'une. notion primitivement abstraite est possible, et repose sur des possibilités de liaisons nouvelles entre des sensations, ou des groupes de sensations ». Langevin ajoutait qu'il avait eu un garçon de laboratoire qui était « l'homme à montrer dans les foires comme l'homme qui avait vu les ions », et que Curie « voyait l'énergie ». Et M. Edouard Le Roy faisait observer que « le mot " voir " n'a point une signification immuable, fixée une fois pour toutes, mais un sens mobile et progressif que le travail scientifique enrichit sans cesse » [1].

Ces observations montrent la place des œuvres, des achèvements, dans la vie des fonctions. Les œuvres sont d'abord un témoignage. Elles fixent, résument et conservent ce que les hommes d'un temps ont réussi à faire et à exprimer. Elles sont souvent un témoignage éminent : quand elles traduisent, non une pensée moyenne, mais une pensée neuve, un moment où l'esprit a tendu à progresser, à se dépasser. Elles agissent : la pensée neuve de quelques-uns devient une pensée nouvelle d'un grand nombre. Ainsi se précise l'objet de recherche auquel conduit leur analyse comparée : non la connaissance de l'esprit unique, mais la connaissance des fonctions psychologiques telles qu'elles s'élaborent dans la diversité complexe et concrète de leur histoire.

1. *Bulletin de la Société française de Philosophie*, 1930, p. 68-71.

BIBLIOGRAPHIE [1]

ANDRÉE (R.). — *Ethnographische Parallelen und Versuche*, 2 Bde, Stuttgart und Leipzig, 1878, 1889.

APULÉE. — *Les Métamorphoses*. Texte établi par D. S. Robertson, traduit par P. Valette, Collection Budé, 3 vol., Paris, 1940-1945.

ARISTOTE. — *Organon*. Trad. par J. Tricot, 6 vol., Paris, 1939-1946.
— *Traité de l'Ame*. Traduit et annoté par G. Rodier, 2 vol., Paris, 1900.

BACHELARD (G.). — *Le nouvel esprit scientifique*, Paris, 1934.

BALDWIN (J.M.). — *La pensée et les choses*. La connaissance et le jugement. Trad. par P. Cahour, Paris, 1908.
— *Théorie génétique de la réalité*. La pancalisme. Trad. par E. Philippe, Paris, 1918.

BALLY (Ch.). — Langage naturel et langage artificiel, *Journal de Psychologie*, 1921, p. 625.
— *Le langage et la vie* (1925), nouv. éd., Zurich, 1935.
— L'expression des idées de sphère personnelle et de solidarité dans les langues indo-européennes, *Festschrift Gauchat*, Aarau, 1926, p. 68.
— Les notions grammaticales d'absolu et de relatif, *Journal de Psychologie*, 1933, p. 341.
— Qu'est-ce qu'un signe ? *Journal de Psychologie*, 1939, p. 161.

---

1. Nous n'indiquons ici, parmi les travaux utilisés, que ceux qui se rattachent aux principaux développements du texte. Pour ne pas alourdir cette liste, nous en avons, en général, écarté les études de détail, même celles qui sont citées dans le cours du livre.

BARUZI (J.). — *Problèmes d'histoire des religions*, Paris, 1935.

BASCH (V.). — *Essai critique sur l'esthétique de Kant* (1897), 2e éd., Paris, 1927.

BASTIAN (A.). — *Controversen in der Ethnologie*, I-IV, Berlin, 1893-1894.

BERGAIGNE (A.). — *Quarante hymnes du Rig-Véda*, traduits et commentés. Publiés par V. Henry, Paris, 1895.

BERGSON (H.). — *Essai sur les données immédiates de la conscience* (1889), 11e éd., Paris, 1912.
— *Matière et mémoire* (1896), 9e éd., Paris, 1913.
— *Le rire* (1900), 25e éd., Paris, 1924.
— *L'énergie spirituelle* (1919), 5e éd., Paris, 1920.
— *La pensée et le mouvant*, Paris, 1934.

Bhagavadgîtâ (La). Traduite du sanskrit avec une introduction par E. Senart, Paris, 1922.

BIANQUIS (G.). — *Faust à travers quatre siècles*, Paris, 1935.

BLONDEL (Ch.). — *Introduction à la psychologie collective*, Paris, 1928.
— Intelligence et techniques, *Journal de Psychologie*, 1938, p. 325.

BORODINE (M.). — *La femme dans l'œuvre de Chrétien de Troyes*, Paris, 1909.

BORODINE-LOT (M.). — L'influence du milieu social sur l'évolution des sentiments dans la littérature du Moyen Age, *Journal de Psychologie*, 1926, p. 96.

BOULANGER (A.). — *Orphée*. Rapports de l'orphisme et du christianisme, Paris, 1925.

BOULIGAND (G.). — Les aspects intuitifs de l'activité mathématique, *Revue philosophique*, 1944, p. 193.
— *Les aspects intuitifs de la mathématique*, Paris, 1944.

BOUTROUX (P.). — L'objectivité intrinsèque des mathématiques, *Revue de Métaphysique*, 1903, p. 573.
— *L'idéal scientifique des mathématiciens*, Paris, 1920.

BRADLEY (F. H.). — *The Principles of Logic*, London, 1883.

Bréhier (E.). — L'acte symbolique, *Revue philosophique*, 1917, p. 345.

Brentano (F.). — *Psychologie vom empirischen Standpunkt* (1874). Neu hgg. von O. Kraus, 2 Bde, Leipzig, 1924-1925.
— *Vom sinnlichen und noetischen Bewusstsein*, I. *Wahrnehmung, Empfindung, Begriff*. Hgg. von O. Kraus, Leipzig, 1928.

Brhad Āranyaka Upanisad. Traduite et annoté par E. Senart, Paris, 1934.

Briem (O. E.). — *Les sociétés secrètes de mystères*. Trad. par E. Guerre, Paris, 1941.

Bröndal (V.). — Le concept de « personne » en grammaire et la nature du pronom, *Journal de Psychologie*, 1939, p. 175.

Brunot (F.). — *La pensée et la langue* (1922), 2e éd., Paris, 1926.

Brunschvicg (L.). — *Les étapes de la philosophie mathématique* (1912), 3e éd., Paris, 1929.
— L'idée de la vérité mathématique (Discussion : G. Milhaud, H. Dufumier, E. Le Roy, E. Meyerson, A. Lalande), *Bulletin de la Société française de Philosophie*, 1913, p. 1.
— L'arithmétique et la théorie de la connaissance, *Revue de Métaphysique*, 1916, p. 331.
— *L'expérience humaine et la causalité physique*, Paris, 1922.
—- *Le progrès de la conscience dans la philosophie occidentale*, 2 vol., Paris, 1927.
— Le déterminisme et la causalité dans la physique contemporaine (Discussion : L. de Broglie, P. Langevin, E. Le Roy, R. Poirier, A. Reymond, L. Robin, P. Valéry), *Bulletin de la Société française de Philosophie*, 1930, p. 51.
— *De la connaissance de soi*, Paris, 1931.
— *Les âges de l'intelligence*, Paris, 1934.

Bühler (Ch.). — Le cours de la vie, un problème psychologique, *Journal de Psychologie*, 1932, p. 818.
— *Der menschliche Lebenslauf als psychologisches Problem*, Leipzig, 1933.

BÜHLER (K.). — L'onomatopée et la fonction représentative du langage, *Journal de Psychologie*, 1933, p. 101.

— *Ausdruckstheorie*. Das System an der Geschichte aufgezeigt, Jena, 1933.

— *Sprachtheorie*. Die Darstellungsfunktion der Sprache, Jena, 1934.

CAHAN (J.). — *Zur Kritik des Geniebegriffs*, Bern, 1911.

CASSIRER (E.). — *Substanzbefriff und Funktionsbegriff*, Berlin, 1910.

— *Sprache und Mythos*. Studien der Bibliothek Warburg, VI, Leipzig-Berlin, 1925.

— *Philosophie der symbolischen Formen* : Bd. I. *Die Sprache*, 1923 ; Bd. II. *Das mythische Denken*, 1925 ; Bd. III. *Phänomenologie der Erkenntnis*, 1929, Berlin.

— Le langage et la construction du monde des objets, *Journal de Psychologie*, 1933, p. 18.

— *Descartes, Corneille, Christine de Suède*. Trad. par M. Francès et P. Schrecker, Paris, 1942.

CAVAILLÈS (J.). — *Méthode axiomatique et formalisme*. Essai sur le problème du fondement des mathématiques, Paris, 1937.

Chāndogya Upanisad. Traduite et annotée par E. Senart, Paris, 1930.

CHASLIN (Ph.). — *Essai sur le mécanisme psychologique des opérations de la mathématique pure*, Paris, 1926.

CHEVALLEY (C.) et DANDIEU (A.). — Logique hilbertienne et psychologie, *Revue philosophique*, 1932, I, p. 99.

CLAPARÈDE (E.). — La psychologie fonctionnelle, *Revue philosophique*, 1933, I, p. 5.

COCCHIARA (G.). — *Il linguaggio del gesto*, Torino, 1932.

CREUZER (F.). — *Religions de l'Antiquité*. Trad. par J.-D. Guigniaut. T. I, 1 et 2. *Introduction, Religions de l'Inde, de la Perse et de l'Egypte, Notes et éclaircissements*, Paris, 1825.

CUMONT (F.). — *Les mystères de Mithra* (1900), 3e éd., Bruxelles, 1913.

— *Les religions orientales dans le paganisme romain* (1906), 4e éd., Paris, 1929.

— *After Life in Roman Paganism*, New Haven, 1922.

CUSHING (F.M.). — Manual concepts : a study in the influence of hand usage on culture-growth, *The American Anthropologist*, vol. V, 1892, p. 289.

CZARNOWSKI (S.). — Le morcellement de l'étendue et sa limitation dans la religion et la magie, *Actes du Congrès international d'Histoire des Religions tenu à Paris en 1923*, Paris, 1925, t. I, p. 339.

DAMBUYANT (M.). — Remarques sur le moi dans la déportation, *Journal de Psychologie*, 1946, p. 181.

DANTZIG (T.). — *Le nombre, langage de la science*. Trad. par G. Gros, Paris, 1931.

DAVY (G.). — *La foi jurée*, Paris, 1922.

— La psychologie des primitifs d'après Lévy-Bruhl, *Journal de Psychologie*, 1930, p. 112.

DEDEKIND (R.). — *Stetigkeit und irrationale Zahlen* (1872), 3. Aufl., Braunschweig, 1905.

— *Was sind und was sollen die Zahlen* ? (1887), 5. Aufl., Braunschweig, 1923.

DELACROIX (E.). — *Journal*. Nouv. éd., publiée par A. Joubin, 3 vol., Paris, 1932.

DELACROIX (H.). — L'art et la vie intérieure, *Revue de Métaphysique*, 1902, p. 164.

— *La psychologie de Stendhal*, Paris, 1918.

— *La religion et la foi*, Paris, 1922.

— *Le langage et la pensée* (1924), 2e éd., Paris, 1930.

— *Psychologie de l'art*, Paris, 1927.

— L'aphasie selon Henry Head, *Journal de Psychologie*, 1927, p. 285.

— Au seuil du langage, *Journal de Psychologie*, 1933, p. 9.

— *L'enfant et le langage*, Paris, 1934.

— La fabrication du nombre, *Journal de Psychologie*, 1934, p. 5.

— *Les grandes formes de la vie mentale*, Paris, 1934.

DELANGLADE (J.), SCHMALENBACH (H.), GODET (P.) et LEUBA (J. L.). — *Signe et symbole*. Avant-propos de P. THÉVENAZ, Neuchâtel, 1946.

DELATTE (A.). — *Les conceptions de l'enthousiasme chez les philosophes présocratiques*, Paris, 1934.

DELVAILLE (J.). — *Essai sur l'histoire de l'idée de progrès jusqu'à la fin du* XVIIIe *siècle*, Paris, 1910.

DESCAMPS (P.). — *Etat social des peuples sauvages*. Préface de P. Rivet, Paris, 1930.

DIEHL (G.) (et collaborateurs). — *Les problèmes de la peinture*, Paris, 1945.

DUFUMIER (H.). — La généralisation mathématique, *Revue de Métaphysique*, 1911, p. 783.

DUMÉZIL (G.). — *Le festin d'immortalité*. Etude de mythologie comparée indo-européenne, Paris, 1924.

DUPRÉEL (E.). — *Deux essais sur le progrès*, Bruxelles, 1928.

— Convention et raison, *Revue de Métaphysique*, 1925, p. 283.

— Nature psychologique et convention, *Journal de Psychologie*, 1934, p. 657.

— Vers une théorie probabiliste de la vie et de la connaissance, *Journal de Psychologie*, 1937, p. 5.

DURKHEIM (E.). — *Les règles de la méthode sociologique* (1895), 8e éd., Paris, 1927.

— *Les formes élémentaires de la vie religieuse* (1912), 2e éd., Paris, 1925.

DURKHEIM (E.) et MAUSS (M.). — De quelques formes primitives de classification. Contribution à l'étude des représentations collectives, *Année sociologique*, t. VI, 1901-1902, p. 1.

ECKERMANN (J. P.). — *Conversations avec Goethe*. Trad. par J. Chuzeville, 2 vol., Paris, 1930.

EPICURE. — *Trois lettres*. Version française par O. Hamelin. In : *Revue de Métaphysique*, 1910, p. 397 (et tirage à part, Paris, 1910).

ESSERTIER (D.). — *Les formes inférieures de l'explication*, Paris, 1927.
— *Psychologie et sociologie*, Paris, 1927.

FEBVRE (L.). — Civilisation. Evolution d'un mot et d'un groupe d'idées. *Première Semaine de Synthèse*, fascicule II, Paris, 1930, p. 1.

FOCILLON (H.). — *Vie des formes* (1934), nouv. éd., Paris, 1939.

FORMICHI (C.). — *La pensée religieuse de l'Inde avant Bouddha*. Le Rigveda. L'Atharvaveda. Les Brâhmanas et les Upanishads. Trad. par F. Hayward, Paris, 1930.

FOUCART (G.). — *Histoire des religions et méthode comparative*, Paris, 1912.

FRAZER (J. G.). — *The Golden Bough*. A Study in Magic and Religion, 3d ed., 12 vol., London, 1911-1922.
— *Le bouc émissaire*. Trad. par P. Sayn, Paris, 1925.
— *Atys et Osiris*. Trad. par H. Peyre, Paris, 1926.

FRIEDMANN (G.). — *La crise du progrès*. Esquisse d'histoire des idées (1895-1935), Paris, 1936.

GELB (A.). — Remarques générales sur l'utilisation des données pathologiques pour la psychologie et la philosophie du langage, *Journal de Psychologie*, 1933, p. 403.

GELB (A.) und GOLDSTEIN (K.). — Ueber Farbennamenamnesie, *Psychologische Forschung*, VI, 1925, p. 127.

GENNEP (A. VAN). — *Les rites de passage*, Paris, 1909.

GERNET (L.). — *Recherches sur le développement de la pensée juridique et morale en Grèce*, Paris, 1917.

GERNET (L.) et BOULANGER (A.). — *Le génie grec dans la religion*, Paris, 1932.

GINNEKEN (J. VAN). — La biologie de la base d'articulation, *Journal de Psychologie*, 1933, p. 266.

— « Avoir » et « être » (du point de vue de la linguistique générale), *Mélanges Bally*, Genève, 1939, p. 83.

GOBLOT (E.). — *Traité de logique*, Paris, 1918.
— Expérience et intuition, *Journal de Psychologie*, 1928, p. 721.
— De l'intuition, *Journal de Psychologie*, 1932, p. 337.

GOLDSTEIN (K.). — L'analyse de l'aphasie et l'étude de l'essence du langage, *Journal de Psychologie*, 1933, p. 430.

GOMPERZ (Th.). — *Les penseurs de la Grèce*, t. I. Traduit par A. Reymond, préface de A. Croiset, 3e éd., Paris, 1928.

GONSETH (F.). — *Les mathématiques et la réalité*, Paris, 1936.
— *Qu'est-ce que la logique ?* Paris, 1937.
— *Philosophie mathématique*, Paris, 1939.

GRAEBNER (F.). — *Methode der Ethnologie*, Heidelberg, 1911.

GRANET (M.). — Le langage de la douleur d'après le rituel funéraire de la Chine classique, *Journal de Psychologie*, 1922, p. 97.
— *Danses et légendes de la Chine ancienne*, 2 vol., Paris, 1926.
— L'expression de la pensée en chinois, *Journal de Psychologie*, 1928, p. 517.
— *La civilisation chinoise*. La vie publique et la vie privée, Paris, 1929.
— La droite et la gauche, en Chine, *Bulletin de l'Institut français de Sociologie*, 1933, p. 87.
— *La pensée chinoise*, Paris, 1934.

GROSS (J.). — *La divinisation du chrétien d'après les Pères grecs*, Paris, 1938.

GROUSSET (R.). — *Les philosophies indiennes*, 2 vol., Paris, 1931.

GRUPPE (O.). — *Die griechischen Culte und Mythen in ihren Beziehungen zu den orientalischen Religionen*, I. *Einleitung*, Leipzig, 1887.

GUILLAUME (P.). — L'objectivité en psychologie, *Journal de Psychologie*, 1932, p. 682.

— *Introduction à la psychologie*, Paris, 1942.

HACKS (Ch.). — *Le geste*, Paris, s. d. (1895).

HALBWACHS (M.). — *Les cadres sociaux de la mémoire*, Paris, 1925.

— *Morphologie sociale*, Paris, 1938.

HARRISON (J. E.). — *Prolegomena to the Study of Greek Religion* (1903), 3d ed., Cambridge, 1922.

HAUTER (Ch.). — *Essai sur l'objet religieux*, Paris, 1928.

HEAD (H.). — *Aphasia and Kindred Disorders of Speech*, 2 vol., Cambridge, 1926.

HENRY (V.). — *La magie dans l'Inde antique*, Paris, 1904.

HERDER (G. J. VON). — *Ueber den Ursprung der Sprache* (1770). In : *Sämmtliche Werke*, Bd. 27, Stuttgart, 1853.

HERSCH (J.). — *L'être et la forme*, Neuchâtel, 1946.

HERTZ (R.). — *Mélanges de sociologie religieuse et de folklore*, Paris, 1928.

HILBERT (D.). — Pensée axiomatique, *L'Enseignement mathématique*, t. XX, 1918, p. 122.

— La connaissance de la nature et la logique, *L'Enseignement mathématique*, t. XXX, 1931, p. 22.

— *Gesammelte Abhandlungen*, Bd. III. *Analysis, Grundlagen der Mathematik, Physik*, Berlin, 1935.

HIRSCH (J.). — Ueber traditionellen Speisenabscheu. Ein Beitrag zur genetischen Gefühlspsychologie, *Zeitschrift für Psychologie*, Bd. 88, 1922, p. 337.

HOCART (A. M.). — *Les progrès de l'homme*. Trad. par G. Montandon, Paris, 1935.

HODIERNE (G. HARDY). — *Tournants brusques*, Paris, 1923.

HÖFFDING (H.). — *Philosophie de la religion*. Trad. par J. Schlegel, Paris, 1908.

— *La pensée humaine, ses formes et ses problèmes*. Traduit par J. de Coussange, avant-propos de E. Boutroux, Paris, 1911.

HOERNLÉ (R. F. A.). — Image, idea and meaning, *Mind.* vol. XVI, 1907, p. 70.

HOMBURGER (L.). — *Les préfixes nominaux dans les parlers peul, haoussa et bantous,* Mâcon, 1929.

HUBERT (H.). — Magia. *Dictionnaire des Antiquités grecques et romaines* de DAREMBERG, SAGLIO, POTTIER, t. III. 2e partie, Paris, 1904.

HUBERT (H.) et MAUSS (M.). — Esquisse d'une théorie générale de la magie, *Année sociologique,* t. VII, 1902-1903, p. 1.
— *Mélanges d'histoire des religions* (1909), 2e éd., Paris, 1929.

HUBERT (R.). — L'histoire de l'idée de progrès, *Sixième Semaine de Synthèse,* Paris, 1938, p. 13.

HUMBOLDT (W. VON). — *Ueber die Verschiedenheit des menschlichen Sprachbaues und ihren Einfluss auf die geistige Entwicklung des Menschengeschlechts.* Einleitung zum Kawi-Werk (1836), *Werke,* Ak.-Ausg., Bd. VII, Berlin, 1907.
— *Lettre à M. Abel-Rémusat, sur la nature des formes grammaticales en général, et sur le génie de la langue chinoise en particulier,* Paris, 1827.

HUSSERL (E.). — *Logische Untersuchungen,* 2 Bde, Halle. 1900-1901.

HUVELIN (P.). — Magie et droit individuel, *Année sociologique.* t. X, 1905-1906, p. 1.
— Les tablettes magiques et le droit romain. In : *Etudes d'histoire du droit commercial romain,* Paris, 1929.

HYTIER (J.). — *Les arts de littérature,* Alger, 1941.

ISSERLIN (M.). — Ueber Agrammatismus, *Zeitschrift für die gesamte Neurologie und Psychiatrie,* Bd. LXXV, 1922, p. 332.

JANET (P.). — *De l'angoisse à l'extase,* 2 vol., Paris, 1926.
— *L'évolution psychologique de la personnalité,* Cours du Collège de France, Paris, 1929.

JANKÉLÉVITCH (V.). — *L'alternative,* Paris, 1938.

JESPERSEN (O.). — *Mankind, Nation and Individual from a Linguistic Point of View*, Oslo, 1925.
— L'individu et la communauté linguistique, *Journal de Psychologie*, 1927, p. 573.

JORIO (A. DE). — *La mimica degli antichi investigata nel gestire napoletano*, Napoli, 1832.

KAFKA (G.). — Zur Revision des Typusbegriffs, *Zeitschrift für Psychologie*, Bd. 144, 1938, p. 109.

KREGLINGER (R.). — *Etudes sur l'origine et le développement de la vie religieuse* : t. I. *Les primitifs, l'Egypte, l'Inde, la Perse* ; t. II. *La religion chez les Grecs et les Romains* : t. III. *La religion d'Israel*, Bruxelles, 1919-1922.
— La mentalité primitive et la signification première des rites, *Actes du Congrès international d'Histoire des Religions tenu à Paris en 1923*, Paris, 1925, t. I, p. 187.
— *L'évolution religieuse de l'humanité*, Paris, 1926.

LACOMBE (R. E.). — *La méthode sociologique de Durkheim*. Paris, 1926.

LALANDE (A.). — *La dissolution opposée à l'évolution dans les sciences physiques et morales*, Paris, 1899.
— Lettre à M. L. Brunschvicg, *Bulletin de la Société française de Philosophie*, 1921, p. 63.
— *Les illusions évolutionnistes*, Paris, 1930.
— La psychologie, ses divers objets et ses méthodes, *Nouveau Traité de Psychologie* de G. DUMAS, t. I, Paris, 1930.

LALO (Ch.). — *Les sentiments esthétiques*, Paris, 1910.
— L'art et la vie, *Journal de Psychologie*, 1921, p. 408.
— *L'expression de la vie dans l'art*, Paris, 1933.
— *L'art loin de la vie*, Paris, 1939.
— L'analyse esthétique d'une œuvre d'art. Essai sur les structures et la suprastructure de la poésie, *Journal de Psychologie*, 1946, p. 257.

LANGLOIS (Ch. V.) et SEIGNOBOS (Ch.). — *Introduction aux études historiques* (1897), 4e éd., Paris, 1909.

LANSON (G.). — *Hommes et livres*, Paris, 1895.
— *Etudes d'histoire littéraire*, Paris, 1930.

Laporte (J.). — *L'idée de nécessité*, Paris, 1941.

Larock (V.). — *Essai sur la valeur sacrée et la valeur sociale des noms de personne dans les sociétés inférieures*, Paris, 1932.

Lautman (A.). — *Essai sur les notions de structure et d'existence en mathématiques*, Paris, 1937.

La Vallée-Poussin (L. de). — Bouddhisme. Etudes et matériaux. Théorie des douze causes. *Travaux de la Faculté de Philosophie et Lettres de Gand*, fasc. 40, Gand, 1913.
— *Le dogme et la philosophie du bouddhisme*, Paris, 1930.

Lebreton (J.). — *Histoire du dogme de la Trinité, des origines au Concile de Nicée*, t. I, 7e éd., 1927, t. II, 1928, Paris.

Le Cœur (Ch.). — *Le rite et l'outil*, Paris, 1939.

Leenhardt (M.). — Le temps et la personnalité chez les Canaques de la Nouvelle Calédonie, *Revue philosophique*, 1937, II, p. 43.

Lévi (Sylvain). — *La doctrine du sacrifice dans les Bråhmanas*, Bibliothèque de l'Ecole des Hautes Etudes (Sciences religieuses), t. XI, Paris, 1898.

Lévy-Bruhl (L.). — *La philosophie d'Auguste Comte* (1900), 2e éd., Paris, 1905.
— *Les fonctions mentales dans les sociétés inférieures* (1910), 4e éd., Paris, 1922.
— *La mentalité primitive*, Paris, 1922.
— La mentalité primitive (Discussion : G. Belot, P. Fauconnet, E. Gilson, R. Lenoir, M. Mauss, D. Parodi, L. Weber), *Bulletin de la Société française de Philosophie*, 1923, p. 17.
— *L'âme primitive*, Paris, 1927.
— L'âme primitive (Discussion : R.P. Aupiais, F. Boas, L. Brunschvicg, R. Lenoir, M. Mauss, P. Rivet, M. Blondel, E. Meyerson), *Bulletin de la Société française de Philosophie*, 1929, p. 105.

— *La mythologie primitive*, Paris, 1935.

— *L'expérience mystique et les symboles chez les primitifs*, Paris, 1938.

LHERMITTE (J.). — *L'image de notre corps*, Paris, 1936.

LHOTE (A.). — *La peinture, le cœur et l'esprit*, Paris, 1933.

— *Parlons peinture*, Paris, 1936.

— *De la palette à l'écritoire*, Paris, 1946.

Logique ou l'Art de penser (*La*) (1662), 5ᵉ éd., Lyon, 1684.

LOISY (A.). — *Les mystères païens et le mystère chrétien*, Paris, 1919.

— *Essai historique sur le sacrifice*, Paris, 1920.

LOWIE (R.). — *Traité de sociologie primitive*. Trad. par E. Métraux, Paris, 1935.

— *Manuel d'anthropologie culturelle*. Trad. par E. Métraux, Paris, 1936.

LUCRÈCE. — *De la nature*. Texte établi et traduit par A. Ernout, Collection Budé, 2ᵉ éd., 2 vol., Paris, 1924.

MAGNIEN (V.). — *Les mystères d'Eleusis* (1929), 2ᵉ éd., Paris, 1938.

MALLERY (G.). — Sign language, 1*st Annual Report of the Bureau of American Ethnology*, Washington, 1881.

MARITAIN (J.). — Signe et symbole, *Revue thomiste*, 1938, p. 299.

MASSON-OURSEL (P.). — Etudes de logique comparée, *Revue philosophique*, 1917, I, p. 453; II, p. 59; 1918, I, p. 148.

— Doctrines et méthodes psychologiques de l'Inde, *Journal de Psychologie*, 1921, p. 529.

— De l'utilisation de la méthode comparative comme critère de la positivité des faits psychologiques, *Journal de Psychologie*, 1922, p. 270.

— *La philosophie comparée*, Paris, 1923.

— *Esquisse d'une histoire de la philosophie indienne*, Paris, 1923.

— La dualité de l'esprit-vie et de l'esprit-connaissance, *Journal de Psychologie*, 1924, p. 349.

— Note sur la civilisation indienne, *Première Semaine de Synthèse*, fasc. II, Paris, 1930.

— La psychologie contemporaine occidentale et les conditions d'intelligence de la pensée indienne, *Journal de Psychologie*, 1937, p. 152.

MAUNIER (R.). — Le culte domestique en Kabylie, *Revue d'Ethnographie*, 1925, p. 248.

MAUSS (M.). — *La prière*, Paris, 1914.

— L'expression obligatoire des sentiments (Rituels oraux funéraires australiens), *Journal de Psychologie*, 1923, p. 756.

— Rapports réels et pratiques de la psychologie et de la sociologie, *Journal de Psychologie*, 1924, p. 892.

— Essai sur le don, forme et raison de l'échange dans les sociétés archaïques, *Année sociologique*, nouv. série, t. I, 1923-1924, p. 30.

— Effet physique chez l'individu de l'idée de mort suggérée par la collectivité (Australie, Nouvelle Zélande), *Journal de Psychologie*, 1926, p. 659.

— Les civilisations. Eléments et formes, *Première Semaine de Synthèse*, fasc. II, Paris, 1930, p. 81.

— Les techniques du corps, *Journal de Psychologie*, 1935, p. 271.

— Une catégorie de l'esprit humain : la notion de personne, celle de « moi », *Journal of the Royal Anthropological Institute*, vol. LXVIII, 1938, p. 263.

MEILLET (A.). — Le dieu indo-iranien Mitra, *Journal Asiatique*, 1907, II, p. 143.

— *Les langues dans l'Europe nouvelle* (1918), 2e éd. avec un appendice de L. TESNIÈRE, Paris, 1928.

— *Linguistique historique et linguistique générale*, t. I, 1921. t. II, 1936, Paris.

— Remarques sur la théorie de la phrase, *Journal de Psychologie*, 1921, p. 609.

— Le caractère concret du mot, *Journal de Psychologie*, 1923, p. 246.

— *La méthode comparative en linguistique historique*, Oslo, 1925.

— Sur le bilinguisme, *Journal de Psychologie*, 1933, p. 167.

MEYERSON (E.). — *Identité et réalité* (1908), 4e éd., Paris, 1932.

— *De l'explication dans les sciences*, 2 vol., Paris, 1921.

— *Du cheminement de la pensée*, 3 vol., Paris, 1931.

— *Essais*. Préface de L. DE BROGLIE, Paris, 1936.

MEYERSON (I.). — La mentalité primitive, *Année psychologique*, t. XXIII, 1922, p. 214.

— Les images, *Journal de Psychologie*, 1929, p. 625, et *Nouveau Traité de Psychologie* de G. DUMAS, t. II, 1932, Paris.

— Pierre Janet et la théorie des tendances, *Journal de Psychologie*, 1947, p. 5.

MICHEL (A.). — Hypostase, *Dictionnaire de Théologie catholique* de VACANT et MANGENOT, t. VII, Paris, 1922.

MICHEL (N. Henry). — *Du droit de cité romaine*, I. *Des signes distinctifs de la qualité de citoyen romain*, Paris, 1885.

MILHAUD (G.). — *Le rationnel* (1897), 2e éd., Paris, 1926.

Milinda Pañha (Les questions de Milinda). Traduit du pâli avec introduction et notes par L. Finot, Paris, 1923.

MOREL (Ch.). — Nomen ("Ονομα), *Dictionnaire des Antiquités grecques et romaines* de DAREMBERG, t. IV, 1re partie, Paris, 1905.

MORET (A.). — *Mystères égyptiens*, Paris, 1913.

— *Le Nil et la civilisation égyptienne*, Paris, 1926.

MORGAN (J. DE). — *L'humanité préhistorique*, Paris, 1924.

MÜLLER-FREIENFELS (R.). — *Die Hauptrichtungen der gegenwärtigen Psychologie*, Leipzig, 1929.

— Zur Psychologie der Psychologie, *Zeitschrift für Psychologie*, Bd. 142, 1938, p. 135.

MURPHY (J.). — The development of individuality in the ancient civilization, *Mélanges Franz Cumont, Annuaire de l'Institut de Philosophie et d'Histoire orientales et slaves*, t. IV, 2 vol., Bruxelles, 1936.

Mus (P.). — La mythologie primitive et la pensée de l'Inde (Discussion : R. Berthelot, A. Foucher, L. Lévy-Bruhl, P. Masson-Oursel, M. Mauss, H. Ch. Puech), *Bulletin de la Société française de Philosophie*, 1937, p. 83.

— *Sadgatikārikā et Lokaprajñapti*. Etude sur les sources sanskrites anciennes conservées dans le pâli birman, Paris, 1939.

— *Les Sadgatikārikā de Dharmika Subhūti*, Paris, 1939.

— *Le Viet Nam chez lui*, Paris, 1946.

Niceforo (A.). — La civilisation. Le problème des valeurs. Une échelle objective des valeurs est-elle concevable ? *Première Semaine de Suynthèse*, fasc. II, Paris, 1930, p. 113.

Nogué (J.). — *L'activité primitive du moi*, Paris, 1936.

— L'expression dans la danse antique, *Comptes Rendus du XIe Congrès international de Psychologie tenu à Paris en 1937*, Agen et Paris, 1938, p. 420.

Ogden (C. K.) and Richards (I. A.). — *The Meaning of Meaning*, with Supplementary Essays by B. Malinowski and F. G. Crookshank, London, 1923.

Oldenberg (H.). — *Le Bouddha*. Sa vie, sa doctrine, sa communauté. Trad. par A. Foucher, Paris, 1894.

— *La religion du Véda*. Trad. par V. Henry, Paris, 1903.

Otto (R.). — *Le Sacré*. Trad. par A. Jundt, Paris, 1929.

Paget (R.A.S.). — L'évolution du langage, *Journal de Psychologie*, 1933, p. 92.

Parain (B.). — *Recherches sur la nature et les fonctions du langage*, Paris, 1942.

— *Essai sur le logos platonicien*, Paris, 1942.

Paris (Gaston). — Les Cours d'amour au Moyen Age, *Journal des Savants*, 1888, p. 664, 727.

Paulhan (F.). — Qu'est-ce que le sens des mots ? *Journal de Psychologie*, 1928, p. 289.

— *La double fonction du langage*, Paris, 1929.

PLATON. — *Œuvres complètes*, Collection Budé, 21 vol. parus, Paris, 1920-1941.

PLAUT (P.). — *Die Psychologie der produktiven Persönlichkeit*, Stuttgart, 1929.

POINCARÉ (H.). — *La science et l'hypothèse*, Paris, 1902.
— *La valeur de la science*, Paris, 1905.
— *Science et méthode*, Paris, 1908.
— *Dernières pensées*, Paris, 1913.

PRADINES (M.). — *Traité de psychologie générale*, t. I, 1943, t. II, 1 et 2, 1946, Paris.

REITZENSTEIN (R.). — *Die hellenistischen Mysterienreligionen*, Leipzig, 1910.

RENOU (L.). — *Hymnes et prières du Veda*. Textes traduits du sanskrit, Paris, 1938.
— *La poésie religieuse de l'Inde antique*, Paris, 1942.

RENOUVIER (Ch.). — *Traité de logique générale et de logique formelle* (1854), nouv. éd., 2 vol., Paris, 1912.

REYMOND (A.). — Les doctrines de l'évolution et de l'involution envisagées dans leurs conséquences politiques et sociales (Discussion : C. Bouglé, L. Brunschvicg, A. Cresson, A. Lalande, D. Parodi, L. Weber), *Bulletin de la Société française de Philosophie*, 1933, p. 3.

Rig Veda. Uebers. von H. Grassmann, 2 Bde, Leipzig, 1876-1877.

ROBIN (L.). — *La pensée grecque et les origines de l'esprit scientifique*, Paris, 1923.
— Perception et langage d'après le Cratyle de Platon, *Journal de Psychologie*, 1937, p. 613.

ROHDE (E.). — *Psyché*. Edition française par A. Reymond, Paris, 1928.

RUBIN (E.). — L'inachèvement forcé de la connaissance dans la philosophie de Höffding, *Journal de Psychologie*, 1932, p. 673.

SACHS (C.). — *Histoire de la danse*. Trad. par L. Kerr, Paris, 1938.

SARTIAUX (F.). — *La civilisation*, Paris, 1938.

SAUSSURE (F. DE). — *Cours de linguistique générale*, publié par Ch. Bally et A. Schehaye, Lausanne et Paris, 1916.

SCHLOSSMANN (S.). — *Persona und πρόσωπον im Recht und im christlichen Dogma*, Festschrift Kiel, 1906.

SCHUHL (P. M.). — *Essai sur la formation de la pensée grecque*, Paris, 1934.
— *Machinisme et philosophie* (1938), 2e éd., Paris, 1947.

SCHWOB (Marcel). — *Spicilège*, Paris, 1920.

SECHEHAYE (A.). — La pensée et la langue, ou comment concevoir le rapport organique de l'individuel et du social dans le langage, *Journal de Psychologie*, 1933, p. 57.

SEGOND (J.). — *Le problème du génie*, Paris, 1930.

SEIGNOBOS (Ch.). — *La méthode historique appliquée aux sciences sociales* (1901), 2e éd., Paris, 1909.
— Les conditions pratiques de la recherche des causes dans le travail historique (Discussion : G. Bloch, P. Lacombe, F. Simiand, A. Lalande, G. Glotz), *Bulletin de la Société française de Philosophie*, 1907, p. 263.
— La méthode psychologique en sociologie, *Journal de Psychologie*, 1920, p. 496.

SERRUS (Ch.). — *Le parallélisme logico-grammatical*, Paris, 1933.
— *La langue, le sens, la pensée*, Paris, 1941.

SHAFTESBURY. — *A Letter concerning Enthusiasm*. Texte avec introduction et notes par A. Leroy, Paris, 1930.

SIGNAC (P.). — *D'Eugène Delacroix au néo-impressionnisme*, (1899), 4e éd., Paris, 1939.

SIMIAND (F.). — La causalité en histoire, *Bulletin de la Société française de Philosophie*, 1906, p. 245.

SITTL (C.). — *Die Gebärden der Griechen und Römer*, Leipzig, 1890.

Smets (G.). — Sociologie des primitifs. Les causes de stagnation et de regrès, *Deuxième Semaine de Synthèse*, fasc. I, Paris, 1931, p. 77.

Souriau (E.). — *Pensée vivante et perfection formelle*, Paris, 1925.

— *L'instauration philosophique*, Paris, 1939.

Spaier (A.). — *La pensée concrète*. Essai sur le symbolisme intellectuel, Paris, 1927.

Spearman (C.). — *Les aptitudes de l'homme*. Leur nature et leur mesure. Trad. par F. Brachet, Avant-propos de G. Darmois, Paris, 1936.

Spinoza. — *Traité de la réforme de l'entendement. Œuvres*, trad. par Ch. Appuhn, éd. Garnier, t. I, Paris, 1907.

Tannery (J.). — Mathématiques pures, In : *De la méthode dans les sciences*, t. I, 2e éd., Paris, 1910.

Thurnwald (R.). — Gruss, *Reallexikon für Vorgeschichte*, Hgg. von M. Ebert, Bd. IV, 2. Hälfte, Berlin, 1926.

Tonnelat (E.). — Kultur. Histoire du mot, évolution du sens, *Première Semaine de Synthèse*, fasc. II, Paris, 1930, p. 61.

Truc (G.). — *Les sacrements*, Paris, 1925.

Vendryes (J.). — *Le langage*, Paris, 1921.

— Le caractère social du langage et la doctrine de F. de Saussure, *Journal de Psychologie*, 1921, p. 617.

— Sur les tâches de la linguistique statique, *Journal de Psychologie*, 1933, p. 172.

Wallon (H.). — *De l'acte à la pensée*, Paris, 1942.

Weber (L.). — *Le rythme du progrès*, Paris, 1913.

— La civilisation. Civilisation et technique, *Première Semaine de Synthèse*, fasc. II, Paris, 1930, p. 131.

— Pensée symbolique et pensée opératrice (Discussion : L. Brunschvicg, A. Lalande, D. Parodi, P. Salzi, Ch. Serrus), *Bulletin de la Société française de Philosophie*, 1935, p. 177.

WERNER (H.). — *Einführung in die Entwicklungspsychologie* (1925), 2. Aufl., Leipzig, 1933.

WESTERMARCK (E.). — *L'origine et le développement des idées morales.* Ed. franç. par R. Godet, 2 vol., Paris, 1928-1929.

WITTE (O.). — Untersuchungen über die Gebärdensprache. *Zeitschrift für Psychologie*, Bd. 116, 1930, 'p. 225.

WOERKOM (W. VAN). — Sur la notion de l'espace (le sens géométrique), sur la notion du temps et du nombre. *Revue neurologique*, 1919, p. 113.

— La signification de certains éléments de l'intelligence dans la genèse des troubles aphasiques, *Journal de Psychologie*, 1921, p. 730.

Yih King. Texte primitif, rétabli, traduit et commenté par Ch. de Harlez, Bruxelles, 1889.

ZENKER (E.V.). — *Histoire de la philosophie chinoise.* Trad. par G. Lepage et Y. Le Lay, Paris, 1932.

ZILSEL (E.). — *Die Entstehung des Geniebegriffs*, Tübingen, 1926.

INDEX DES NOMS CITÉS

Addison, 184.
Andrée (R.), 20.
Antisthène, 86.
Apulée, 93.
Aristote, 86, 88, 89, 124.
Arnauld, 91, 92.

Baldwin (J.M.), 145.
Bally (Ch.), 77, 177.
Basch (V.), 179.
Bastian (A.), 136.
Bergaigne (A.), 34.
Bergson, 155, 181.
Binet (A.), 70.
Blondel (Ch.), 115, 127.
Boas (F.), 133.
Borel (E.), 63, 65, 67.
Borodine-Lot (M.), 141.
Borst (M.), 115.
Bossuet, 131.
Boulanger (A.), 167.
Bouligand (G.), 61, 62, 95.
Boutroux (P.), 63, 64, 65, 83, 108.
Bradley (F.H.), 80, 81.
Bréhier (E.), 26.
Brentano (F.), 31.
Brochard (V.), 172.
Brouwer (E. J. L.), 61, 62.
Brunot (F.), 98.
Brunschvicg (L.), 57, 58, 60, 63, 64, 68, 86, 87, 106, 110, 124, 130, 131, 152, 154, 172.

Bühler (Ch.), 17, 114.
Bühler (K.), 81, 82, 83.

Cahan (J.), 179.
Cassirer, 37, 38, 39, 41, 44, 81, 85, 102, 143.
Cauchy, 64, 86.
Cavaillès (J.), 58, 59, 60, 63.
Chaslin (Ph.), 58, 63.
Chevalley (C.), 67.
Chrétien de Troyes, 140, 141.
Claparède (Ed.), 115, 126.
Cocchiara (G.), 20, 24.
Comte, 189.
Corneille, 143.
Creuzer (F.), 87.
Cumont (F.), 170.
Cushing (F. H.), 27.
Czarnowski (S.), 22, 41, 43.

Dambuyant (M.), 146.
Dandieu (A.), 67.
Dantzig (T.), 57.
Dedekind, 59.
Delacroix (E.), 99.
Delacroix (H.), 57, 58, 127, 152, 191, 192.
Delatte (A.), 182.
Delvaille (J.), 146.
Démocrite, 81, 182.
Descartes, 143.
Diehl (G.), 99.

Postface

PAR RICCARDO DI DONATO

UN HOMME, UN LIVRE

I. Meyerson par Meyerson

Il y a peu de vies qui, comme celle d'Ignace Meyerson, pourraient se dire achevées. Peu d'hommes qui, comme lui, ont accompli leur travail avec autant de continuité et de rigueur. Cependant, les produits évidents de ce labeur ne sont pas très nombreux. Il faut les déceler dans la collection d'une revue, le *Journal de psychologie normale et pathologique,* il faut aller les chercher aux Archives nationales, où des dizaines de cartons gardent la précieuse mémoire de cette longue activité et des milliers de lettres témoignent de la force des relations intellectuelles ; enfin, il faut les trouver dans un tout petit livre, ces *Fonctions psychologiques et les œuvres,* qui vont revoir le jour quelque cinquante ans après leur première parution.

Confiée à la mémoire fidèle d'un petit groupe d'amis, l'histoire même de la vie d'Ignace Meyerson est trop peu connue. Il est nécessaire de la rappeler : Ignace Meyerson est né à Varsovie le 27 février 1888 dans une famille juive de médecins et de scientifiques parmi lesquels son oncle Émile (Lublin 1859-Paris 1933) avait un rôle éminent. Après des études en Pologne et un semestre universitaire à Heidelberg,

Meyerson complète ses études universitaires à Paris, à partir de 1906, en suivant des cours de physiologie, de médecine et de philosophie. Licencié en sciences, interne pendant quelques années à l'hôpital de la Salpêtrière, après la Première Guerre mondiale à laquelle il participe dans les services de santé, il reprend son travail à l'Institut de psychologie de la Sorbonne. Préparateur à la troisième section de l'École des hautes études en 1921, il est nommé en 1923 directeur adjoint du laboratoire de psychologie physiologique. Secrétaire de la Société française de psychologie, il devient, à partir de 1920, secrétaire de rédaction du *Journal de psychologie normale et pathologique.* Relevé de ses fonctions en novembre 1940 à cause des lois raciales du gouvernement de Vichy, il doit se réfugier à Toulouse où il fonde une Société de psychologie et entre dans la Résistance. Réintégré en 1945, il est mis à la disposition de l'université de Toulouse pour un enseignement à la faculté des lettres. En 1948, âgé de soixante ans, il soutient à la Sorbonne son doctorat ès lettres. De 1951 jusqu'à sa mort, il est directeur d'études à la VIe section de l'École des hautes études où il dirige également un Centre de psychologie comparative. Directeur du *Journal de psychologie* en 1938 avec Charles Blondel et Paul Guillaume, puis en 1946 avec le seul Guillaume, il en assure seul la direction à partir de 1962. La revue s'éteindra avec lui en 1983.

La démarche intellectuelle de Meyerson n'est pas simple ; elle a pourtant des caractéristiques qui en permettent l'étude et la compréhension avec une certaine précision. Elle se confond en effet avec la vie d'une revue, le *Journal de psychologie normale et pathologique* et avec les institutions dont la revue était l'organe d'expression.

Dans la vie culturelle intense du Paris de la fin de la Première Guerre mondiale, toutes les disciplines qui appartiennent au vaste domaine des sciences de l'homme se tissent des liens mutuels. Notre examen – si rapide soit-il – ne pourra donc se limiter à l'activité du *Journal,* qui constitue bien pourtant l'axe de l'enquête assez schématique qu'on va entreprendre dans les directions qui sont nécessaires à toute évaluation critique. Un autre aspect légitime ce choix, et il n'est point fortuit : *Les Fonctions psychologiques et les œuvres* ne sont pas un des livres mais *le* livre de Meyerson. Écrit comme thèse de doctorat soutenue après plus de trente ans d'activité scientifique et pédagogique, ce livre représente le point d'aboutissement du processus de formation de la théorie et de la méthode de son auteur ; il constitue le point de départ de plusieurs des recherches ultérieures menant jusqu'à celles conduites par Meyerson, durant la dernière partie de sa vie, dans le domaine de la psychologie de l'art.

L'université de Paris, pendant les quinze premières années du siècle, celles mêmes où Meyerson achève sa formation et inaugure son activité de chercheur, est bien décrite dans un bref texte d'Émile Durkheim, promis à un volume collectif publié en 1918 sous le titre de *La Vie universitaire à Paris* (*Textes* I, 1975, 453 ss). Durkheim ne se bornait pas à décrire les structures existantes mais esquissait les traits d'une histoire culturelle de l'institution universitaire parisienne.

Après la splendeur des commencements et de la floraison médiévale, viennent des siècles de décadence. La discussion qui s'ouvre après 1789 sur le rôle que doit jouer le lieu le plus prestigieux de la science française constitue un véritable tournant. Après avoir rejeté le projet de Condorcet qui voulait, dans l'esprit des Lumières, une université diffusant la science à la place de la dialectique et de la foi, la Convention choisit de régler l'enseignement universitaire sur un modèle fonctionnel et professionnel. D'où la fondation des grandes écoles : l'École normale supérieure, l'École polytechnique, le Muséum pour l'enseignement de l'histoire naturelle « prise dans son étendue et appliquée particulièrement à l'avancement de l'agriculture, du commerce et des arts », trois écoles de santé et l'École des langues vivantes. Napoléon voulut l'institution des deux facultés, de lettres et de sciences, directement liées au système de l'instruction supérieure, auquel elles fournissent le sérieux des jurys d'examens. Pendant le second Empire, Duruy fonde en 1868 l'École pratique des hautes études dont on n'ouvre d'abord que les quatre premières sections. Après la défaite, c'est l'effort passionné des républicains, engagés dans la tâche de *refaire le pays* et l'Académie de Paris parvient ainsi à avoir quatre facultés (sciences, lettres, droit et médecine), une École de pharmacie, de nombreux instituts et laboratoires. À partir de 1904, c'est au tour de l'École normale supérieure d'appartenir à l'université de Paris dont le recteur – pour bien marquer le lien avec l'État – est aussi ministre de l'Instruction publique. Ici se termine l'esquisse de Durkheim : le présent est le produit d'une évolution, chaque transformation de l'institution a un rapport avec la société dont elle est issue.

Pour mieux comprendre ce dont il va être question, il faut rappeler un événement qui se passe peu après la guerre. En 1920, une loi de réforme permet, dans la réorganisation de l'Université, la constitution d'instituts autonomes par rapport aux facultés. Les psychologues sont les premiers à saisir l'occasion, conscients de l'importance que ce changement institutionnel, qui mettrait en contact direct des chercheurs de formation différente, peut avoir pour le statut de leur discipline. L'Institut de psychologie de l'université de Paris réunissait donc les deux professeurs de la faculté des lettres, Henri Delacroix, qui enseignait la psychologie générale, Georges Dumas, la psychologie expérimentale et pathologique, Janet, professeur de psychologie expérimentale et comparée au Collège de France, Étienne Rabaud, professeur de psychologie zoologique à la faculté des sciences, et Henri Piéron, directeur du laboratoire de psychologie physiologique de l'École des hautes études. L'Institut avait une section de pédagogie avec de nombreux maîtres de conférences parmi lesquels le jeune Meyerson. À l'intérieur de l'Université, l'Institut allait exercer son influence grâce à deux revues, l'*Année psychologique* et le *Journal de psychologie normale et pathologique*.

Ignace Meyerson débuta par des études de physiologie : « Recherches sur l'excitablité des fibres inhibitrices du pneumogastrique » en 1912 (*Compte rendu de la Société de biologie*, 1912, LXXII, 63). L'attention au fondement scientifique de la recherche psychologique a été une constante de son travail. Parmi ses maîtres, ceux qui s'appuyaient sur les liens entre physiologie et psychologie occupaient une place de choix. Dans son compte rendu du premier livre de Jean Piaget, *Le Langage et la Pensée chez l'enfant* en 1923, dans le contexte d'une réflexion déjà orientée ailleurs, comme on va le voir, Meyerson rappelait la méthode clinique pratiquée avec fortune par son maître Philippe Chaslin : « Elle est longue, prudente. Elle demande beaucoup de patience, beaucoup d'honnêteté, elle est souvent ennuyeuse, mais quand on lit les travaux qui en sont le fruit, on voit combien elle est supérieure à toute autre, parce que, seule, elle préserve des théories trop simples et des synthèses hâtives » (*Année psychologique*, 1923, 302).

Dans une lettre à Delacroix (29.8.1923), le souvenir de l'expérience aux côtés de Chaslin est attaché à l'idée du changement : « Quand j'étais encore à la Salpêtrière, je faisais tous les matins en arrivant une prière ineffable mais dont le sens était : que je ne voie pas le clocher à sa place habituelle... Que Chaslin ne me reçoive pas par la phrase "et autrement ?"... Je songe à la Salpêtrière parce que ces quatre années ont été la période de ma vie la plus monotone et la plus prévisible, mais je crois que de tout temps j'ai souhaité l'imprévisible : non point l'extraordinaire, par goût d'aventure ou ennui, mais bien proprement l'imprévu, par besoin d'échapper à la "permanence des lois de la nature"... par aversion pour le principe d'identité ?... Je suppose que mon cas ne doit pas être rare. (...) Je crois que nous n'avons plus peur du mouvement, de l'irrationnel, et je ne crois pas que ce soit vague mystique, bergsonisme, spiritualisme. Nous avons renversé le mot de l'Esquimau de Rasmussen : nous essayons de ne pas maintenir nos vieilles coutumes, afin de voir si on pourrait ne pas maintenir le monde. Le mouvement est devenu trop lent pour nous. (...) Nous voudrions faire les apprentis sorciers. Et quand il y a une secousse les "Hodierne" sont heureux parce qu'on a senti le changement, qu'il y a beaucoup de nouveau... L'on comprend que le sens du changement leur importe peu puisqu'ils n'admettent pas la ligne, ni l'évolution, ces retours d'identité... Mais je ne dirais rien de tout cela à mon oncle – j'aurais trop peur de me faire honnir sinon brûler... »

Le jeune Ignace était en effet orienté vers la réflexion sur la science, dans son milieu familial, par les recherches épistémologiques de son oncle Émile, le théoricien du causalisme, de l'explication des phénomènes à travers la recherche et l'étude de leurs causes et, à l'inverse, le théoricien de l'impossibilité d'une gnoséologie parfaite, bâtie à partir du principe d'identité. La présence d'Émile est très grande dans la vie intellectuelle d'Ignace, importante mais aussi encombrante. Il devra s'en libérer pour développer franchement sa pensée.

Dans la période de formation du jeune Meyerson, il y a d'autres influences à retenir. L'amitié de Lucien Herr, le bibliothécaire de la rue d'Ulm, a joué un rôle extraordinaire dans la stimulation des études philosophiques en France de 1890 jusqu'à la fin du premier quart du siècle en régnant sur les lectures des professeurs et des élèves de l'École normale. Marcel Mauss rappelle, pour se limiter à un seul exemple, que ce fut bien Herr qui signala à Durkheim les travaux de Frazer sur le totémisme (*Œuvres* III, 524). Herr a été, tels d'autres Alsaciens de son temps, l'un des fidèles intermédiaires entre la culture française et la culture allemande. Après avoir animé par sa rigueur morale et sa capacité d'organisation la mobilisation laïque et républicaine au cours de l'affaire Dreyfus, il fut un des pères du socialisme intellectuel. Il suffira de rappeler qu'on doit à son influence l'affiliation du normalien Jean Jaurès au socialisme, alors que Fustel de Coulanges dirigeait l'École. Avec Charles Seignobos, dont on parlera bientôt, Herr est l'inspirateur des sentiments politiques du jeune Ignace, qui avait quitté Varsovie en 1905 pour avoir adhéré à la révolution russe.

Dans les réseaux qui dominent la culture française, avant même le début du siècle, le rôle de Théodule Ribot a eu une importance décisive. Ribot, le psychologue expérimental ouvert aux courants les plus vivants de l'intelligence européenne, fut le fondateur de la *Revue philosophique.* Marcel Mauss liait son nom à celui d'un autre spencérien, Alfred Espinas, l'auteur en 1897 des *Origines de la technologie.* Ribot favorisa la rencontre de Durkheim avec Wilhelm Wundt, le futur auteur de la *Völkerpsychologie,* au cours d'un voyage en Allemagne rapporté dans l'essai sur « La science positive de la morale en Allemagne », publié dans la *Revue philosophique* (*Textes* I, 267-343). Ce fut Ribot qui encouragea Mauss dans l'orientation de recherche qui lui était proposée par Durkheim et qui soutint les débuts de Paul Fauconnet et d'autres encore parmi les membres de la future école sociologique. Ribot fut enfin le maître de Pierre Janet et de Georges Dumas, les deux fondateurs du *Journal de psychologie.* Après l'interruption de la guerre, ils reprirent en 1920 – l'année de la fondation de l'Institut de psychologie – la publication du *Journal.* Ils se rattachent d'une manière explicite à l'œuvre de connexion entre les sciences humaines développée par la *Revue philosophique* et rappellent comment leur maître avait toujours considéré que le *Journal* était issu de sa propre *Revue.* Le premier article de l'année de la reprise fut une leçon de Ribot de 1896, rédigée par Ignace Meyerson sur des notes de Janet et de Dumas – image limpide du lien entre les trois générations de psychologues (XVII, 1920, 5 ss).

Cette même première année parut le fascicule consacré à « Psychologie sociale et sociologie » qui comportait – entre autres – un article du sociologue Georges Davy sur « L'explication sociologique en psychologie » et, pour les correspondants, un article de l'historien Charles Seignobos sur « La méthode psychologique en sociologie » (XVII, 1920, 538-569 ; 496-514).

L'article de Seignobos est une leçon claire de méthode historique. La différence par rapport à la méthode sociologique est précise et la critique du durkheimisme très nette, même si l'origine de la théorie sociologique est vue, telle celle de la « doctrine économique du matérialisme historique », comme une réaction légitime au spiritualisme et à la méthode propre aux études littéraires issues de l'idéalisme. L'observation extérieure des faits sociaux ne semble pas, pour Seignobos, s'accorder avec la compréhension de la projection sur eux de la psychologie individuelle. L'étude d'une réalité générale et collective présuppose son immutabilité dans le temps. Même s'il est juste de rejeter une historiographie qui se centre exclusivement sur les grands hommes, il faut chercher, dans l'analyse, à parvenir jusqu'à la dimension individuelle. Les actes humains sont l'intervention de l'homme dans la réalité. Il est nécessaire, pour l'examen de chaque fait, de passer constamment du monde matériel des actes au monde psychique de la conscience, et réciproquement. L'analyse historique demande de l'esprit de finesse et de la capacité d'imagination psychologique : il s'agit certes d'une méthode hybride, elle n'est ni précise ni définitive mais elle est rationnelle et scientifique, « et surtout, écrit Seignobos, l'histoire seule peut faire comprendre – ce que ni le bon sens naturel ni même la méthode sociologique ne peut atteindre – le mécanisme général de la société, parce que seule elle peut expliquer les procédés de contact, de coopération et de transmission entre les individus qui la constituent ».

La critique faite par Meyerson de la méthode sociologique et de son option historiciste tiendra compte de ces fondements méthodologiques. Seignobos n'est pourtant pas un simple maître intellectuel. Pour le jeune Ignace, le membre de la Ligue des droits de l'homme est une figure paternelle à l'égard de laquelle il éprouve un mélange de sentiments d'admiration et d'affection :

« J'ai beaucoup pensé à vous, à tous ces temps, à vous homme concret et certainement un des plus vivants et plus complets que j'aie connus, lui écrit Meyerson en septembre 1934, et aussi à vous symbole, représentant d'une doctrine, porteur d'une foi. Le siècle Charles Seignobos sera, pour l'historien, celui des efforts pour réaliser l'individu. Il me semble que personne plus que vous n'ait fait confiance à l'Homme, l'homme en général, à l'intelligence créatrice et organisatrice des individus, au progrès de la raison humaine. Et cela, en quelque sorte malgré l'expérience quotidienne où, avec une clairvoyance entière, vous aperceviez les faiblesses et les errements ; vous avez fait confiance à l'homme, malgré lui, et avez espéré qu'il saurait librement former toutes les associations humaines utiles et construire la cité. Il me semble que Seignobos historien et théoricien de l'Histoire a dans ce domaine rejoint Seignobos politique et que votre vie a toujours présenté une remarquable unité. »

Un souvenir personnel, dans la même lettre, explique la force de ce lien :

« Je vous ai connu, je crois, aux vacances de 1911. Vingt-trois ans : c'est la moitié de ma vie, de toute ma vie d'homme. Je vous dois de très grandes joies intellectuelles, et vous savez que je ne place rien au-dessus. Et je vous dois aussi d'avoir eu un toit et une famille : c'était pour moi, étudiant étranger, seul à Paris, timide et sauvage, un don du destin inestimable. Vous savez ce que vous avez été, la petite mère et vous, pour moi pendant toutes ces années. »

Le *Journal* est très important pour notre histoire mais il ne faut pas oublier la revue parallèle, qui permet de suivre les développements de la psychologie française, l'*Année psychologique,* fondée en 1894 dans le laboratoire de psychologie physiologique de la Sorbonne par Henri Beaunis et Alfred Binet, en collaboration, encore, avec Théodule Ribot et Victor Henri, qui était attaché au laboratoire de Wundt à Leipzig. L'*Année psychologique,* dirigée à partir de 1913 par Henri Piéron, a joué pendant plusieurs dizaines d'années une fonction d'information critique, publiant, à côté d'un petit nombre de mémoires originaux, une revue bibliographique d'une ampleur exceptionnelle. Meyerson a rédigé pour l'*Année* plusieurs centaines de fiches et de notes bibliographiques entre 1922 et 1939 : certaines d'entre elles sont significatives des centres d'intérêt du psychologue et nous permettent de suivre le mouvement de la réflexion que le savant poursuivait de concert avec l'activité de recherche à l'intérieur du laboratoire de la Sorbonne.

Dans le *Journal,* on voit Meyerson engagé entre 1920 et 1921 dans les expériences du laboratoire et dans les séances de la Société française de psychologie dont il fut un secrétaire actif ; c'est pourtant dans l'*Année* (XXIII, 1925, 214-222 = *Écrits,* 1987, 227-344) que nous pouvons lire une note dépassant les dimensions et l'intérêt de la revue bibliographique. L'objet de la note de Meyerson est *La Mentalité primitive* (Paris, 1922) de Lucien Lévy-Bruhl, le successeur en 1908 d'Émile Boutroux à la chaire de philosophie moderne de la Sorbonne et, en 1917, de Ribot à la direction de la *Revue philosophique. La Mentalité primitive* est le deuxième livre ethnologique du savant ; le premier avait été en 1910 *Les Fonctions mentales dans les sociétés inférieures.* Le compte rendu suit une méthode à laquelle Meyerson fut toujours fidèle : celle de l'exposition minutieuse du contenu du livre. En apparence, il ne s'y livre pas à un jugement. Meyerson écrira dans son livre à propos de la méthode sociologique : « Toute description est presque toujours d'emblée une interprétation, tout récit un commentaire. » Les traits essentiels de la mentalité primitive sont extraits du livre de Lévy-Bruhl, qui est riche en descriptions et dont la thèse est très accentuée : l'existence d'une mentalité prélogique très nettement caractéristique dans son unité et bien distincte de la pensée rationnelle. On retrouvera cités, vingt-cinq ans après dans le livre de Meyerson, quelques-uns des exemples présentés par Lévy-Bruhl et rapportés pour définir la vision du monde prélogique des primitifs : et en particulier la réponse d'un chef esquimau que Meyerson paraphrasait dans sa lettre à Delacroix : « Nous conservons nos anciennes coutumes pour que le monde se maintienne », et qui indique un rapport avec la réalité dans le sens d'une totalité et d'une généralisation. Ce moment de la réflexion meyersonienne coïncide avec la prise de distance envers la pensée de son oncle Émile, du moins vis-à-vis de l'origine de la pensée et des formes que celle-ci va assumer.

Ce sont là des années très intenses pour la Société française de psychologie. L'alternance annuelle des présidents souligne la volonté d'ouverture à d'autres disciplines dont l'apport est jugé indispensable au développement de la recherche psychologique. À Chaslin, biologiste et médecin, succéda en 1922 le linguiste Antoine Meillet qui mit en discussion son mémoire sur le caractère concret du mot (*Journal de psychologie* XX, 1923, 246 ss), entre autres avec Delacroix, Vendryes, Cohen, Lalande et Seignobos. Par sa collaboration à l'*Année sociologique* de Durkheim, Meillet avait placé la linguistique dans le sillon de la recherche sociologique. Son contact avec la science sociologique n'était point superficiel : il était bien conscient de la nécessité d'une collaboration entre les trois disciplines et parlait explicitement du rôle essentiel de la psychologie. Par ses nombreuses contributions recueillies dans les deux tomes de *Linguistique historique et Linguistique générale* (Paris I, 1921 ; II, 1948) et dans ses œuvres de synthèse, mais aussi par des articles parus dans diverses revues liées aux différentes disciplines, Meillet témoignait de cette préoccupation. On peut voir ses comptes rendus, publiés dans l'*Année psychologique* en 1905 et 1906 et, parmi les nombreux publiés dans l'*Année sociologique*, son analyse du premier tome de la *Völkerpsychologie* de Wundt, consacré au langage (IX, 1904-1905, 594 ss). La linguistique a évidemment pour les psychologues une importance centrale. L'attention constante du *Journal de psychologie* à cette discipline n'appelle aucun commentaire particulier. Il suffirait de se reporter au tome de 1921 qui comporte des interventions de Meillet, Bally, Vendryes et Sechehaye et deux importants comptes rendus rédigés par H. Delacroix sur le premier volume de *Linguistique historique et linguistique générale* de Meillet et sur *Le Langage* de Vendryes ; et par la suite au tome de 1933 consacré à la *Psychologie du langage*, à celui de 1950 à propos de *Grammaire et psychologie* et enfin à celui de 1958 concernant les *Formes nouvelles d'analyse du langage* pour s'en persuader.

A ces échanges culturels correspondait une institutionnalisation des relations entre les organismes préposés à la recherche dans ces différents domaines.

En février 1923, le secrétaire de la Société de psychologie rendait compte des réunions de la Fédération des sociétés françaises de sciences philosophiques, historiques, philologiques et juridiques et de la Confédération des sociétés scientifiques françaises. Chaque institution se montrait très attentive à son budget, instrument essentiel pour la promotion de l'activité de recherche. La mobilité des chercheurs se joignait à la multiplication des instruments de travail et à leur coordination (*Journal de psychologie*, XX, 1923, 559).

Marcel Mauss succéda à Meillet en 1923 à la présidence de la Société de psychologie. Celui-là avait déjà publié en 1921

dans le *Journal de psychologie* une étude importante sur
« L'expression obligatoire des sentiments » (*Œuvres* III,
269-278). Le neveu de Durkheim devient président moins en
tant que fondateur de la nouvelle science ethnographique
qu'en tant que continuateur de l'école sociologique. Son
discours d'investiture, en mai 1923, rend d'abord explicites
les considérations qu'on vient de développer : il souligne le
rôle personnel de Meyerson dans la promotion et la possibilité d'utiliser les contributions de tous les spécialistes, et
esquisse enfin le programme de ce qui serait son apport
personnel (*Sociologie et Anthropologie*, 281-310). Le programme sera bientôt réalisé et constituera la base du développement de la recherche de Mauss qui va s'articuler sur
une longue période. Au centre de son attention, la conception
de l'homme total, composé de son corps, de sa conscience
individuelle et de la partie de cette conscience qui provient
de la conscience collective, et correspond – pour ainsi dire –
à l'existence de la collectivité. Attentif à ce qu'il vient d'entendre, Meyerson réagit tout de suite au projet exposé.
L'*Année psychologique* de 1924 (XXV, 381-384) accueille une
fiche bibliographique de trois pages dans laquelle Meyerson
discute le texte de Mauss et propose une inversion du rapport
que celui-ci indiquait entre sociologie et psychologie. Et on
peut en conclure que la question de ces rapports entre les
deux disciplines doit bien avoir acquis un poids objectif
puisque, peu après, en 1927 paraît, dans les publications du
Centre de documentation sociale de l'austère École normale
supérieure, un volume curieux et utile à la fois, rédigé par
Daniel Essertier, élève de Célestin Bouglé, directeur de
l'École et ancien confrère durkheimien. Ce livre, *Psychologie
et Sociologie,* est un essai de bibliographie critique qui
reconstruit les trajectoires intellectuelles des différents aspects du problème.

   Dans le compte rendu de la communication de Mauss,
après le résumé habituel dans lequel le ton schématique ne

cache pas l'attitude critique, Meyerson rend évident et motive son désaccord, et annonce sa propre volonté d'aller « plus loin », d'avancer encore par rapport à Mauss.

La psychologie ne peut pas se borner pour Meyerson à l'étude des états de conscience : elle étudie des faits dégagés de leurs caractères physiologiques. Quand les phénomènes psychologiques évoluent, ils deviennent complexes, mobiles, fugitifs, et au moment même où ils commencent à trop nous appartenir, à trop constituer l'*homme total,* ils adhèrent trop à nous. Pour les étudier, il faut s'en détacher, il faut les rendre objectifs, il faut – à la lettre – les transformer en objets ; on pourrait ainsi en apercevoir les manifestations : les comportements, les expressions, les symboles. C'est là la psychologie comparée, dont la sociologie – au moins selon Meyerson – n'est qu'une partie, même si elle est très importante. La psychologie ne peut pas se contenter de petits phénomènes marginaux à étudier comme le support d'une sociologie qui envisage la totalité. Mauss – affirme paradoxalement Meyerson – n'est qu'un psychologue. Il n'y a plus de problèmes de différences de méthode : la statistique n'est plus un domaine réservé. « La méthode statistique, écrit Meyerson, est aujourd'hui *la* méthode scientifique, le procédé de penser habituel du savant moderne et, presque, de l'homme de la rue moderne : elle commence à pénétrer dans le sens commun. » D'une manière analogue, si on affronte le versant de la morphologie, la psychologie est riche d'apports déjà clairement définis et analysables. Quant à l'homme total, les psychologues – dit Meyerson – l'étudient déjà et, peut-être, déjà trop. Un autre point de conflit réside dans la dénégation de la dimension historique de la psychologie. Cette affirmation – pour Meyerson – s'oppose à toute la psychologie génétique moderne, à toute l'histoire de la pensée, l'épistémologie, l'histoire des religions, des institutions, des langues, etc. « Notre objet d'étude de prédilection, écrit-il encore, c'est l'histoire de la formation de la pensée, et,

que nous l'étudiions chez l'enfant, ou que nous la recher-
chions à travers les avatars des institutions, nous faisons de
l'histoire. » Il y a ici une allusion précise à la valeur que dans
la même période Meyerson attribuait aux recherches de
Jean Piaget. La conclusion du compte rendu est inspirée par
la conscience de la centralité du rôle de la psychologie et par
la richesse de la contribution synthétique qu'elle a déjà
fournie. La notion de symbole est la plus féconde que la
psychologie moderne ait créée : elle est définie dans *Le
Langage et la Pensée* de Delacroix, dont les recherches ont
orienté Meyerson vers une étude attentive de l'œuvre de
Ferdinand de Saussure. Dans la note finale de son livre,
Delacroix avait écrit : « Toute pensée est symbolique, toute
pensée construit d'abord des signes pour construire des
choses et avant de les substituer aux choses. (...) La valeur du
signe verbal consiste moins en ce qu'il représente qu'en ce
qu'il abolit [...]. Il est de l'essence du signe verbal de rompre
avec les choses qu'il représente. C'est pourquoi il s'évade
aussitôt de la symbolique naturelle par laquelle il a peut-être
commencé. » Fuyant ainsi sa forme première, il crée des
symboles nouveaux... Cette œuvre de la pensée symbolique
est une œuvre humaine. « Le chaos des choses ne se dé-
brouille pas par lui-même. Il ne s'établit des connexions
entre elles que par l'acte qui les pense. Cet acte, c'est
l'homme ajouté à la nature. » À cette belle citation, Meyerson
ajoute deux phrases très claires : « Et il est tel que M. Mauss
nous l'a demandé : tout entier, avec toute sa pensée, toute sa
force et toute sa foi : l'homme total. La psychologie l'offre à
M. Mauss en témoignage de fidèle affection. Ce sera notre
potlatch de 1925. »

L'image finale, le rappel ironique – à l'auteur de *l'Essai sur
le don* – de l'idée de la participation à un système rituel et
obligatoire d'échanges réciproques, sous peine d'exclusion
de la collectivité, souligne, même dans la distinction polémique des opinions, le trait unifiant de la recherche commune

conduite par les sciences de l'homme. C'est bien dans ces trois pages de compte rendu qu'on voit indiqué clairement et pour la première fois l'objet de l'étude qui sera développée dans le livre de Meyerson, l'étude de la formation de la pensée humaine, et à travers la critique positive de la méthode sociologique se dessine l'ensemble complexe des outils nécessaires au long cheminement jusqu'à la synthèse que le psychologue voit comme sa propre tâche. Mais rappelons que même les différents moments de la recherche sociologique ne se limitent pas à fournir des matériaux, mais ils les élaborent et les proposent en des synthèses qui sont déjà des synthèses de pensée historiquement déterminée. On en trouve un excellent exemple dans les études sur la civilisation chinoise réalisées par Marcel Granet, un des amis de Meyerson et des collaborateurs du *Journal de psychologie* (*Études sociologiques sur la Chine*, 1953, 221-242).

En 1926, Meyerson publie une traduction de la *Traumdeutung* de Sigmund Freud, *La Science des rêves*. Le contact avec l'une des œuvres centrales du fondateur de la méthode psychanalytique ne laisse pas de traces profondes dans l'activité du savant dont la voie théorique est déjà définie dans une orientation qui n'est pas analogue à celle de Freud. Une étude expérimentale de 1935, « Remarques pour une théorie du rêve. Observations sur le cauchemar » (*Écrits*, 195-207), sera pour Meyerson l'occasion de nier le caractère spécifique de l'activité symbolique du rêve. La position est réitérée, en 1937, dans l'intervention à la IX⁵ Semaine de la synthèse sur l'invention, après l'exposé de Charles Blondel.

En 1929, le *Journal* publia un long essai meyersonien, « Les images », dédié à la mémoire de Lucien Herr, qui avait lui aussi contribué à la revue dans ses dernières années. L'article, qui constituera aussi un des chapitres du deuxième volume du *Nouveau Traité de psychologie* de Dumas, est la plus considérable contribution de Meyerson à l'étude des fondements de la vie mentale (*Écrits,* 133-194). Le rapport entre la perception sensorielle et l'activité mentale y est considéré par le biais de l'activité imaginative. Les données des expériences de laboratoire, les résultats des études que Meyerson a suivis dans les revues allemandes qu'il a dépouillées pour rédiger les fiches bibliographiques de *l'Année psychologique* lui fournissent un de ses points de départ. Dans ce cadre analytique de l'étude d'une faculté, ou mieux, du produit concret d'une faculté humaine, il y a plus d'un élément qu'on verra réapparaître dans la synthèse des *Fonctions,* surtout en ce qui concerne l'étude du signe et du symbole.

De 1930 à 1937, en collaboration avec Paul Guillaume, Meyerson conduit une longue recherche expérimentale sur l'intelligence des singes : les « Recherches sur l'usage de l'instrument chez les singes », parue dans une communication préliminaire et dans quatre articles pendant huit ans. La poursuite obstinée d'une définition exacte des limites et donc du moment originel même, distinctif de l'intelligence humaine, offre plusieurs voies d'accès en termes évolutionnistes. En 1929, à l'occasion de la projection, à la Société française d'anthropologie, d'un film réalisé par Meyerson et Guillaume sur leurs expériences, ce sera à Marcel Mauss d'exprimer son scepticisme.

Meyerson a développé sa réflexion sur le thème du seuil, de l'entrée dans l'humain, même après la rédaction de son livre (*Écrits,* 71-80). L'étude de l'intelligence animale est d'ailleurs une constante de ses quelque vingt années de collaboration à *l'Année psychologique.*

Les derniers thèmes que je désire rappeler dans cette reconstitution du cheminement qui aboutira à la rédaction des *Fonctions,* ce sont les indications de méthode contenues dans le colloque sur « Le travail et les techniques » organisé par Meyerson à Toulouse en juin 1941, mais publié seulement après-guerre dans le *Journal de psychologie* (XLI, 1,

1948). La publication, presque au même moment, du livre et de la revue donnera une indication sur les méthodes polyvalentes qui auront une certaine suite aussi bien dans des colloques et des recherches interdisciplinaires que dans des travaux sur certaines fonctions psychologiques étudiées dans leur dimension historique.

Le colloque de 1941 se réalisa évidemment dans des conditions particulières et dramatiques. La France était en bonne partie occupée par les nazis, le gouvernement de Pétain venait d'adopter les mesures qui excluaient les juifs de leurs fonctions publiques. Les conditions propices à l'étude et à la réflexion étaient refusées à tous : l'engagement culturel et l'engagement civil se soudaient dans une profonde tension morale. Si les études ne pouvaient être poussées à fond, si pour chacune d'elles il y avait des limites dans la connaissance bibliographique, dans tous les textes, malgré tout, un sentiment réel unit les intellectuels qui veulent contribuer à la résistance contre l'irrationnel qui semble triompher. Lucien Febvre et Marcel Mauss avaient fait parvenir, à travers la ligne de démarcation, leurs exposés d'introduction aux deux sections du colloque. Le philosophe Lalande, âgé et malade, voulut être présent et envoya une lettre. Marc Bloch avait risqué un voyage difficile de Clermont-Ferrand pour participer – comme il l'écrit – en signe d'amitié intellectuelle. Quand, en 1948, le colloque sera publié, Meyerson rappellera dans l'introduction la contribution de Bloch comme chef de la Résistance à Lyon jusqu'à sa capture, la torture et à son exécution par les nazis.

Faisant suite à une discussion préliminaire consacrée au thème général du rapport entre la psychologie et les autres sciences de l'homme, introduite par Meyerson peu de temps auparavant, le colloque est organisé par la Société toulousaine d'études psychologiques que Meyerson avait fondée pour continuer son travail sous la forme qu'il aimait, celle du contact et de l'échange intellectuel. Le but général est manifeste à travers l'envie de « mettre en évidence à la fois la valeur psychologique des études d'histoire comparée de l'effort humain, spirituel et matériel, et les résultats de recherches concertées, appliquées à un problème ». Deux brèves séries de communications analysent le thème du travail et celui des techniques. La discussion sur le travail est précédée par le texte de Febvre, et celle sur les techniques par celui de Mauss. Tous deux rappellent le nom de François Simiand, le spécialiste de sociologie économique, élu à la chaire d'histoire du travail au Collège de France. Febvre esquisse un tableau très rapide de l'étude du problème en partant des éléments linguistiques. Il exprime des doutes mais propose aussi des thèmes de recherche. Mauss se limite à un bilan des études relatives à la technologie, thème qu'il avait étudié à la suite de Durkheim. L'homme n'a pas encore cédé aux horreurs de la guerre mais son regard, comme son rapport, est orienté vers le passé. Bloch, dans sa contribution, utilise sa compétence pour proposer de nombreuses observations sur le mode de vie paysan et sur les problèmes psychologiques posés par l'évolution des techniques et qui sont révélés par les modifications dans l'utilisation des instruments ou dans le changement de coutumes séculaires. Très actif dans la discussion, Bloch pose plusieurs questions : entre autres, il soulève le problème de l'influence du travail servile dans le monde ancien et, plus généralement, le problème de la communication des idées entre les différentes couches et les diverses classes de la société.

Georges Friedmann expose une étude sociologique sur le travail à la chaîne et André Aymard présente son étude, assez connue de nos jours, sur le travail dans la Grèce antique. Au-delà de l'intérêt qu'il revêt pour notre reconstitution, l'ensemble des textes du colloque constitue un document intéressant d'un tournant de l'histoire culturelle française. Il sanctionne des continuités et des fractures, des enrichissements et des pertes sans remède. La pleine rencontre entre la méthode comparative de la psychologie historique et la première génération des historiens des *Annales* a lieu peu avant la fin de l'expérience commune des deux fondateurs. Lucien Febvre continuera le travail entrepris avec son ami dont la dernière réflexion inachevée, *Apologie pour l'histoire,* propagera son influence dans le temps. Marcel Mauss ne publiera plus rien après son exposé sur les techniques, texte rempli de la conscience tragique de son temps. Sa mort en 1950 sera précédée par des tentatives de reprendre le lien avec Meyerson en lui proposant de travailler de concert. Une lettre très mal écrite en décembre 1946, transmise à Meyerson par le frère de Mauss, nous laisse le dernier témoignage de cette volonté de collaboration :

« ... Idem pour tout ce qui concerne votre présence à Paris et qui ne concerne qu'elle ; je vous attends et ne demande que de me faire le plaisir de ne pas manquer de vouloir bien m'associer à l'état où était votre travail (et secondairement le mien et le vôtre) en retard l'un et l'autre.

Je vous écris de ma large fenêtre en plein soleil à mon sixième.

Ce qu'il faudra pour faire quelque chose de solide c'est que nous travaillions ensemble à cheval sur tous les bouts de la psychologie et de la sociologie, en même temps. Tout cela n'est pas terrible et il suffit que nous arrivions à quelque chose de cohérent pour que ça devienne quelque chose d'honnête et de solide. En nous réunissant pour un petit nombre de jours, mais où nous trouverions les quelques idées claires que nous n'avons pas encore publiées, je crois que vous et moi, nous pouvons vraiment donner les principes d'une forte *(illisible)* de tout ce qu'il faut pour fournir la clarté, nécessaire clarté, nécessaire aux jeunes pour le travail de base comme le signal de *(illisible)* où ce qui est depuis quelques années et qui mérite peut se développer.

En tout cas voyons-nous. Je serai presque chaque jour à

votre disposition le matin, et rarement absent l'après-midi, ici et là. À bientôt donc. »

Meyerson restera fidèle à son ami Mauss : *Les Fonctions psychologiques et les œuvres* reprendront tous les thèmes de leur colloque intellectuel.

II. Le laboratoire des fonctions

Projet final et réalisation de la thèse sont le fruit de la première année de paix, après les horreurs et les troubles de la guerre. Une rédaction assez rapide pourra s'inspirer des résultats de la longue réflexion d'avant-guerre.

La saison de l'engagement militaire achevée, Meyerson rentre dans le siècle et, de Toulouse, se prépare à un retour à Paris. La situation est changée : pour une chaire de psychologie dans une faculté de lettres il lui faut un doctorat d'État. Voilà l'occasion de mettre en place, non simplement les conclusions d'une recherche, mais les principes de sa méthode, mûris par une expérience longue et extraordinaire.

Une lettre de novembre 1946, gardée aux Archives, dans le dossier de la thèse, nous montre le point de départ du projet de rédaction et sa finalisation immédiate. Le destinataire n'est pas indiqué mais Meyerson se montre très respectueux à l'égard de son avis :

« J'ai aussitôt écrit à Guillaume au sujet de mes deux thèses, écrit-il. Je lui demande d'abord si en remplacement de la petite, il faut proposer l'ensemble : "Images", "Images-Éclairs", "Théorie du rêve", ou s'il vaut mieux choisir un ou deux de ces articles (les deux premiers vont ensemble très naturellement, le troisième touche à d'autres questions). Je lui demande aussi s'il pense que Poyer voudra être le rapporteur de ces travaux (j'ai joint une lettre pour Poyer). Je lui donne ensuite un bref résumé du travail que constituera la thèse principale : "Fonctions psychologiques et œuvres", et je lui demande d'être mon rapporteur. Puisque vous voulez bien porter un intérêt si aimable à mon travail, je me permets de vous en dire également l'essentiel. Il s'agit de l'étude objective et comparée des fonctions psychologiques à travers les œuvres et les institutions : magie, religion, droit, aspects de la littérature, etc. Je l'ai tentée surtout pour la personne et la volonté, et elle a pris, pour ces fonctions, un aspect génétique. La thèse posera les questions générales de l'étude. Un premier chapitre indiquera ce qui, dans le fonctionnement même de l'esprit, autorise cette recherche objective : l'esprit projette au-dehors, traite comme des concrets, comme des objets, ses propres productions. Il en inspirera la nature symbolique ainsi que le caractère de perdurabilité (ce chapitre sera peut-être intitulé : objectivité symbolique, civilisation). Un second chapitre discutera des conditions, logiques, psychologiques, épistémologiques, de l'analyse des contenus à travers les expressions. Il examinera également les actions réciproques du signifiant et du signifié (dans les institutions et dans les contenus mentaux). Le chapitre III traitera des aspects historiques et génétiques de l'étude. Dans sa partie générale, la recherche des invariants, les faits changeants, l'établissement des séries. Dans sa partie concrète, des questions de niveaux.

Le quatrième chapitre, hors de la matière et nature des résultats, sera une critique du comparatisme global et une justification de l'étude analytique des fonctions. Dans une dernière partie de ce chapitre (ou dans un chapitre V) sera exposée l'idée de l'inachèvement des fonctions psychologiques. Inachèvement essentiel : seules les œuvres ont des contours précis. Il s'agit, en tout cas, de montrer des aspects changeants, des fonctions dans les œuvres des hommes. Les œuvres traduisent des états ou des étapes, des moments de l'histoire de ces fonctions, mais qui ont aussi une action formatrice.

J'avais espéré pouvoir montrer ces actions dans le détail pour quelques fonctions, deux au moins. L'exil de Pacés d'abord, puis, du début de 1943, l'entrée dans la Résistance (...) et plus tard, l'état-major des Forces françaises de l'intérieur (...), ont interrompu tout cela. La thèse sera moins ambitieuse, et ne sera pas ce que j'aurais voulu. J'espère faire mieux plus tard. Dès que j'aurai la réponse de Guillaume, j'écrirai les lettres officielles au doyen. Si sur les questions que je pose à Guillaume, sur le texte des lettres officielles à écrire, ou sur telle autre question encore, vous avez un avis ou un conseil à me donner, je vous en serais très reconnaissant. Quand se réunit la section, quand la réunion du conseil ? Est-il nécessaire que je vienne à Paris avant, que je fasse quelques visites ? Aux philosophes, au doyen, ou aux membres du conseil non philosophes ? (...) »

Le souci de savoir comment son travail sera reçu déborde même dans un post-scriptum :

« Dois-je dans une demande de dispense de la thèse complémentaire indiquer les raisons qui ont rendu mon travail difficile ? Ou suffit-il de présenter une requête et de donner les titres des travaux de remplacement ? »

Le même dossier contient un plan du livre, daté de décembre 1946, et intervient donc juste avant la rédaction finale du texte :

« Titre :

    La méthode en psychologie comparée
    Fonctions psychologiques et œuvres
    Objectivité et historicité des fonctions psychologiques
    L'étude des fonctions psychologiques et de leur développement à travers les institutions
    Objectivité, symbolique, civilisation
    Recherche des fonctions psychologiques fondamentales à travers les œuvres et les institutions

Conditions et limites de l'objectivité dans la recherche des fonctions psychologiques à travers les œuvres
Conditions de la recherche...
L'étude des fonctions psychologiques à travers les œuvres
Psychologie et étude des œuvres et des institutions
Œuvres et fonctions. »

Le premier titre, *La Méthode en psychologie comparée*, doit paraître trop ambitieux à l'auteur et il disparaît bientôt. Il n'est plus dans les autres plans datés de janvier et février 1947.

Le plan d'un exposé au Centre de synthèse en mai 1947 montre bien, dans ses parties, le développement du plan initial :

« *Le Niveau humain et les niveaux humains*
Exposé au Centre de synthèse, 30 mai 1947
L'exposé de G. (Guillaume) a montré divers aspects de l'étude objective des animaux et des niveaux animaux.
L'exposé d'aujourd'hui montrera divers aspects de l'étude objective de l'homme et des niveaux de l'homme.
Cette analyse peut être faite en deux parties :
  – étude des actes et, corrélativement, étude du niveau humain de base ;
  – étude des œuvres et des différents niveaux fonctionnels qui s'ajoutent à ce niveau de base.
I. Étude des actes
1. Caractère systématique
séries, actes préparatoires
prévision et attente
rétrospection et histoire
limites à la régularité
2. Caractère conventionnel
convention explicite ou implicite jouant dans la marge des possibilités techniques ou biologiques

option, choix
ex. maisons Demenjon-Faucher
techniques du corps (...)
3. Norme
4. Forme
forme temporelle
spatiale
sociale
physique - esthétique
5. Signification
acte significatif et acte symbolique
énorme extension des actes symboliques - rites
abondance de rites religieux ou magiques ou
de conduites exactes - magie - religion (...)
actes significatifs en général
signification en deux sens
signifié d'énormes tranches, toujours
et signifié des événements aux états momentanés et aux
besoins de l'individu
langage par gestes
II. Les œuvres
Œuvres, spécification des systèmes significatifs
à la fois fabrication de systèmes et création, fabrication
de l'esprit à travers les systèmes
homme : seul animal qui se fabrique et qui change
attitude fixiste : changement de contenu, avec conservation de la fonction
attitude comparatiste : étude des variétés, étude des
changements possibles
la pensée à travers la science
le sentiment à travers la création littéraire et artistique
la personne à travers la religion, le droit, dans les formes
de la littérature
la volonté à travers la magie, religion, droit
âge inégal des fonctions psychologiques

régime de croissance inégal, de développement inégal
degrés d'achèvement inégaux
développement : pensées générales
personne
aux dépens de la retentivité. »

Le manuscrit est rédigé presque entièrement sur le verso de feuillets de travail – surtout de lettres pour le *Journal de psychologie* – qui sont datés. On peut suivre le travail jusqu'à sa conclusion à la fin de novembre de 1947. Dactylographie et fabrication du volume sont très rapides.

La tension de l'auteur, son livre achevé, est énorme. Deux jours avant la soutenance, un des membres du jury lui écrit pour le rassurer, après avoir exprimé son admiration pour le résultat :

« Et ne vous énervez pas (si vous me permettez de faire à mon tour le docteur) dans ces quarante-huit heures de dernière attente. Soyez sûr que tous les membres du jury ne demandent qu'à vous donner l'occasion de briller, que les objections qu'on vous fera ne viseront qu'à cela et que tout se terminera par le plus mérité des succès. »

Les dossiers des Archives gardent aussi des notes prises par des amies qui assistaient à la soutenance. L'examiné a soixante ans et revendique son œuvre et son histoire intellectuelle. Les notes semblent reproduire les mots tels qu'il les a prononcés dans la discussion avec les membres du jury :

« Ce n'est pas un manuel, en effet.

Ce n'est pas un manuel qu'on a voulu faire ni qu'on puisse faire d'emblée, puisque précisément la matière documentaire est à exploiter, qu'elle est énorme. Une description totale, immédiate à partir de ce nouveau point de vue est dépourvue de sens.

Pour la même raison, en effet, pas de table des catégories, ni de liste des fonctions (laquelle serait tirée de son propre esprit, dans ce cas, ce que précisément on veut éviter).

C'est l'histoire seule qui décèle, non pas une liste des fonctions, mais des aspects des fonctions qui surgissent et se transforment.

C'est en ce sens aussi qu'il y a l'esprit : il est la somme de ces transformations et non pas une forme préalable ou une forme future idéale. Pas plus que nous ne nous tendons vers une telle forme d'âme, mais l'âme est tout ce que nous étions et serons, et spécialement toutes nos œuvres et ce qu'on peut décerner d'achevé et d'inachevé dans les œuvres. L'homme se représentait autrefois l'homme parfait, c'est le vrai stade théologique de l'humanité, il est d'ailleurs inégalement réparti selon les disciplines. Il y a eu une histoire sans temps, une science anti-évolutionniste, puis une science évolutionniste était et est encore une forme de fixisme, puis une métaphysique involutionniste. L'intimisme strict est encore bien plus du fixisme. Les philosophes sont peut-être les derniers théologiens. C'est peut-être l'art qui le premier a abandonné le fixisme (et il a supprimé les canons de beauté, et il a parachevé ce développement récemment quand il a tendu à abandonner des règles psychophysiques de beauté. (...) »

Dans ses propos, Meyerson proclame son autonomie intellectuelle :

« Je n'ai pas été "disciple" de Delacroix, ni de Mauss.

J'ai été élève de Delacroix, pendant deux ans, de Mauss pendant un semestre, je n'ai jamais été élève de Seignobos. Les relations avec les trois ont été des relations d'amitié personnelle et non pas de filiation. Je ne peux pas dire que je doive ma méthode à aucun des trois bien que certainement j'aie bénéficié des trois dans ma formation intellectuelle. »

Le jury (G. Laporte président, P. Guillaume, É. Souriau, M. Poyer, A. Bayet membres) fut unanime pour saluer la thèse : « Rien de moins académique au reste que cette thèse, écrira Vernant en 1989 (*Passé et présent*, 28 ss). Deux cent vingt pages au lieu de ces énormes pavés auxquels on est accoutumé. Aucun étalage d'érudition ; les notes, les références, la bibliographie réduites à l'essentiel. Pas de préalable, ni d'introduction historique : dès la préface, on entre de plain-pied dans la pensée meyersonienne, avec ce qu'elle comporte d'abrupt, de radical dans sa façon de poser les problèmes du rapport entre le psychisme humain, les actes, les conduites, les œuvres, les faits de civilisation, avec aussi l'extrême souplesse des solutions proposées, le souci de ne pas simplifier ni trancher, le goût et même la passion de la nuance. » Et dans l'équilibre des citations, Vernant observe une sorte de gradation de choix : « Dans cette recherche de psychologie humaine qui ne se présente ni comme une somme de résultats acquis ni comme un exposé de méthode mais comme une approche inédite du fonctionnement mental, on notera que si les psychologues les plus souvent cités sont H. Delacroix et M. Pradines qui l'emportent sur G. Dumas, P. Janet, Max Scheler, J. Piaget, A. Gelb et K. Goldstein, la palme revient à l'anthropologue M. Mauss (18 fois cité), au philosophe et historien de la pensée L. Brunschvicg (16 fois), suivis par le sinologue M. Granet (12 fois), le mathématicien Gonseth (10 fois), l'historien des idées et des formes symboliques E. Cassirer (9 fois), l'helléniste L. Gernet (7 fois). L'équilibre général des références est instructif : les domaines de recherche les plus largement évoqués sont la sociologie et l'anthropologie avec M. Mauss, E. Durkheim, L. Lévy-Bruhl, J. G. Frazer, A. Van Gennep, F. Boas, P. Rivet, M. Leenhardt, la logique et les mathématiques avec L. Brunschvicg, P. Boutroux, E. Meyerson, E. Goblot, J. Tannery, F. Gonseth, E. Borel, P. Langevin, J. Cavaillès et A. Lautman, la linguistique avec W. von Humboldt, F. de Saussure, A. Meillet, Ch. Bally, J. Van Ginneken, les mondes indien avec P. Masson-Oursel et P. Mus, chinois avec M. Granet, grec ancien avec L. Gernet, A. Delatte, V. Magnien, chrétien avec A. Loisy, S. Schlossmann, A. Harnack. » Après cette longue liste, la conclusion est simple : « C'est-à-dire que, par rapport à la psychologie traditionnelle, l'angle d'attaque choisi pour aborder l'enquête sur l'homme est déplacé de l'étude expérimentale des comportements à l'analyse des œuvres qui, à travers le concret de l'histoire, ont le plus fortement exprimé et façonné le psychisme humain. »

III. La réception

Une lettre de réponse à David Katz, un psychologue suédois ami, permet à Meyerson, en février 1948, de faire état des premiers échos du livre et en même temps de laisser entrevoir le développement de son œuvre :

« (...) Les échos qui me sont parvenus jusqu'à présent sont tous favorables. Je croyais avoir à combattre pour des idées un peu "subversives". Il semble que, tant sur la méthode que sur le fond, on soit d'accord avec moi – certains après quelque hésitation, d'autres d'emblée. Outre Guillaume, Piéron et Pradines, le philosophe Bréhier, Lalande, Albert Bayet, Schuhl, les esthéticiens Lalo et Souriau, l'orientaliste Renou, l'helléniste Gernet ont eu, comme vous, la gentillesse de lire le livre assez vite et de m'écrire leurs impressions et leur approbation.

Le problème qui m'a préoccupé n'était pas tant de déterminer les rapports entre la psychologie et les sciences voisines que d'établir les fondements d'une véritable psychologie objective de l'homme, aussi solide que la psychologie objective des animaux, aussi "humaine", c'est-à-dire attentive à la spécificité de l'humain, et aussi objective.

Il m'a paru – c'est un des aspects sur lesquels je voudrais attirer votre attention – non seulement que cette psychologie devait se faire à partir des œuvres de l'homme, mais qu'en réalité la psychologie de l'homme a toujours été faite ainsi : mais de manière implicite. On l'a faite en se fondant sur *quelques* comportements, qu'on a, implicitement, jugés typiques – au lieu de considérer *toutes* les œuvres et *tous* les comportements. L'un des exemples les plus frappants à cet égard est la logique aristotélicienne, qu'on a considérée comme étant *la* logique, jusqu'à ce qu'on eut découvert qu'elle avait été faite d'après la grammaire grecque, qu'elle répondait au niveau de pensée que représentait la langue grecque de l'époque classique, qu'elle ne donnait les normes que de cette pensée, et que par conséquent elle n'était qu'*une* logique. Nous connaissons aujourd'hui d'autres logiques, nous savons retrouver d'autres normes dans des formes plus achevées de raisonnement, celles du raisonnement mathématique spécialement.

Et ainsi pour toutes les fonctions humaines et pour toutes les œuvres humaines. Il n'existe pas d'autre connaissance psychologique que celle que nous pouvons tirer des œuvres, parce qu'il n'existe pas d'autres faits psychologiques connaissables que ceux qui s'expriment dans les œuvres. Bien entendu, j'emploie le mot œuvre dans le sens large : œuvres de la civilisation à proprement parler que l'homme a voulues et rendues durables, parce qu'il a pensé qu'elles l'exprimaient de manière particulièrement prégnante ; institutions ; comportements systématisés divers.

L'homme s'exprime, objective, communique. C'est un animal qui s'intéresse à ce qui se passe autour de lui, et aussi (sans doute depuis moins longtemps) en lui, et un animal "bavard". C'est pourquoi à la fois il raconte et il se raconte. C'est là la chance du psychologue : c'est grâce à ce trait caractéristique du comportement humain que la psychologie objective est possible – l'objectivation de l'homme permet l'objectivité de la psychologie.

Et , comme il n'y a pas d'"homme en soi", mais seulement des faits humains particuliers que nous découvrons, non sans difficulté, à travers les œuvres humaines, et que ces œuvres humaines changent extraordinairement, il faut nécessairement admettre que l'homme lui-même change, que l'esprit humain, les fonctions psychologiques changent. Et ce de façons diverses selon la fonction et selon le moment. (...)

J'ai tenté la démonstration sur une fonction plus complexe, la personne. J'essaie maintenant d'établir qu'on peut, qu'on doit, de même faire une histoire de la volonté. Le rythme des transformations peut être plus lent pour certaines fonctions que pour d'autres. Pour certaines, aussi, nous pouvons difficilement trouver des documents historiques valables – la preuve de la transformation ou de la mutation y est plus difficile à faire. Le principe me paraît évident, et je souhaite beaucoup que les psychologues l'admettent, car son application élargit énormément le domaine d'investigation de notre science, en même temps qu'elle l'assoit au milieu de l'humain, important et riche. (...)

Ce livre a été fait dans la solitude, je voudrais maintenant que des confrères compétents – vous êtes au premier rang de ceux-là – me disent ce qu'ils pensent des problèmes qu'il soulève. »

La réception des psychologues est donc le premier souci de Meyerson, et ses confrères ne lui ménagent pas leur soutien. Ainsi conclut Paul Guillaume dans la *Revue de métaphysique et de morale* de 1948 :

« Sous une forme volontairement condensée et concise, le livre de Meyerson esquisse une analyse approfondie des caractères propres au psychisme humain, et une méthodologie précise de l'étude historique des fonctions mentales. L'idée que non seulement les contenus de la pensée mais ses cadres et sa structure sont choses mobiles et par essence inachevées, si elle trouble quelque peu notre sommeil dogmatique, ouvre à notre psychologie des perspectives nouvelles. La richesse de la documentation, l'abondance des références, les rapprochements savoureux des faits empruntés à des disciplines très différentes donnent à ces thèses un fondement solide, et rendent la lecture de cet ouvrage fort attrayante. Enfin, il contient virtuellement tout un programme de recherches exigeant, avec le sens des réalités psychologiques, une information historique, étendue et précise. Sa qualité permet d'attendre encore de l'auteur et de ses élèves des travaux qui montreront la fécondité de sa doctrine. »

À Piéron, qui lui écrit avant de publier un compte rendu dans son *Année psychologique,* Meyerson répond (18.2.1948) :

« (...) vous avez senti que la méthode de recherche était restée celle de ma jeunesse : strictement objective (...) ».

Le compte rendu du directeur de l'*Année* est bref et dense. La thèse est qualifiée de « tardive », la tentative de l'auteur d'« intéressante et hardie, autant que difficile » : « Elle implique une très large érudition et une grande ouverture d'esprit. Meyerson y était évidemment bien préparé. » Après le résumé, l'éloge attendu : « En tout cas, Meyerson a situé nettement un ordre de recherches objectives abordables par la psychologie et on doit souhaiter qu'il puisse montrer par des travaux bien délimités la fécondité d'une entreprise qui nécessitera, pour ceux qui voudront le suivre, une longue préparation. »

Mais Meyerson espère également l'approbation des philosophes. Ainsi écrit-il en répondant au philosophe Bréhier :

« (...) Je suis en effet persuadé que la documentation du psychologue ne peut être que médiate et historique. Je dirais plus, elle a toujours été cela : la connaissance soi-disant directe est une illusion. Ce qui nous apparaît comme direct (et aussi, ce qui nous semble immuable) est une construction de l'esprit, qui, comme toutes les constructions, a une date. C'est seulement une création privilégiée (le plus souvent implicitement) et qui a été traitée comme donnée immédiate ou "fait de nature" parce qu'on n'a plus eu présentes à l'esprit son origine et son histoire. Et aussi : toute étude quelque peu précise, même des faits actuels, s'appuie toujours sur des textes écrits ; ces textes représentent des ensembles complexes, des stratifications, où seule une analyse permet de découvrir les diverses couches, leurs dates, leurs significations. Les procédés mentaux mis en œuvre, même dans un travail actuel, représentent le plus souvent des ensembles complexes : des opérations de niveaux différents et d'âges différents s'y juxtaposent, que seule une patiente analyse historique permet de démêler.

En bref, ce n'est pas assez de dire qu'il ne peut pas y avoir de connaissance autre que par les œuvres. Il faut ajouter : il n'y a jamais eu de connaissance autre que par les œuvres. Seulement, elle a été la connaissance de quelques œuvres. Il faut lui substituer la connaissance de beaucoup d'œuvres.

L'étude de l'esprit ne peut être que l'étude des opérations de l'esprit par l'analyse des œuvres. C'est pourquoi elle est nécessairement une étude historique.

C'est le fait de l'objectivation qui rend cette étude à la fois valable et possible.

L'objectivation est, pourrait-on dire, la chance du psychologue ; elle fait que la matière de son travail et sa méthode convergent. Envisagée sous son aspect le plus général, elle est aussi la partie, la tendance de l'esprit la plus stable – celle qui marque le niveau humain. Mais, si l'objectivation demeure, les objets changent et même les procédés d'objectivation. Il y a une histoire de l'objectivation. »

Lalande lui adresse (17.1.48) un éloge chaleureux avec cependant une réserve :

« (...) J'aurais seulement souhaité, après "personne et génie", quelques pages sur "individu et personne", c'est une opposition actuellement très vivante et très liée (...) à ces problèmes normatifs. »

Tout cela vise les psychologues et les philosophes. Le livre de Meyerson ne leur est pas seulement destiné : il s'adresse explicitement aux historiens.

Une dernière lettre conservée dans ce même dossier des réactions à la thèse sans indication du destinataire intrigue.

« Cher monsieur, je vous remercie vivement de votre

aimable lettre qui m'a beaucoup touché. Je suis très heureux que l'article sur les discontinuités ("Discontinuité et cheminements autonomes dans l'histoire de l'esprit", *Écrits*, 53-65) vous ait plu : j'y suis très "engagé", et c'est à vous que je dois ce travail. Votre lettre au sujet de mon livre a été le point de départ des réflexions qui m'ont conduit à l'écrire.

Merci beaucoup d'avoir bien voulu faire vous-même le compte rendu de mon livre : je suis sûr qu'il me fera, de nouveau, réfléchir et peut-être progresser un peu. Vous savez qu'à diverses reprises votre pensée, toujours attentive aux formes psychologiques, a été un stimulant pour moi.

J'ai essayé, à l'occasion des conférences à l'École des hautes études ou chez Berr, de préciser et de développer quelques points où il m'avait semblé que j'étais resté en route. Le premier concerne les caractères du signe. J'ai fait la critique de la notion d'arbitraire, insuffisante tant du point de vue linguistique que du point de vue psychologique et métaphysique. L'analyse positive du signe doit mettre en premier plan les caractères de médiateté, d'artifice, d'incarnation, de spécificité. C'est de la notion de l'incarnation et du rôle essentiel de l'œuvre que part le second développement. L'esprit est d'autant plus esprit qu'il est plus réalisé, et l'activité mentale est déterminée par l'œuvre qui est sa fin et qui donne sa marque. L'analyse de l'esprit par les œuvres prend par là une justification essentielle de fond et non seulement de méthode, de nécessité ou de commodité pratique. La troisième analyse touche au problème de l'"expérience sociale", étudiée très historiquement et aussi par confrontation avec l'"expérience psychique" telle qu'elle apparaît à l'épistémologie d'aujourd'hui : points de correspondance et différences entre les deux "expériences" humaines, raisons de retard de la science sociale sur la science physique, rapports entre l'expérience sociale et certaines catégories psychologiques ou morales. Par là se trouve précisé aussi le sens de l'objectivation : création d'objets sur un fond d'expériences, nature et sens de ces opérations. Enfin, nous avons essayé, quelques anciens élèves et moi, de pousser un peu plus avant l'histoire des catégories. Quand on la poursuit à travers les œuvres que l'homme a considérées comme essentielles – ce qui me semble un principe important de méthode – et essentielles à tel moment et en tel lieu – œuvres à la fois révélatrices et formatrices –, on est frappé par l'étendue des changements. Ils touchent au psychologique comme au moral, comme aux frontières ou aux séparations entre les deux. Non seulement on trouve d'autres aspects de nos catégories psychologiques là où l'établissement des séries est possible, mais les rapports entre le religieux, le moral, le juridique, le social, le psychologique (ce que nous appelons ainsi) sont différents. Il faut, de plus, penser aux grands angles de perspective : tel type d'œuvres à tel moment en tel pays est spécialement important, ou en général ou pour telle fonction. Les historiens savent depuis quelque temps utiliser des documents de nature douteuse (Seignobos répétait souvent, par exemple, que le roman contemporain est une des sources importantes pour la connaissance de l'histoire sociale), les psychologues sont en retard, ils ne regardent pas l'homme. C'est après cette analyse objective et cette appréciation des changements qu'on pourra voir quels sont les invariants.

Je me permets, parmi d'anciens articles, de vous adresser une petite étude sur la justification qui peut-être vous amusera. Je vous remercie encore.

Veuillez, cher monsieur, me croire votre très dévoué. »

Cette lettre est datée 15.4.1949.

Ailleurs, dans les Archives, il en existe une autre, un brouillon, tout laisse penser qu'il s'agit d'une première version (le brouillon est daté 12.4.1949), et elle porte mention du destinataire, qui est Lucien Febvre :

« Cher monsieur, je vous remercie de votre aimable lettre qui m'a beaucoup touché. Je suis heureux que l'article sur les "Discontinuités" vous ait plu : j'y suis très "engagé" : vous l'avez sans doute senti, et c'est à vous que je dois ce travail, c'est votre lettre au sujet de mon livre qui en a été le point de départ.

J'ai essayé, depuis, de préciser et de développer quelques points où il m'avait semblé que je m'étais arrêté en route. Le premier concerne les caractères du signe : médiateté, artifice, spécificité, incarnation. Le second est la détermination de l'activité mentale par l'œuvre ; l'analyse de l'esprit par les œuvres prend par là sa justification essentielle, de fond, et non seulement de méthode, de nécessité ou de commodité pratique. Le troisième touche au problème de l'"expérience sociale", analysée par confrontation avec ce qui, à l'épistémologie d'aujourd'hui, apparaît comme "expérience physique". Par là aussi se trouve mieux précisé le sens de l'objectivation ; "création d'objets" sur un fond d'"expériences". Mais l'essentiel, le travail dans lequel j'ai engagé aussi quelques anciens élèves, reste l'histoire des catégories. Si la psychologie de l'homme veut être vraiment une "anthropologie", c'est ainsi, me semble-t-il, qu'elle doit procéder : essayer d'atteindre des aspects de fonctions, avec leurs transformations (et des invariants éventuels à trouver après analyse) à travers des œuvres qui ont marqué, que l'homme a considérées comme essentielles, à tel moment, en tel lieu, œuvres à la fois révélatrices et formatrices. L'historien depuis longtemps déjà se sert de documents de natures diverses (Seignobos répétait toujours que le roman est une des sources essentielles pour la connaissance de la vie sociale réelle, dans les temps contemporains) ; le champ documentaire du psychologue doit être plus large encore. Sinon il risque de faire du factice. »

Comme on le voit, dans le passage du brouillon du 12.4 à la lettre du 15.4, il n'y a pas simple répétition ou développement de la pensée, mais aussi quelques changements et une renonciation à l'évocation du grand nom d'anthropologie en tant que science de synthèse qui peut fédérer les psychologues et les historiens.

Le respect de Meyerson à l'égard de Febvre était sincère, le texte qu'il fera paraître en 1953 dans *L'Éventail de l'histoire vivante* (« Problèmes d'histoire psychologique des œuvres : spécificité, variation, expérience », *Écrits*, 1987, 81-91) développe le thème central de cette lettre. Il est un véritable hommage à l'historien et à son œuvre, qui veut montrer, une fois de plus, la contribution de la psychologie historique à l'œuvre des historiens. L'hommage est écrit sans illusions et sans regrets. En 1949, un an après la soutenance de la thèse, Meyerson est dominé par un seul souci : obtenir une chaire à partir de laquelle il pourra prolonger son œuvre au contact d'autres chercheurs. Il croit – à juste titre – que la proposition de venir à la VIe section de l'École des hautes études transmise par Febvre est une manière concrète de reconnaître son œuvre. Il sait également que son itinéraire personnel n'est pas le produit du hasard des rencontres et que sa psychologie historique peut apporter beaucoup à une maison qui veut abriter les sciences de l'homme. Sa sincérité à l'égard de Febvre n'est donc pas feinte puisqu'il va même jusqu'à citer Seignobos, honni par *les Annales* qui lui préféraient Simiand, le plus aimé parmi les pères de l'histoire sociale et économique.

Isolé à Toulouse, en janvier 1950, Meyerson écrit à Jean Piaget une lettre très triste où il lui ouvre son cœur :

« (...) Le retour à Paris avait pour moi une grande importance : à défaut de la Sorbonne, il est question de la VIe section (sciences sociales) de l'École des hautes études. La section m'a demandé, à l'unanimité, le 30 octobre 1948. Mais il faut une création de poste pour que je puisse venir. Il faut pour cela, étant donné la difficulté budgétaire de créations en ce moment, que le président de la section, Lucien Febvre, insiste beaucoup. Je crois qu'il n'est pas mal disposé à mon égard, mais il me connaît à peine (je l'ai vu une seule fois) et il est très occupé. Mon affaire n'a sans doute pas le numéro un dans ses préoccupations et je ne sais pas m'imposer. Et donc cela traîne depuis octobre 1948 (...). »

Au mois de mai de 1951, la question sera réglée : la correspondance atteste des efforts que Louis Gernet, l'helléniste, qui est directeur d'études de sociologie antique à la VIe section, a mis en œuvre pour que son ami puisse réussir. Meyerson, qui a soixante-trois ans, peut commencer son cours de psychologie comparative. Il aura encore trente-deux ans pour prolonger le contenu de son livre.

IV. Meyerson interprété

Comme on vient de le voir, le livre de Meyerson fut accueilli avec respect par la psychologie française, mais les voix approbatrices exprimaient toutefois un embarras critique. Le domaine envisagé paraissait trop vaste : l'homme, même à travers la médiation de ses œuvres et de ses institutions, paraissait un objet aux contours impossibles. Étienne Souriau, un des rapporteurs à la soutenance de thèse, publiait dans le *Journal de psychologie* (XLI, 1948, 479-504) une étude critique, où, à côté d'éloges et de quelques critiques de détail, il formulait le souhait de « remaniements novateurs » qui seraient effectués par des élèves prêts à se lancer dans la route ouverte par leur maître. Le développement de la théorie se révéla toutefois dificile. Dans la *Revue de métaphysique et de morale* de 1950 (312-326), Marinette Dambuyant, proche de l'entreprise meyersonienne, écrivit un long article qui livrait à nouveau tous les thèmes de la psychologie historique avec la préoccupation d'informer sur les développements de la recherche du psychologue. Au-delà du champ d'influence de l'auteur et de ses amis et admirateurs, l'écho direct du livre fut limité.

La fécondité de la théorie meyersonienne a été réservée à

un domaine très particulier, les formes de pensée et les formes sociales de la Grèce, en raison de la spécialisation de l'élève de Meyerson, Jean-Pierre Vernant, qui ne s'est pas tenu aux frontières de l'Antiquité mais est intervenu plusieurs fois, lui aussi, dans le débat théorique. En 1950, un premier texte d'analyse de la psychologie historique de Meyerson mise en rapport avec l'expérience sociale contemporaine fut rédigé par Vernant, qui décida toutefois de ne pas le publier (« Psychologie historique et expérience sociale », récemment paru dans : *Passé et présent. Contributions à une psychologie historique*, Rome, 1995, 44 ss). Une évaluation critique du meyersonisme fut publiée par le même Vernant en collaboration avec Philippe Malrieu, en 1955, dans *La Pensée* (LXI, 124-136 = *Passé et présent*, 74 ss), peu après la parution du numéro du cinquantenaire du *Journal de psychologie*. L'article voulait établir le bilan de la longue histoire de la psychologie française et du rôle joué par Meyerson et par son *Journal*. Les deux auteurs unissaient une attitude de sympathie à l'égard de Meyerson et de son œuvre à une option marxiste, fortement marquée par le climat politique et intellectuel de la première moitié des années cinquante. Tous les deux reviendront sur ces propos, quelques années plus tard, avec une attitude moins déterminée par les préoccupations de conciliation entre psychologie historique et marxisme. L'article de 1955 est néanmoins très important par le fait qu'il fait apparaître de l'extérieur et ébauche, dans une certaine mesure, une explication de l'évolution évidente des points de vue de Meyerson dans les mêmes années, et exprimée dans le numéro spécial du *Journal* consacré au travail (*Le Travail, les métiers, l'emploi*, LII, 1, 1955). Pour Vernant et Malrieu, en 1955, l'innovation introduite par Meyerson – le souci d'étudier comment les fonctions psychologiques se construisent dans le cours du travail et des différentes activités humaines – est identique à celle de Marx quand il « réclamait une psychologie qui recherche com-

ment les sens se sont humanisés au sein des rapports sociaux, comment la musique a créé l'oreille musicale, comment le travail des générations passées a éduqué non seulement les cinq sens, mais encore "les faits dits spirituels, les
sens pratiques comme vouloir et aimer" ». Comme on le voit,
même si le climat de la revue était celui d'un marxisme-
léninisme assez rigide, le marxisme auquel Malrieu et
Vernant se référaient n'était point rigide ni économique. Les
deux auteurs attribuaient à Meyerson le mérite d'avoir lancé
la psychologie dans une voie qui n'était pas marxiste mais
pouvait être conciliable avec le marxisme. L'étude de la
construction de l'esprit dans l'élaboration des œuvres humaines a – pour eux – annulé le risque de solidification des
fonctions psychologiques en des catégories immuables de
l'esprit en conformité avec les traditions fixistes de la philosophie. Même la notion de structure, d'autant plus importante après les études des psychologues de la Gestalt, pouvait
rencontrer la méthode historique en présentant les formes
comme des données. Meyerson avait écrit que les structures
doivent être traitées comme des données construites. Dans
les recherches de psychologie historique et comparative le
processus d'édification des structures qui commandent nos
activités devient central. Les structures sont des seuils
différents, multiples et hiérarchisés, tant du point de vue
physiologique que du point de vue social. On peut ainsi
dépasser – selon l'avis des deux auteurs – les risques inhérents à une étude de fonctions fixes ou des formes multiples
de la psychologie spiritualiste, de la psychanalyse à la phé-
noménologie. Dans les paragraphes suivant le bilan, un
examen rapide mais non superficiel de quelque soixante
articles publiés dans le *Journal de psychologie* de 1948 à 1954
servait à situer le meyersonisme par rapport à d'autres
domaines, de la psychophysiologie à la psychologie critique.
La proposition finale des deux interprètes renversait les
premières affirmations. C'est à la psychologie historique de

poser des questions et de proposer sa réflexion à la pensée marxiste : tout d'abord en ce qui concerne le travail et les techniques, et ensuite pour ce qui touche au rythme des changements sociaux. Malrieu et Vernant en arrivaient à se demander quel pouvait être le vrai rapport entre la lutte des classes, les conflits et les modifications qui en découlent. Leur conclusion allait dans le sens d'une conciliation : une bonne psychologie historique présupposerait de bonnes études marxistes dans tous les domaines de l'histoire des faits de civilisation. La dernière ligne du texte est la belle phrase de Marx que Vernant utilisera à plusieurs reprises : « L'histoire tout entière n'est qu'une transformation continue de la nature humaine. »

Ce lien entre la psychologie historique et le marxisme, posé subjectivement par le rapport des savants avec leur présent, a pu être considéré comme une difficulté supplémentaire pour son sort et sa diffusion.

Si l'on cherche d'autres retentissements de l'œuvre meyersonnienne, on en trouvera chez ceux qui ont connu Meyerson au cours de son enseignement à l'École des hautes études.

Dans un article publié en Belgique en 1961 (*Synthèses*, 184, 3-11), Marcel Detienne, mythologue et helléniste, proposait sa première lecture du meyersonisme. Déjà, l'intitulé de l'article, « Un renouvellement dans les sciences humaines. La psychologie historique et comparative d'Ignace Meyerson », était une prise de position. Le contenu de l'article manifestait un moment d'adhésion qui ne laissera pas de traces véritables dans l'œuvre intellectuelle de Detienne, qui avait participé, un an auparavant, au colloque sur la personne organisé par Meyerson pour donner une suite à la recherche ébauchée dans son livre. Pour comprendre ce renouvellement introduit dans les sciences de l'homme, Detienne se proposait de suivre la démarche intellectuelle de Meyerson en prenant comme point de départ les recherches sur l'usage de l'instrument chez les singes pour arriver à la définition du seuil de l'entrée dans l'humain. La recherche des sources de Meyerson n'était pas complète mais Detienne avait compris l'importance de la *Philosophie des formes symboliques* d'Ernst Cassirer, qui reste à l'arrière-plan de l'œuvre de Meyerson, que le jeune critique définissait comme une « métaphysique en acte » la seule possible, pour lui en 1961, dans une époque de praxis.

Un autre élève de Meyerson à l'École des hautes études, Benedetto Bravo, historien de la Grèce archaïque à l'université de Varsovie, est intervenu au sujet de la psychologie historique en 1970, une dizaine d'années après sa fréquentation directe de Meyerson. Son intervention fut publiée comme préface à la première traduction italienne (Turin, 1970) de *Mythe et pensée chez les Grecs*, le grand recueil d'essais de Jean-Pierre Vernant. L'effort de Bravo, qui consacrait à Meyerson et à sa théorie une grande place dans son texte, était exemplaire et correspondait à la volonté de poser aux lecteurs du livre de Vernant un problème théorique préalable, que les hellénistes tendaient à éviter. Dans son livre, Vernant appliquait de manière cohérente les intuitions de son maître psychologue sur un terrain de recherche balisé par son autre maître, l'helléniste Louis Gernet. Bravo était bien conscient du fait que Vernant, à ses débuts déjà, avançait sans préoccupation d'orthodoxie à l'égard de ses devanciers directs. Le critique, fidèle à sa formation italienne, a besoin de points de repère dans l'histoire de la culture : il situe alors la psychologie historique entre les deux pôles de la sociologie de l'école durkheimienne et de l'historicisme idéaliste de la *Geistesgeschichte*. À tout cela, il ajoutait la proposition de l'étude des faits psychiques, que les deux écoles évoquées excluaient en tant qu'aspects non historiques de la réalité humaine. Dans cette analyse, Bravo pouvait déjà utiliser trois études de Vernant parues de 1960 à 1965 : « Sur les recherches de psychologie comparative historique » (*Journal de psychologie*, LVII, 1960, 445-451 = *Passé et présent*, 1995, 95 ss), « Sur deux essais de psychologie historique » (*Journal de psychologie*, LII, 1965, 85-94) et surtout « Histoire et psychologie », le texte paru dans la *Revue de synthèse* (1965, 85-94 = *Religions, histoires, raisons*, 1979, 63-74). Vernant répondait aux critiques qu'un des historiens des *Annales* avait adressées à la conception de l'historiographie présente dans les travaux de Meyerson : « savantes dissertations sur l'*Historismus* d'avant la Première Guerre mondiale (...) positions d'hier (...) même parfois dangereuses » (*Annales ESC*, XV, 1960, 175). Vernant offrait à nouveau la diversité et la particularité du travail du psychologue. Celui-ci ne veut pas se substituer à l'historien mais lui propose des thèmes de réflexion et en utilise les résultats pour son étude de l'homme qui change continûment. La diversité de rôles et de visions doit être définie : « Dans la perspective de l'historien, l'histoire psychologique se présentait comme partie d'un tout, comme un élément juxtaposé à d'autres. Il possédait en quelque sorte sa sphère d'existence propre, exigeant une nouvelle branche d'histoire spécialisée : l'histoire des mentalités ou de la psychologie collective. Pour le psychologue, au contraire, l'histoire psychologique (au sens de l'allemand *Geschichte*) doit être conduite de l'intérieur même de chacun des domaines explorés par les divers spécialistes ; le psychologique n'apparaît plus extérieur aux œuvres ; il est présent en chacune d'elles. C'est que l'histoire psychologique de l'homme (au sens cette fois du *Historie*) ne se déroule pas à côté et comme parallèlement à l'histoire technique, économique, sociale et religieuse, etc., elle s'élabore en elles et par elles » (*Religions, histoires, raisons*, 74).

Chaque année, au début de son cours, Meyerson reprenait son exposé des principes d'une psychologie comparée historique, et chaque année la substance de son cours était le développement de telle ou telle autre partie de son livre. Les cours étaient entièrement rédigés : dictés par Meyerson à Claire Bresson dans la semaine qui précédait chaque séance. L'ensemble, maintenant conservé aux Archives nationales, est à étudier soigneusement, ce qui demandera du temps et de l'énergie : on y trouvera, à ce que j'ai pu voir par sondages, des prolongements importants des recherches sur plusieurs fonctions psychologiques, et notamment sur la personne, le signe et le symbole.

En ce qui concerne la partie générale de sa doctrine, le cours de 1975-1976 constitue une conclusion. L'intitulé en est *Évolution et transformations des fonctions psychologiques,* son contenu est une définition de l'humain et le résumé meyersonien en est une synthèse excellente :

« Le cours de cette année a été centré sur l'examen des traits caractéristiques principaux du niveau humain de base. On a cru pouvoir discerner douze traits, douze marques spécifiques de l'homme qui le séparent du niveau animal supérieur.

I. L'homme fabrique des œuvres ; il est le seul animal qui élabore des produits plus ou moins différents de ce qu'il trouve dans le milieu extérieur, produits qui peuvent être utiles à d'autres que lui.

II. Ces produits, l'homme tient à les conserver. Il en valorise, en sacralise certains.

III. Les œuvres sont travaillées. L'homme est le seul animal qui travaille, dont l'activité soit orientée dans des directions particulières déterminées, organisée en des suites de mouvements enchaînés. C'est en quelque manière une activité forcée.

IV. Au travail matériel répond chez l'homme un travail mental : il préside, accompagne, suit les efforts matériels. Par là, l'œuvre humaine est une incarnation du travail de l'esprit humain.

V. L'homme emploie des intermédiaires matériels : outils,

instruments, machines, continûment perfectionnés. L'homme vit en milieu technique.

VI. Le milieu dans lequel l'homme opère est un ensemble d'artifices. L'homme incessamment transforme la nature, il vit dans un monde d'artifices.

VII. Aux intermédiaires matériels répondent des intermédiaires mentaux dont le plus essentiel est le signe. Le signe est une création mentale dont le propre est d'aller au-delà de l'expérience immédiate, d'être autre chose que sa matière. On peut caractériser le signe par dix fonctions : 1. le signe est un substitut, un surrogat, il fait connaître autre chose que son apparence ; 2. le signe est une forme qui a une signification ; il condense, il résume une suite, il en généralise le contenu ; 3. il est par excellence un artifice ; 4. il s'incarne toujours dans une matière ; 5. il a toujours une forme, généralement précise et rigoureusement déterminée ; 6. il n'y a pas de signe sans système de signes, sans structure d'ensemble ; ainsi pour le langage, les mathématiques, les divers codes ; 7. le signe est social ; il est instrument de communication, d'agrégation, de cohésion sociale ; 8. il peut être expressif, ainsi dans le langage poétique par exemple ; 9. les classes de signes sont spécifiques, elles dénotent chacune un type d'œuvres spécifique, différent des autres ; 10. le signe est médiateur et objectivant ; il aide à transformer le chaos du sensible immédiat en des ensembles intelligibles.

VIII. Le huitième trait de l'humain est l'objet, caractérisé par une constance perceptive, une unité structurale, une cohérence interne de ses parties.

IX. Le neuvième trait de l'humain est l'activité de classement, la tendance à instituer un ordre dans le monde des objets ; élaborée en discipline scientifique, cette activité est la classification en sciences de la nature ; on l'a étudiée brièvement chez Aristote, Linné, Buffon, et plus en détail chez Cuvier, Lamarck, Darwin.

X. Le classement conduit à ce qui est peut-être le trait le plus marquant de l'homme : l'expérience. L'homme est un animal actif qui transforme des éléments du monde extérieur et observe les effets de cette transformation. À partir du XVIIᵉ, l'homme a théorisé des démarches expérimentales. Il a élaboré des théories des sciences inductives, puis une épistémologie. On a examiné dans ce contexte les théories de Francis Bacon, de Newton, de Whevell, puis celles de Gaston Bachelard et de Robert Blanché. L'œuvre de ces deux derniers théoriciens est importante pour les psychologues en ce qu'elle souligne la solidarité entre les transformations de la physique et celles des faits mentaux qui accompagnent cette transformation. La mutation mentale atteint les notions traditionnelles les plus ancrées : celle d'objet, d'espace, de temps et de simultanéité, et même ces principes de raison que sont les principes d'identité, la non-contradiction, le tiers exclu.

XI. Le onzième caractère des activités de l'homme est leur pluralité. L'homme a édifié plusieurs types d'œuvres : ainsi le langage, les sciences, les arts, les institutions sociales et juridiques, les religions. Chaque système d'œuvres a son type d'expression propre, correspondant à un domaine de réalité. On a pris comme exemple le langage et étudié notamment les apports de Humboldt, de F. de Saussure, de Sapir, de H. Delacroix, analysé les principaux traits de la fonction linguistique et examiné quelques aspects de l'aphasie.

XII. Le dernier chapitre de notre analyse a été historique. On a voulu montrer que les fonctions psychologiques se transforment. On a pris comme exemple la mémoire et étudié les conceptions de la mémoire chez les Anciens (Aristote, Cicéron), puis chez saint Augustin, saint Bonaventure, Albert le Grand, Thomas d'Aquin, Raymond Lulle, Giulio Camillo, Giordano Bruno, Robert Fludd, Bacon ; on a terminé par Descartes. Cet examen historique nous a permis de voir combien les diverses conceptions de la mémoire dans le passé étaient différentes de la nôtre. »

On peut lire, dans les douze points, une véritable *summa* de l'œuvre de Meyerson.

En 1978, le psychologue Malrieu a repris dans un article sur « Psychologies génétiques et psychologie historique » (*Journal de psychologie,* LXXV, 261-277) la question de la définition de la psychologie historique en comparaison avec les autres courants de la psychologie moderne. Malrieu polémique contre les tendances structuralistes en linguistique et en psychologie : et en particulier l'œuvre de N. Chomsky pour la première discipline et celle de Piaget et de ses élèves pour la seconde. Puis, il parvient au centre de son propos : « Le structuralisme a été l'expression d'une sorte de recul en face des perspectives offertes par la prise en considération par les psychologues de la dimension historique des processus psychologiques. Il constitue, dès ses premières manifestations dans la psychologie de la forme, une conquête, puisqu'il indique le souci de tenir compte des ensembles. Mais il est aussi la marque, en psychologie comme en linguistique ou en ethnologie, d'un refus d'élucider le problème du changement des structures : refus contemporain de cette "crise du progrès" qu'analysait jadis Georges Friedmann, il n'est pas sans signification morale et culturelle. » Cette position était soutenue sur la base de citations précises de Meyerson : « Il n'existe de structure que par rapport à une fonction. Donc, chaque fois qu'on se trouve en face d'une complexité ou d'une labilité fonctionnelles, on doit admettre une complexité, une labilité structurales. » Et aussi : « Nous n'avons pas à présupposer un système de cadres préformés ; nous devons au départ traiter les structures comme des construits. Le durable, le général ne peuvent être dégagés que d'un grand nombre d'analyses comparatives » (*Écrits,* 103-104).

Après la mort de Meyerson, en novembre 1983, la publica-

tion du recueil des *Écrits* et l'organisation d'un colloque sur
« Psychisme et histoire » à Aix-en-Provence en 1987 ont été
l'occasion d'une reprise de la réflexion sur l'auteur des *Fonctions psychologiques et les œuvres*. Encore une fois, à la tête
de ce qu'il appelait à Aix la *vieille garde* des amis de
Meyerson, Jean-Pierre Vernant a guidé le cours du discours
critique. C'est par son influence directe qu'on voit maintenant naître en Allemagne de l'intérêt pour l'œuvre du fondateur de la psychologie historique. Heinz Happ, philologue de
l'université de Tübingen, vient de publier une riche introduction à Meyerson et à son œuvre : « Ignace Meyerson – ein
bedeutender Wegbereiter der historischen Psychologie »
(*Psychologie und Geschichte*, 5, 1993, 110-142).

Si, pour les fondateurs de la psychologie historique, le
siècle a eu une importance énorme, le choix, de la part de
Vernant, du passé pour essayer de mieux comprendre les
formes de pensée et les formes sociales des hommes d'une
civilisation réelle a été heureux. Meyerson voulait arriver à
connaître l'homme et il est vrai que, aujourd'hui, après
quarante ans de psychologie historique appliquée aux diverses formes du mythe, on connaît mieux les hommes de la
Grèce antique.

En présentant, tout récemment, le recueil de ses contributions à une psychologie historique qui vont justement du
passé au présent, Vernant a surtout insisté sur les raisons qui
liaient certains de ses articles à la réalité contemporaine et à
la dimension du politique. Vernant voit maintenant, dans le
travail de rédaction du *Journal de psychologie,* dans les
années cinquante et soixante, dans la lecture des contributions d'autres auteurs, dans la préparation des analyses
critiques des livres qui étaient adressés à la revue, l'expérience qui a permis aux ouvriers de la psychologie historique
– à lui-même, au moins – de prendre, dans le domaine du
présent, de la distance par rapport à la dimension de l'utopie
sinon de l'idéologie.

Le *Journal de psychologie* n'est plus mais, en tout cas, la psychologie historique se poursuit dans l'anthropologie historique de Vernant et de ceux, parmi ses collaborateurs et amis, qui ont découvert le champ des images, domaine fascinant parmi les œuvres humaines, qui peut encore contribuer à la connaissance de l'homme.

V. Sources et notice bibliographique

Mon travail est dédié, comme il y a quinze ans et avec le même sentiment de gratitude et d'affection, *au souvenir joyeux des entretiens de Sèvres.*

J'ai utilisé librement dans mon texte, tout en les mettant à jour, les résultats de ma recherche sur l'œuvre d'Ignace Meyerson qui sont réunis dans mon livre *Per una antropologia storica del mondo antico,* Florence, 1990. On y trouvera l'indication précise de toutes les dettes que j'ai accumulées pendant quinze ans de travail : je ne rappelle ici que mes amis Claire Bresson et Jean-Pierre Vernant. Qu'il me soit permis de remercier à nouveau mes bienfaiteurs anciens et d'y ajouter ceux qui m'ont aidé, en octobre 1994, à la reprise du travail au Centre d'accueil et de recherche des Archives nationales à Paris : Florence Clavaud, Richard Figuier, François Lissarrague.

Toutes les lettres que je cite sont conservées dans les Archives d'Ignace Meyerson.

Les lecteurs des *Fonctions psychologiques et les œuvres* ont à leur disposition trois recueils de textes d'Ignace Meyerson :

– *Écrits, 1920-1983. Pour une psychologie historique,* Introduction de Jean-Pierre Vernant, Paris, Presses universitaires de France, 1987. Le principal recueil d'articles : psychopathologie ; psychologie historique : méthode ; études sur quelques fonctions psychologiques ; études critiques, nécrologies, préfaces. Bibliographie de l'œuvre scientifique d'I. M.

– *Recherches sur l'usage de l'instrument chez les singes,* en collaboration avec Paul Guillaume, préface d'Yveline Leroy, Paris, Librairie philosophique J. Vrin, 1987. Réimpression des articles parus de 1930 à 1937.

– *Forme couleur mouvement dans les arts plastiques (1953-1974),* Introduction de Bernard Dorival, Paris, Adam Biro, 1991.

Deux colloques, organisés par Meyerson, ont été publiés.

– *Problèmes de la couleur.* Exposés et discussions du colloque du Centre de recherches de psychologie comparative tenu à Paris les 18, 19, 20 mai 1954, réunis et présentés par Ignace Meyerson, Paris, Sevpen, 1957.

– *Problèmes de la personne.* Colloque du Centre de recherches de psychologie comparative, tenu à Royaumont en 1960. Exposés et discussions réunis et présentés par Ignace Meyerson, Paris, La Haye, Mouton, 1973.

Les papiers de travail d'Ignace Meyerson, dont les notes de cours écrites par Claire Bresson, et la correspondance ont été déposés aux Archives nationales (521 AP 1-67). Un inventaire minutieux a été rédigé par Thérèse Charmasson, Daniel Deméllier, Françoise Parot et Geneviève Vermès. La bibliothèque privée d'Ignace Meyerson sera transférée à l'université de Paris-XII, Créteil.

Tous les textes de Jean-Pierre Vernant sur Ignace Meyerson et son œuvre sont maintenant recueillis dans les deux tomes de :

– *Passé et présent.* Contributions à une psychologie historique réunies par R. Di Donato, Rome, Edizioni di Storia e Letteratura, 1995.

ANNEXES

A. Bibliographie d'Ignace Meyerson

Recherches sur l'excitabilité du pneumogastrique. Première approximation de la chronaxie des fibres du cœur, en collaboration avec L. LAPICQUE, *Comptes rendus de la Société de Biologie*, Séance du 13 janvier 1912, LXXII, p. 63.

Recherches sur l'excitabilité des fibres inhibitrices du pneumogastrique, *Journal de Physiologie et de Pathologie générale*, XIV, 1912, n° 2, p. 270-281.

L'addition latente dans l'excitabilité du pneumogastrique, *Comptes rendus des séances de la Société de Biologie*, Séance du 4 juillet 1914, LXXVII, 253.

Sur une condition de l'effort statique. Institut Marey, *Comptes rendus des séances de la Société de Biologie*, LXXVII, 1914.

Une rêverie de défense, en collaboration avec Ph. CHASLIN, *Journal de Psychologie*, XVII, 1920, p. 59-68.

Interprétations frustes, en collaboration avec P. QUERCY, *Annales médico-psychologiques*, 1920, p. 164-169.

Troubles des sentiments et de la notion d'espace, en collaboration avec H. DELACROIX, *Journal de Psychologie*, XVII, 1920, p. 377-384.

L'orientation des signes graphiques chez l'enfant, en collaboration avec P. QUERCY, *Journal de Psychologie*, XVII, 1920, p. 462-475.

Des interprétations frustes, en collaboration avec P. QUERCY, *Journal de Psychologie*, XVII, 1920, p. 811-822.

Notes sur quelques cas anormaux de mélancolie, en collaboration avec Ph. CHASLIN, *Annales médico-psychologiques*, 1921, p. 425-433.

La mentalité primitive. À propos de l'ouvrage de L. LÉVY-BRUHL, *Année psychologique*, XXIII, 192, p. 214-222.

Rapport au sujet des phénomènes produits par le médium I. Guzik, en collaboration avec P. LANGEVIN, E. RABAUD, H. LAUGIER, A. MARCELIN, *L'Opinion*, 21 décembre 1923.

Du temps de latence des réactions aux brusques accélérations longitudinales, en collaboration avec M. FRANÇOIS, H. PIÉRON, *Comptes rendus de l'Académie des Sciences*, CLXXXI, 1925, p. 1181-1183.

Traduction de S. FREUD, *La Science des rêves*, Paris, PUF, 1926.

Images éclairs, *Journal de Psychologie*, XXVI, 1929, p. 569-576.

Les images, *Journal de Psychologie*, XXVI, 1929, p. 625-709, et *Nouveau Traité de Psychologie,* sous la direction de G. DUMAS, t. II, Paris, PUF, 1932, p. 541-606.

Sur la psychologie des singes, avec P. GUILLAUME, *L'Anthropologie, 39,* 1929.

Quelques recherches sur l'intelligence des singes ; communication préliminaire, Société française de Psychologie, 13 décembre 1928, avec P. GUILLAUME, *Journal de Psychologie*, XXVII, 1930, p. 92-97.

Film, *L'Usage de l'instrument chez les singes,* par Mme FRANÇOIS-FRANCK, 1930.

Recherches sur l'usage de l'instrument chez les singes. I. Le problème du détour, en collaboration avec P. GUILLAUME, *Journal de Psychologie*, XXVII, 1931, p. 177-236.

Recherches sur l'usage de l'instrument chez les singes. II. L'intermédiaire lié à l'objet, en collaboration avec P. GUILLAUME, *Journal de Psychologie*, XXXI, 1934, p. 497-534.

Recherches sur l'usage de l'instrument chez les singes. III. L'intermédiaire indépendant à l'objet, en collaboration avec P. GUILLAUME, *Journal de Psychologie*, XXXI, 1934, p. 497-534.

Le caractère symbolique des actes chez l'homme, *Société française de Sociologie*, 1936.

Remarques pour une théorie du rêve ; observations sur le cauchemar, *Société française de Sociologie*, 14 février 1935 ; *Journal de Psychologie*, XXXIV, 1937, p. 135-150.

Sur l'analyse des actes chez l'homme et le niveau humain, *Société française de Psychologie*, 1937.

Recherches sur l'usage de l'instrument chez les singes. IV. Choix, correction, invention, en collaboration avec P. GUILLAUME, *Journal de Psychologie*, XXXIV, 1937, p. 606-612.

XIᵉ congrès international de Psychologie, Paris, 25-31 juillet 1937, Rapports et comptes rendus publiés par les soins de H. PIÉRON et I. MEYERSON, Agen, Imprimerie moderne, 1938.

Charles BLONDEL, 1876-1939, en collaboration avec P. GUILLAUME, *Journal de Psychologie*, XXXV, 1938, p. 321-324.

Reprendre l'effort, en collaboration avec P. GUILLAUME, *Journal de Psychologie*, XXXIX, 1946, p. 5-6.

Georges DUMAS, *Journal de Psychologie*, XXXIX, 1946, p. 7-10.

Pierre JANET, *Journal de Psychologie*, XXXIX, 1946, p. 385-386.

Un type de raisonnement de justification, en collaboration avec M. DAMBUYANT, *Journal de Psychologie*, XXXIX, 1946, p. 387-404.

Pierre JANET et la théorie des tendances, *Journal de Psychologie*, XL, 1947, p. 5-19.

Le travail, une conduite, *Journal de Psychologie*, XLI, 1948, p. 7-16.

Les fonctions psychologiques et les œuvres, thèse pour le doctorat ès lettres, présentée à la faculté des lettres de l'université de Paris, 1947, Paris, Vrin, 1948.

Discontinuités et cheminements autonomes dans l'histoire de l'esprit, *Journal de Psychologie*, XLI, 1948, p. 273-289.

Quelques aspects de la personne dans le roman, *Journal de Psychologie*, XLIV, 1951, p. 303-334.

Comportement, travail, expérience, œuvre, *in* Hommage à Henri Piéron, *L'Année psychologique*, *50*, 1951, p. 77-82.

L'intelligence plénière, in *Valeur philosophique de la psychologie de l'adulte*, XIIIᵉ Semaine de Synthèse, Paris, Albin Michel, 1951, p. 129-137.

L'entrée dans l'humain, in *Essays in Psychology dedicated to David Katz*, Uppsala, Almqvist & Wiksell, 1951, p. 180-191, et *Revue philosophique*, 77, 1952, p. 1-13.

Intervention dans la discussion des exposés de B. GILLE, Lents progrès de la technique, et de P. FRANCASTEL, Techniques et arts, *Revue de Synthèse*, XXXII, nouv. série, 1953, p. 109-111.

David KATZ, 1884-1953, *Journal de Psychologie*, XLVI, 1953, p. 379-381.

Charles LALO, 1877-1953, *Journal de Psychologie*, XLVI, 1953, p. 382-384.

Les métamorphoses de l'espace en peinture. À propos des recherches de M. Francastel, *Journal de Psychologie*, XLVI, 1953, p. 405-428.

Problèmes d'histoire psychologique des œuvres : spécificité, variation, expérience, in *Éventail de l'histoire vivante*,

Hommage à Lucien Febvre, I, Paris, Armand Colin, 1953, p. 207-218.

Thèmes nouveaux de psychologie objective : l'histoire, la construction, la structure, *Journal de Psychologie,* XLVII-LI, 1954, p. 3-19.

Le travail, fonction psychologique, *Journal de Psychologie,* LII, 1955, p. 3-17.

Les apports de Maurice Leenhardt à la psychologie historique, *Journal de Psychologie,* LII, 1955, p. 375-383.

Le mouvement dans l'art, 1955, publié dans *Forme, couleur, mouvement,* Paris, Adam Biro, 1991, p. 28-31.

L'espace dans la sculpture de Robert Jacobsen. Postface au Catalogue du *Stedelijk Museum nov.-déc. 55,* Gemeentemusea Amsterdam. cat. 140, 1955.

Sur la spécificité de l'art et de ses objets, in *Mélanges Georges Jamati,* Paris, Flammarion, 1955, p. 217-223, et *Journal de Psychologie,* LIII, 1956, p. 53-62.

Le temps, la mémoire, l'histoire, *Journal de Psychologie,* LIII, 1956, p. 333-354.

Problème de la couleur. Exposés et discussions du colloque du Centre de recherches de psychologie comparative tenu à Paris les 18, 19, 20 mai 1954. Réunis et présentés par Ignace MEYERSON, Paris, Sevpen, 1957.

Sur les constructions autonomes dans le monde de la couleur, in *Problèmes de la couleur,* Paris, 1957, p. 357-363.

Quand le fer parle. Figures, de Robert JACOBSEN, Paris, Galerie de France, 1957.

Géométrie sensible et création d'un monde pictural. Préface à Richard MORTENSEN, *7 à Venise,* Paris, Éd. Denise René, 1960.

Remarques sur l'objet, *Journal de Psychologie,* LVIII, 1961, p. 1-10.

Peinture et réalité. À propos d'un livre de M. Étienne GILSON, *Journal de Psychologie*, LVIII, 1961, p. 331-346.

Paul Guillaume, *Journal de Psychologie*, LIX, 1962, p. 1-15.

La pensée psychologique de Louis GERNET, *Journal de Psychologie*, LX, 1963, p. 401-406, et *Hommage à Louis Gernet*, Paris, 1966, p. 38-42.

Le signe et les systèmes de signes. Conférence à la radio. 1963, *in* I. MEYERSON, *Écrits, 1920-1983*, Paris, PUF, 1986, p. 105.

Remarques sur les formes en peinture, *Journal de Psychologie*, LVI, 1964, p. 129-141.

Préface à J. ROGÉ, *Un simple prêtre*, 1965, *in* I. MEYERSON, *Écrits, 1920-1983*, Paris, PUF, 1986, p. 404.

Préface à J. LARRUE, *Loisirs ouvriers chez les métallurgistes toulousains*, Paris, PUF, 1965.

Georges-Henri LUQUET, 1876-1965, *Journal de Psychologie*, LXIII, 1966, p. 503-504.

Préface au Catalogue de l'exposition Jean DEYROLLE, Paris, Éd. Denise René, 1966.

Préface à Bianka ZAZZO, *La Psychologie différentielle de l'adolescence*, Paris, PUF, 1966.

Peinture et Théâtre. Spécificités et convergences, 1967, à paraître.

Réalités des arts plastiques et réel perçu, *Journal de Psychologie*, LXV, 1968, p. 129-139, et Préface au *Catalogue du Salon des Réalités nouvelles*, Paris, 1968.

Problèmes de la personne, colloque du Centre de recherches de psychologie comparative, tenu à Royaumont en 1960. Exposés et discussions réunis et présentés par Ignace MEYERSON, Paris, La Haye, Mouton, 1973.

La personne et son histoire, in *Problèmes de la personne*, Paris, La Haye, 1973, p. 473-482.

Le Rectangle enchanté, Préface à Richard MORTENSEN, dix sérigraphies, Copenhague, 1973.

Le mythe de la machine, selon Lewis Mumford, *Journal de Psychologie*, LXXI, 1974, p. 471-481.

Préface au Catalogue de l'exposition LIBÉRAKI à la maison de la Culture de Montpellier, 1974.

Les singes parlent-ils ?, en collaboration avec Y. LEROY, *Journal de Psychologie*, LXVII, 1980, p. 341-364.

Sur des ébauches de délire, in *Regard, accueil et présence. Mélanges en l'honneur de Georges Daumézon*, Toulouse, Privat, 1980, p. 119-123.

Expression de la personne et fait littéraire dans les écrits autobiographiques et la correspondance de Stendhal, *Journal de Psychologie*, LXXX, 1983, p. 157-171.

La notion d'objet, *Journal de Psychologie*, LXXX, 1983, p. 359-363.

À ces titres il faut ajouter plusieurs centaines de comptes rendus, publiés entre 1922 et 1939 dans l'*Année psychologique*, et près d'un millier d'autres dans le *Journal de Psychologie*, de 1920 à 1939 et de 1946 à 1983. On peut aussi consulter les résumés des cours de psychologie comparative publiés dans l'*Annuaire de l'École pratique des hautes études, VIe Section*, et de l'*École des hautes études en sciences sociales* de 1956 à 1983.

B. Les cours à l'EHESS d'Ignace Meyerson

1951
Psychologie et technologie.

1951-1952
I. Aspects de la pensée mythique.
II. Formes anciennes des catégories du pouvoir, de l'action, de la volonté.

1952-1953
I. L'œuvre et le faire. Modes du faire. Le signe et ses caractères.
II. L'expérience et l'objectivation en sciences naturelles, dans la physique classique, dans la physique d'aujourd'hui.

1953-1954
I. La pensée expérimentale (suite) : la construction, la formalisation, la mathématisation.
II. La fonction spatiale dans l'art plastique (sculpture, peinture).

1954-1955
I. La pensée expérimentale (suite) : la pensée dans l'expérience ralentie ; la chimie médiévale et l'alchimie.
II. Formes anciennes de la représentation dans l'espace ; le soleil et l'orientation d'après des mythes archaïques.

1955-1956
I. Étude de la pensée historienne.
II. Étude comparée des religions en rapport avec des faits de civilisation. Psychologie des sociétés d'aujourd'hui.

1956-1957
I. Histoire et psychologie : analyse des formes du temps dans les institutions anciennes. Activités et œuvres affectées de temporalité.
II. Problème d'histoire des notions d'espace et de temps.

1957-1958
I. La notion d'expérience, d'objet, d'espace. L'histoire des classifications en sciences naturelles, des principes de conservation en physique, de la formalisation et de la mathématisation de la psychologie expérimentale.
II. Le temps dans l'historiographie, le temps chez les historiens de l'Antiquité, dans le Nouveau Testament, chez saint Augustin, chez les historiens des XVIIIᵉ, XIXᵉ et XXᵉ siècles. L'homme et le milieu géographique : les temporalités historico-géographiques, les facteurs industriels : canal de Suez, Panama.

1958-1959
I. Psychologie animale et ce qu'elle peut apporter à l'étude

objective de l'homme. La nature humaine, les œuvres et les actes de l'homme, les systèmes de l'homme, l'histoire de l'homme intérieur, la nature humaine, l'artifice, l'homme et le milieu, exploration et organisation de l'expérience, aspect historique des fonctions.

II. Les fonctions psychologiques dans : 1. le mythe : les notions d'action, le pouvoir, la volonté d'ordre ; 2. la science expérimentale : l'expérience, l'espace, l'objet.

III. Les disciplines historiques : la mémoire, le temps, esquisse d'une histoire de la pensée historienne, l'homme et le milieu géographique. La ville, la grande ville : Marseille, Londres. Le milieu géographique, la couverture végétale.

1959-1960

I. Le symbole et le signe. La fonction symbolique. Aspects de la fonction symbolique dans l'histoire religieuse grecque, dans le christianisme.

II. Le signe linguistique. Conceptions de Saussure, Sapir, Buyssens, Wartburg, Ullmann, Brice Parain.

III. Caractères du signe en général.

1960-1961

I. Application du principe d'identité en mathématiques. La pensée mathématique et le concret ; la généralisation en mathématiques, le rôle des opérations, les définitions des êtres mathématiques, critique des « évidences », transformation des notions de nombre, de distance, d'intervalle, de ligne, de surface, d'espace. Théorème de Pythagore, histoire de la notion de nombre, théorie des ensembles, jeu du principe d'identité en mathématiques.

1961-1962

I. Problèmes de la personne : le corps, les sentiments corporels, les jugements sur le corps, les techniques du corps, les actes, les actions et les sentiments interpersonnels, la connaissance d'autrui. Variations et histoire de la personne.

II. Principes d'une science de l'individuel, problèmes psychologiques : Höffding, G. Kofka, Mauss, Seignobos, Rickert, Max Weber ; quelques écrivains : Schwob, etc.

1962-1963

I. Théories psychologiques de la causalité chez Michotte, chez Metelli confrontées avec les analyses d'Émile Meyerson, de Brunschvicg.

II. La personne dans le journal intime : débuts du journal. Constant. Son *Journal, Le Cahier rouge, Cécile, Adolphe.* Contenu du *Journal.*

1963-1964

I. L'histoire et la structure en linguistique : Saussure, Sapir, Wartburg, Ullmann, Vendriès.

II. La personne dans le journal intime. Benjamin Constant ; aspects politiques de sa conduite, thèmes politiques dans ses écrits.

1964-1965

I. Récit historique et écrit littéraire : perspectives différentes sur l'homme. Le temps dans l'histoire et dans le roman, également dans le journal intime. Les écrits intimes et le *Journal* de Stendhal, 1801-1830.

1965-1966

Étude de la personne à travers des écrits autobiographiques et la correspondance de Stendhal : textes de 1830 à 1842.

1966-1967

Étude du mouvement et du geste chez l'homme. Technique du corps, techniques artisanales, industrielles. Le geste, le geste dans l'art, langage par gestes (au centre, la peinture et le théâtre).

1967-1968

L'expression de la personne dans les écrits littéraires, biographiques ou autobiographiques ; l'historicité de la personne. Aucun type d'écrit n'est privilégié, le journal intime pas plus que les autres. Il n'y a que des approches. Études des différents types d'écrits chez Stendhal. (Au Centre : spécificité des arts plastiques.)

1968-1969

I. La personne dans les romans de Stendhal et dans la *Vie de Henry Brulard.*

II. Théories de l'art à la renaissance italienne : Alberti, Léonard, Michel-Ange, Vasari.

1969-1970

I. Signification psychologique de la pensée historienne : elle représente une mutation mentale, une invention dans les domaines de la mémoire et du temps. Apparition des diverses histoires ; l'histoire des fonctions psychologiques de l'homme s'encadre dans cette série.

II. Étude de quelques aspects de spécificité de la peinture : niveaux du tableau ; disparition du thème, de l'objet.

III. Retour à l'expression de la personne dans les journaux intimes : différences entre Constant et Stendhal ; d'autres différences chez les modernes : Renard, Valle Inclàn, Machado.

1970-1971

Éléments de la peinture. Rapports de la peinture avec les autres grandes institutions : religion, faits sociaux, science, littérature. Évolution de la peinture vers l'autonomie. Le tableau-objet. Peinture et réalité. Les grandes composantes de la peinture : contenu culturel, thème, objet. Données plastiques. Histoire de la figuration de la lumière dans la peinture italienne du XIIIe au XVIe siècle.

1971-1972

Aspects de la personne à travers la correspondance de Madame de Staël : *Lettres à Narbonne,* Ribbing, O'Donnel. Pluralité des approches de la personne. Rôle de l'écrit chez un écrivain.

1972-1973

Analyse du tableau en tant qu'objet physique, technique, artistique, esthétique, social. Le subjectile, l'enduit, le colorant et le diluant, le glacis, le vernis, l'introduction de l'huile ; l'effet du technique sur des faits plastiques, problèmes plastiques : forme, coloris, lumière, profondeur et volume, composition, thèmes socioculturels.

1973-1974
Les contenus culturels et les thèmes en peinture. Les contenus-séries (par exemple, vie d'un saint) ; procédés par juxtaposition de plusieurs épisodes dans le même tableau. Illustration de quelques thèmes religieux, moraux, sociaux : thèmes de la mort (danses macabres, vanités).

1974-1975
Évolution de la thématique et du statut de la peinture du XVe au XVIIIe siècle. Passage des vanités à la nature morte en Hollande, en France, en Espagne. Histoire du paysage depuis Cimabue, Duccio, Canaletto, dans l'art de Sienne, de Toscane, de Venise.

1975-1976
Connaissance de l'homme. Essai de psychologie comparative. Traits caractéristiques principaux du niveau humain de base.

1976-1977
Rappel de la méthode en psychologie historique. Pluralité et spécificité. Les types principaux d'œuvres.
Les faits d'art ; autonomie, les formes, la matière. L'emploi de la couleur en peinture d'après des écrits de peintres.

1977-1978
La spécificité dans diverses classes d'art plastique. La gravure. Importance du matériau et de la technique sur l'expression. La limitation volontaire des possibilités oblige le graveur à tirer le maximum d'effet des moyens qui lui sont donnés.

1978-1979
Pourquoi le psychologue est conduit à étudier des questions d'art ? Pluralité essentielle répondant à une pluralité d'œuvres : chaque type d'œuvres est spécifique, intraduisible l'un dans l'autre. Étude de l'œuvre de quelques grands graveurs du XIVe au XXe siècle.

1979-1980
La notion d'objet. L'homme produit des objets, crée des œuvres, les conserve. Création d'un milieu humain. Création d'un monde autre : l'art. Analyse d'écrits de Kandinsky, Lapicque, Léger. La tapisserie : sa destination, sa texture. Contraintes

techniques et réalisation. Quelques tapisseries du XIVe au XVIe siècle.

1980-1981

Connaissance de l'homme. Le niveau humain. Les médiateurs mentaux. Critique des méthodes en psychologie : introspection, psychologie des comportements. Analyse de deux auteurs qui ont pris leur moi comme thème de réflexion : Montaigne, Maine de Biran. Étude comparative des *Essais* et du Journal de Maine de Biran.

1981-1982

La *personne* et les moyens d'expression. La personne a une histoire. L'individu, la personne, le moi. La conscience de soi dans l'Antiquité grecque. Les *Confessions* de saint Augustin. Montaigne : l'individu humain comme tel. Fin XVIIIe et XIXe siècle : réflexion sur la place de l'individu dans la société ; nouvelles formes d'écrits ; confessions mémoires, essais, journaux intimes. Caractères du journal intime. Critique de la sincérité. Opposition entre personne et personnage : F. Krull de Th. Mann, A. Berget dans le *Caméléon* de Bojer, analyse de *Si j'étais vous* de Julien Green.

1982-1983

L'acte. I. Les actes et leurs contenus. II. Caractère punctiforme de certains actes, pluralité de la personne. III. Les actes graves isolés tenus pour des attitudes profondes ou durables. IV. Les actes et les commentaires : actes et langage. V. Le poids des actes et la responsabilité. VI. Les actes et la personne. VII. La forme des actes et la construction. VIII. Construction des formes. Les formes et la vie. IX. Les formes des actes et de personne créés par des écrivains. Analyse d'œuvres de Pirandello : *Six Personnages, Henri IV, Un, Personne et cent mille.* Analyse d'œuvres de Gide : *Paludes, Prométhée mal enchaîné, Les Caves du Vatican.*

TABLE DES MATIÈRES

CHAPITRE II

LE SIGNE

CHAPITRE III

L'HISTOIRE DES FONCTIONS

I. LE PROBLÈME DU CHANGEMENT.

CHAPITRE IV

L'INACHÈVEMENT DES FONCTIONS

*La reproduction photomécanique de ce livre
et l'impression ont été effectuées
par Normandie Roto Impression s.a. à Lonrai (61250)
pour les Éditions Albin Michel*

*Achevé d'imprimer en avril 1995
N° d'édition : 14448. N° d'impression : I5-0255
Dépôt légal : mai 1995*